グデーリアンとマルガレーテ夫人。

敵の側背を衝くドイツ軍戦車。

前頁上部左
少尉に任官したグデーリアン
（一九〇八年）。

前頁上部右
母イールタとグデーリアン兄弟。
起立しているのがハインツ。

機中の人となったグデーリアン
（一九四三年、ハリコフ地区上空）。

演習を視察する装甲兵総監グデーリアン。

戦車将軍グデーリアン

「電撃戦」を演出した男

大木 毅

角川新書

序　章　さらば夏の光よ

西欧の五月は生命の季節である。

戦時下、一九四〇年の五月といえども、その例外ではない。若草は伸び、花は咲き誇り、鳥は歌い、羽虫たちは宙に歓喜の舞踏をなす。人間どもが殺し合いに狂奔《きょうほん》するのも知らぬげに、今年もまた、空に地に初夏の生命の饗宴《きょうえん》が繰り広げられている。

さりながら、ドイツ軍人たるハインツ・グデーリアン装甲兵大将にとって、この夏は特別だった。彼は、自ら育て、鍛えあげたドイツ装甲部隊を率いて、宿敵フランス軍との決戦にのぞもうとしていたのだ。

一九四〇年五月一三日、普仏戦争の古戦場であるスダンの前面、ムーズ（ドイツ名マース）川北岸に立ったグデーリアンは、そのことを充分に自覚していた。彼の指揮下にある第19軍団（自動車化）は、三個の装甲師団を擁している（区別がつきやすいよう、ドイツとその同盟国の部隊・部署番号にはアラビア数字、連合軍のそれには漢数字を用いる。以下同様）。第1装甲師団、第2装甲師団、第10装甲師団である。ほかに、ドイツ国防軍のエリート部隊「大ドイツ《グロスドイッチユラント》」自動車化歩兵連隊も配属されていた。

これらの部隊は、五月一〇日の「黄号《ファル・ゲルプ》」作戦発動以来、ドイツ、ルクセンブルク、ベルギーの国境地帯に広がるアルデンヌの森を踏破し、いまやムーズ川を渡河せんとしていた。フランス国内に長駆突進すべき時機が、ついにやってきたのである。

午後四時ちょうど、第10装甲師団の前進観測所で観戦するグデーリアンの眼前で、攻撃が開始される。猛烈な砲撃が指向されるとともに、ドイツ空軍の急降下爆撃隊が姿を現し、波状攻撃を加えていく。継続的にフランス軍砲兵を叩《たた》き、その攻撃阻止射撃を封じる戦法だ。

ついで、第1装甲師団の渡河点に向かったグデーリアンは、第一波の突撃用舟艇に乗って、対岸をめざす。そこにいた第1装甲師団所属の第1狙撃《そげき》連隊長ヘルマン・バルク中佐とその本部要員たちが、「マース川のゴンドラ遊びは禁止だぞ！」と歓呼の声を放つ。ムーズ川渡河作戦を立案する際に実施した図上演習で、第1装甲師団の幹部たちがあまりに無頓着《むとんちやく》だったために、グデーリアンが洩《も》らした皮肉だった。それが今、彼自身に向けられたのであった。

事実、抵抗らしい抵抗はない。フランス軍砲兵は、ドイツ空軍の攻撃により、ほぼ沈黙している。河岸のトーチカや陣地も対戦車砲と高射砲に制圧され、怖い存在であるはずの機関銃もドイツ軍歩兵の重火器と砲兵で抑えこまれた。第19軍団右翼の第2装甲師団と同左翼の第10装甲師団はなお渡河準備中、もしくは渡河中であったが、第1装甲師団は日没までに主力を対岸に進めていたのである。

五月一四日早朝、第1装甲師団より、前夜のうちに突破口を大きく拡大したとの報告が入る。第2装甲師団もムーズ川を渡り、橋頭堡《きょうとうほ》を拡大しつつあった。連合軍は、ドイツ軍が渡した臨時架設橋を破壊すべく爆撃機を差し向けたものの、目的を達することはできず、大損害を出しただけに終わる。かかる事態を予測して、各架橋点に第19軍団直属の高射砲部隊を配しておいたグデーリアンの配慮が図に当たったのだ。

この日の午後、第1装甲師団の指揮所を訪れたグデーリアンは、同師団の作戦参謀であるヴァルター・ヴェンク少佐に、全力で西方に旋回することは可能かと尋ねた。ヴェンクは、「ちびちび遣うな、つぎ込め《クロッツェン、ニヒト・クレッケルン》!」というグデーリアンの口癖を自ら呟《つぶや》きながら思案していたが、やがて首肯《しゅこう》する。これで決まりだった。第1および第2装甲師団に、全力を以《もっ》て右旋回し、アルデンヌ運河を渡河、西方へ進撃して、フランス軍戦線の突破を完了せよとの命令が下達される。

グデーリアン、そして、ドイツにとっての輝ける夏のはじまりであった。以後、グデーリアンの第19軍団を先駆けとしたドイツ装甲部隊は、連合軍の戦線を分断、各地で敵部隊を撃破しつつ、英仏海峡の諸港に迫っていく。それによって、イギリス遠征軍は、ダンケルク撤退の屈辱を嘗《な》めさせられた。さらに、第一次世界大戦では、四年の歳月を費やしながら、とうとう屈服させることができなかったフランスも、わずか一か月ほどで降伏の憂き目に追い込む。

信じられぬほどの勝利であった。一九四〇年五月は、まさにグデーリアンの人生の夏であり、また、ドイツ国防軍の栄光の季節となったのである。

しかし——絶頂にあるグデーリアンは、いつかは夏の光も消え去り、憂愁の秋と荒涼たる冬が訪れるという理《ことわり》を識《し》らず、冷たい未来に気づいていなかった。

やがてぼくたちは冷たい暗闇のなかに沈むだろう
さようなら、短かすぎた夏の激しい光よ！
もう聞こえる、陰鬱なひびきを立てて
中庭の敷石に　落ちる薪《たきぎ》の音が。

序　章　さらば夏の光よ

冬はすべて　ぼく自身のなかに戻るだろう、
怒《いか》り、憎しみ、戦《おのの》き、恐れ、きびしい苦役《くえき》。
極北の地獄を照らす太陽のように、
ぼくの心は、凍《こお》った赤い塊《かたまり》にすぎまい。

震えながら聞く　切り落とされる薪《たきぎ》の音を。
断頭台を築く音も　これほど鈍《にぶ》くはない。
ぼくの精神は　連打《れんだ》する重い鉄槌《てっつい》に
崩れ落ちる塔に似ている。

（ボードレール「秋の歌」、佐藤朔訳）

詩人は、あたかもグデーリアンの人生を予見していたかのようである。
グデーリアンは、一九四〇年五月の頂点から、一九四一年の対ソ戦におけるモスクワ前面での敗北、解任へと転がり落ちていく。それでも、ひとたびは戦争指導の一端を担う機会を与えられ、狂瀾《きょうらん》を既倒《きとう》にめぐらさんとしたが、しょせんは空しかった。祖国が滅びたのち、戦犯裁判の被告となることこそまぬがれたものの、彼もまた栄誉と財産を失い、悲境に死す運命にあったのだ。

プロイセンの大土地所有者の家に生まれ、「名将」の誉《ほま》れをほしいままにした男、一時は陸軍最高の地位にまで上りつめた人物が何故、日々の生計《たつき》にも困るほどに零落し、この世を去っていかなければならなかったのだろうか。

本書は、かかるグデーリアンの人生、彼がいかにして一九四〇年の夏に到達し、そして、その激しい光に別れを告げていったかを語る試みである。

目次

フランス侵攻作戦の指揮を執るグデーリアン。

指揮装甲車上のグデーリアン。頭上の格子はアンテナ。

第１装甲師団第１狙撃連隊長ヘルマン・バルク中佐に指示を出す。

第３装甲師団長ヴァルター・モーデル中将と語る。
一九四一年八月一日。

第一章　仮面を剝がされたグデーリアン

戦車将軍のセルフ・イメージ

第二次世界大戦におけるドイツ国防軍は、その能力のほとんどが作戦・戦術次元にとどまっていたとはいえ、優れた指揮官を輩出した。北アフリカで縦横無尽の活躍をみせ、「砂漠の狐」の異名を取ったエルヴィン・ロンメル元帥などは、典型的な実例であろう。

この、ドイツ軍のスーパースターであるロンメルにはかなわないまでも、ハインツ・グデーリアン上級大将（ドイツ軍には、元帥と大将のあいだに「上級大将」という階級がある）といえば、少なからぬ人が、聞いたことがあるとうなずくはずだ。自ら育て上げたドイツ装甲部隊を率いて東西に転戦、大戦果を挙げた「電撃戦」の立役者にして、ソ連侵攻「バルバロッサ」作戦の先鋒《せんぽう》。のちには、装甲兵総監や参謀総長代理として、敗勢にあるナチス・ドイツを支えた「戦車将軍《パンツァーゲネラル》」というあたりが、その最大公約数的イメージであろう。

かかるグデーリアン像は、百パーセント間違いというわけではない。しかしながら、過去四半世紀の軍事史研究の進展は、彼の実態をしだいにあきらかにしつつある。結局のところ、右に示したような姿は、グデーリアン本人が広めたセルフ・イメージにほかならず、ロンメルや「ドイツ国防軍最高の頭脳」エーリヒ・フォン・マンシュタインの場合同様、多くの誇張や虚偽が混じり込んでいるのである。

以下、本論に入る前に、そうしたグデーリアン評価の変遷を素描しておこう。ただ、いきなり、こちたき研究史を聞かされるのでは、評伝を読む興を削《そ》がれると感じる向きがあれば、本章を飛ばして、第二章からはじめていただいてさしつかえない。

戦後、グデーリアンこそが、ドイツ装甲部隊を育て、指揮し、勝利をもたらした最大の功労者だとする見解が広まった。事実、その経歴をみれば、それは正しい説であるように思われる。グデーリアンは、一九二二年に第7自動車隊に配属されて以来、機械化戦争の可能性に注目するようになった。戦車が陸戦の様相を一変させる威力を持っていることを確信し、理論の確立とその実践の深化に努めたのだ。以後、彼の経歴は、ドイツ装甲部隊の発展と軌を一にするようになる。国防省の自動車部隊監督課勤務や自動車部隊教導幕僚部付戦術教官、自動車戦闘部隊司令部参謀長などを歴任したグデーリアンは、一九三五年、新設された第2装甲師団の長に就任するのである。

この間に、彼が練り上げた装甲部隊の運用理論を世に問うたのが、『戦車に注目せよ！《アハトゥング・パンツァー》』と『戦車部隊と他兵科の協同』（いずれも一九三七年に刊行）だった。とくに『戦車に注目せよ！』は、グデーリアンが第二次世界大戦で行うことを予言したかのごとき一書であった。そこにおいて、彼は、戦車による攻撃成功の前提は、奇襲、集中使用、適切な地形の選定であると喝破《かっぱ》し、さらには航空機との協同や通信指揮の問題といった要点までも指摘している。

『戦車に注目せよ！』を上梓《じょうし》したあとも、グデーリアンは、第16（自動車化）軍団長など、装甲兵科の要職を歴任し、第二次世界大戦では、さまざまな戦線で活躍した。一九四〇年の西方侵攻作戦において、第19（自動車化）軍団を率いて、アルデンヌの森を突破し、英仏海峡に進撃した。その結果、連合軍主力は撃滅され、ダンケルクの敗北という苦杯を喫することになる。

続くソ連侵攻「バルバロッサ」作戦においても、グデーリアンは軍規模の大規模装甲団隊である第2装甲集団を率いて快進撃を果たし、ミンスクやスモレンスクの包囲戦、キエフの戦いで大きな戦果を挙げた。が、モスクワ占領をめざす「台風《タイフーン》」作戦に挫折《ざせつ》し、麾下《きか》部隊の後退を命じたため、現戦線の死守を唱える総統アドルフ・ヒトラーに解任されることになる。

けれども、装甲部隊運用の第一人者たるグデーリアンが無為に過ごしているわけにはいかなかった。一九四三年二月、彼は、装甲部隊全体の編成や装備、訓練を管轄する装甲兵総監に任命される。翌一九四四年七月には、陸軍参謀総長代理を兼任した。以後、ヒトラーの軍事的合理性を無視した戦争指導に抗して、ドイツの破局を回避せんと努力したものの、一九四五年三月には再び解任され、五月には米軍の捕虜となった。

回想録の虚実

この間のことを記述したのが、グデーリアンの回想録『電撃戦』(原題は、『一軍人の回想』。原書初版は一九五一年刊行)である。『電撃戦』は、イギリスの軍事思想家バジル・H・リデル＝ハートのプロデュースによって英訳され(英語版タイトルは『パンツァー・リーダー』)、世界的に知られるようになった。ドイツ語よりもはるかに話者が多い英語に訳されることによって、グデーリアンの回想、あるいは、彼が事実はこうであったと思わせたかった記述は、一躍、第二次世界大戦の基本史料の地位を獲得したのである。

その結果、多くのグデーリアン伝や研究書も、イギリスの軍事史家ケネス・マクセイの著書のような例外もあったとはいえ、おおむね『電撃戦』が打ち出した解釈に沿って書かれていく。日本においても、旧陸軍軍人が『電撃戦』を訳出刊行し、これをもとにして戦史記事などを発表したから、グデーリアンが演出したイメージが、いよいよ流布されることになった。『電撃戦』の訳者、本郷健《ほんごうたけし》元陸軍大佐の評価は、その典型であろう。「グデーリアン将軍は、ひたむきで情熱的、創造的な想像力に恵まれた真の意味におけるプロフェッショナルな軍人であった。軽易に就かずあえて難局に挑戦しようとする積極果敢な資質の持主であり、みずからに課された職務を全うするためには猪突猛進する……そこには地位や名誉を追い求める野心などみじんも感じられない」(『電撃戦』訳者あとがき)。

史料的・時代的制約を思えば、このような理解がなされたのも無理からぬことではあった。だが、世紀が変わる前後から出てきた新しい研究は、かかるポジティヴなグデーリアン像に疑問を投げかけている。

まず、アメリカの軍事史家ロバート・チティーノが、その著作『電撃戦への道』(一九九九年)において、グデーリアンの輝かしい実績は認めるとしても、ドイツ軍装甲部隊創設・育成の功績は、けっして彼一人に帰せられるものではないことを実証している。回想録の『電撃戦』では、ごく簡単にしか触れられていないが、グデーリアンの上官であり、自動車戦闘部隊総監を務めたオスヴァルト・ルッツ装甲兵大将こそ、もう一人のキーパーソンだったと指摘したのである。ルッツは、グデーリアン以前に、戦車の独立集中使用や奇襲的投入などの発想を得ており、いまだ懐疑的な軍首脳部を粘り強く説得して、その思想の実現をはかっていた。機械化戦のドクトリンを最初に文書化したのも、ルッツだった。つまり、グデーリアンはドイツ装甲部隊の創設者の一人ではあったけれども、彼自らが描いたようなオンリーワンではなかったと主張したのだ。ついで、二〇〇六年には、やはりアメリカの軍事史家であるラッセル・A・ハートが、グデーリアン伝を著し、事実と照らして、いわば彼の自画像であった従来のイメージに修正を迫った。

また、グデーリアンは、戦後になってから、自分は早くよりイギリスの軍事思想家であるバジル・H・リデル＝ハートの著作に注目し、これを咀嚼《そしゃく》して、ドイツ装甲部隊の指揮と運用に応用したと主張している。だが、こうした議論は、第二次世界大戦後のグデーリアンとリデル＝ハートの協力関係から来る後付けの誇張であると指摘された。この問題について、イスラエルの軍事史家アザー・ガットが、リデル＝ハートの要請によりグデーリアンが、『電撃戦』英訳版に加筆した部分があることをあきらかにしたのだ。むろん、そこでは、ドイツ装甲部隊の成功にリデル＝ハートの思想が寄与していたことを、実際以上に強調していたのである。

さらに、『電撃戦』の実戦指揮に関する記述にも、事実と異なる部分が少なくないことが指摘された。オーストラリアの戦史家で、スモレンスク戦（一九四一年）を独ソ戦の転回点として捉《とら》える画期的な研究書を著したデイヴィッド・ストーエルが、グデーリアンの書簡などの一次史料にあたり、『電撃戦』の誇張や恣意《しい》的記述を暴露したのである。ストーエルによれば、『電撃戦』に圧勝として描かれているいくつかの戦闘のあいだも、グデーリアンは実際には悲観と苦渋をあらわにしているというのだ。

同様に、グデーリアンの私文書を含む一次史料を博捜したドイツの歴史家ヨハネス・ヒュルターも、グデーリアンは自らが提示したような非政治的軍人ではなく、ナチスの東方征服を支持する存在であったことをあきらかにした。

加えて、『電撃戦』の上梓は、戦争指導をめぐるヒトラーその他とのあつれきに関して、おのれを弁護する活動の一環であり、さらには収入を得るための手段だったこともわかってきている。米陸軍歴史局（Historical Branch）は、戦史研究にかつての敵側の視点や情報を取り入れるため、一九四五年七月より、ドイツ国防軍の元高級将校に対する調査や報告書作成の依頼を行っていた。やがて、その規模は拡大され、元国防軍高級将校がヒトラーに敗戦の責を押しつけ、自己弁護を唱える場という性格を帯びていくことになる。ドイツの歴史家エスター＝ユーリア・ホーヴェルの研究によれば、グデーリアンは、この米軍による調査に協力的であった。その理由の一つとして、彼が米軍による調査を自己弁護の機会として捉えたとの推測が成り立つであろう。実は、このグデーリアンの米陸軍歴史局に対する回答が、『電撃戦』の原案の少なからぬ部分を構成しているのである。

国粋主義者だったグデーリアン

しかし、より重要なのは、グデーリアンは、軍人は政治に関わらずという姿勢をくずさぬ、一種の軍事テクノクラートであったとの主張がくつがえされたことだろう。

グデーリアンが、第一次大戦に敗れたのち、「鉄師団《アイゼルネ・ディヴィジオーン》」の参謀を務めたことは、一九七〇年代から知られていた。これは、陸海軍の将校や国粋主義的政治家によって募兵され、元下士官兵を中心に編成された私兵集団「義勇軍《フライコーア》」の一つである。「義勇軍」は、敗戦前後にドイツが占領していた地域（ロシア、あるいは講和条約後にバルト三国やポーランドとなる領域）からの撤退を拒否し、白軍とともに赤軍に抗して戦闘を継続、捕虜殺害や住民虐殺など、さまざまな残虐行為を犯していた。当然、「鉄師団」の参謀だったグデーリアンも、かかる蛮行を見聞していたはずだ。しかし、彼はこの時期のことを『電撃戦』に記していない。

こうした過去、あるいは、プロイセンの名望家の一族に生まれたという出自からすれば、グデーリアンが抱いていた過激な国粋主義は、本来、もっと早くに暴露されてしかるべきだったろうが、先に述べたような賛美の論調から、そうした指摘もないがしろにされがちであった。さりながら、二〇世紀の末ごろより、グデーリアンの政治的志向の解明は、著しく進んだ。グデーリアンは、上層中産階級の人間であることから来る封建的階級認識ゆえに、大衆運動としての側面を持つナチズムとは完全に一致し得なかったにせよ、ヒトラーに共鳴する国粋主義者だったのである。

第一次世界大戦直後、義勇軍に従軍していたころから、ナチ時代、さらには戦後を通じて、彼の政治・歴史観は一貫していた。それは、一九四八年に捕虜の境遇から解放されてから、一九五四年に南独シュヴァンガウで没するまでに、グデーリアンが発表した諸論考にあきらかである。そのような議論は、冷戦という時代背景があるとはいえ、強烈な反共主義にみちみちており、彼本来の政治思想をうかがわせるものだった。さらに、今日では、グデーリアンが一九五〇年代に、元ナチスの政治運動に加盟していたことも証明されている。

このように、今日の歴史学界におけるグデーリアン像は、かつての非政治的な軍事の「職人」といった評価から、作戦・戦術次元の指揮官としては卓越しているが、政治的には素朴な国粋主義者であり、問題を抱えた人物であるとの理解に変わっているとみてよい。軍事面においても、グデーリアンがドイツ装甲部隊の創設に果たした役割は、もちろん全否定こそされていないものの、割引きされる部分が少なくないのだ。

グデーリアンがつくりあげた「仮面」は剝《は》がされたのである。

以下、本書では、それら多数の学問的成果に依拠しつつ、グデーリアンの素顔を映しだすことに努めたい。

第二章　青年将校

プロイセンのエスタブリッシュメント

グデーリアンという姓は、日本人には発音しにくく、また奇異に感じられるようだ。事実、昭和三〇年代ごろまでは、ほとんどの日本語文献で「グーデリアン」と表記されていた。旧陸軍軍人のうち、幼年学校で少年時代からドイツ語を叩《たた》き込まれた層ですら、「グーデリアン」と読むのが自然だと思っていたらしい。もっとも、著者（大木）が生前に知己を得たドイツ通の小島秀雄《こじまひでお》海軍少将は、グデーリアンと正確に発音していた。それもそのはず、小島提督は駐独海軍武官時代に、何度か、本人と面会した経験があるのだった――。

余談はさておき、この第二音節にアクセントを置いて発音する固有名詞は、日本人のみならず、ドイツ人にも違和感を覚えさせるらしい。そのため、グデーリアン家はオランダの出自であるとする説が唱えられたほどだった。ホウドリアーン（Goudriaan）という地名がオランダにあり、そこに生まれた者がドイツに渡り、グデーリアン一族の開祖となったと推測されたのである。原綴《げんてつ》をみればわかる通り、Goudriaan がドイツ語ふうに読まれて「グデーリアン」になったとする主張には、それなりの説得力があるようにみえる。

しかしながら、自身もその氏族の末裔《まつえい》であり、一族の文書の管理に当たっているドイツ人牧師ハンス・グデーリアンは、教会記録簿や税務登録などの古記録を調べ、オランダ説ほかの諸説を否定している（信憑性《しんぴょうせい》こそ薄いものの、アルメニア説やスペイン説なども存在した）。その著作『グデーリアン一族』によれば、一六五〇年に、ポンメルン、もしくはブランデンブルク地方より、奥《ヒンター》ポンメルン地方のベーレ村に移ってきたグーダーヤーン（Guderjahn）一家、また、一六八〇年にニーコステン村に定住したアンナ・ムート、旧姓グーデンヤーン（Gudenjahn）らが、グデーリアン一族の始祖になったものと推測されている。ちなみに、グーダーヤーン、もしくはグーデンヤーンは、いずれも「善きヤン」（Guter Jan）の古形である。

彼らの子孫たちは、いつしか「グデーリアン」（Guderian）の姓を名乗るようになり、ドイツ東部で繁栄していく。そのグデーリアンの支族が西プロイセン地方に所有していた領地で、一家の長男が誕生した。のちに「戦車将軍」の異名を取ることになるハインツ・ヴィルヘルム・グデーリアンであった。「一八八八年六月一七日、日曜日の早朝に、私はヴァイクセル河畔クルムにおいて、この世に生を享《う》けた」と、彼の回想録にはある（以下、引用に際しては、用語の統一等のため、邦訳がある場合でも、原文から直接訳して引用する。なお、ヴァイクセル川は、現ポーランド領ヴィスワ川）。

ハインツは、連邦国家であるドイツ帝国の中核をなすプロイセン王国、しかも、そのエスタブリッシュメントの家に生まれたのであった。父親のフリードリヒ・ヴィルヘルム・ハインリヒ・マティアス・グデーリアンは陸軍将校で、銃兵《フュジリーア》（火打ち石銃を装備した兵のことをいう。ただし、この場合は、歩兵の伝統的呼称として「銃兵」が使われている）連隊長や歩兵旅団長を歴任、一九一四年に退役した際に、中将にまで進級している。もっとも、職業軍人の道を歩んだ父はグデーリアン家の例外で、父方の祖父や曾祖父《そうそふ》は大土地所有者（ほとんどが農園経営に従事した）や官僚であった。ハインツ・グデーリアンは、このことについて、「私の父は、直接の親戚《しんせき》のうちでは、最初の職業将校だった」と記している。ただ、彼は、父方の直系の祖先だけを念頭に置いているようで、女系の先祖をたどると、多くの軍人がいることを付記しておこう。

母イールタ・オティーリエ・クラーラ（旧姓キルヒホーフ）の家も同様に農園経営に携わっており、その父や祖父はおおむね大土地所有者である（家系図参照）。

つまり、グデーリアン家と母方のキルヒホーフ家は、一七世紀に東部ドイツに移住してきて以来、営々孜々《えいえいしし》として家産を築いてきたのであり、ほとんどが貴族のしるしである「フォン」こそ姓に加えてはいなかったものの、名望家としての地位を築き上げてきた一族であった。グデーリアンは、こうしたプロイセン支配層の一典型ともいえる家に、長子として生まれた。そのことは、彼の人生に大きな影響を与えることになるので、記憶に留《とど》めておいてほしい。

二年後の一八九〇年一〇月二日、グデーリアン家はもう一人の男子を授かった。やや先取りした記述になるけれども、この、フリッツ・ルートヴィヒと名づけられたハインツの弟は陸軍将校に任官し、第一次世界大戦に従軍したが、開戦初年の一九一四年に重傷を負い、戦争終結後に退役した。国民経済学の博士号を獲得し、最後は陸軍省に勤務していたという。一九四一年没。

陸軍幼年学校の「予備門」へ

グデーリアン家は、その家長の職業柄、ドイツの兵営都市を転々とした。ハインツが生まれたときには、父フリードリヒは、ヴァイクセル河畔クルムに駐屯する第2猟兵《イェーガー》大隊に勤務していた。猟兵とは、一説によれば、一七世紀にドイツの諸侯が領内の猟師を集めて編成し

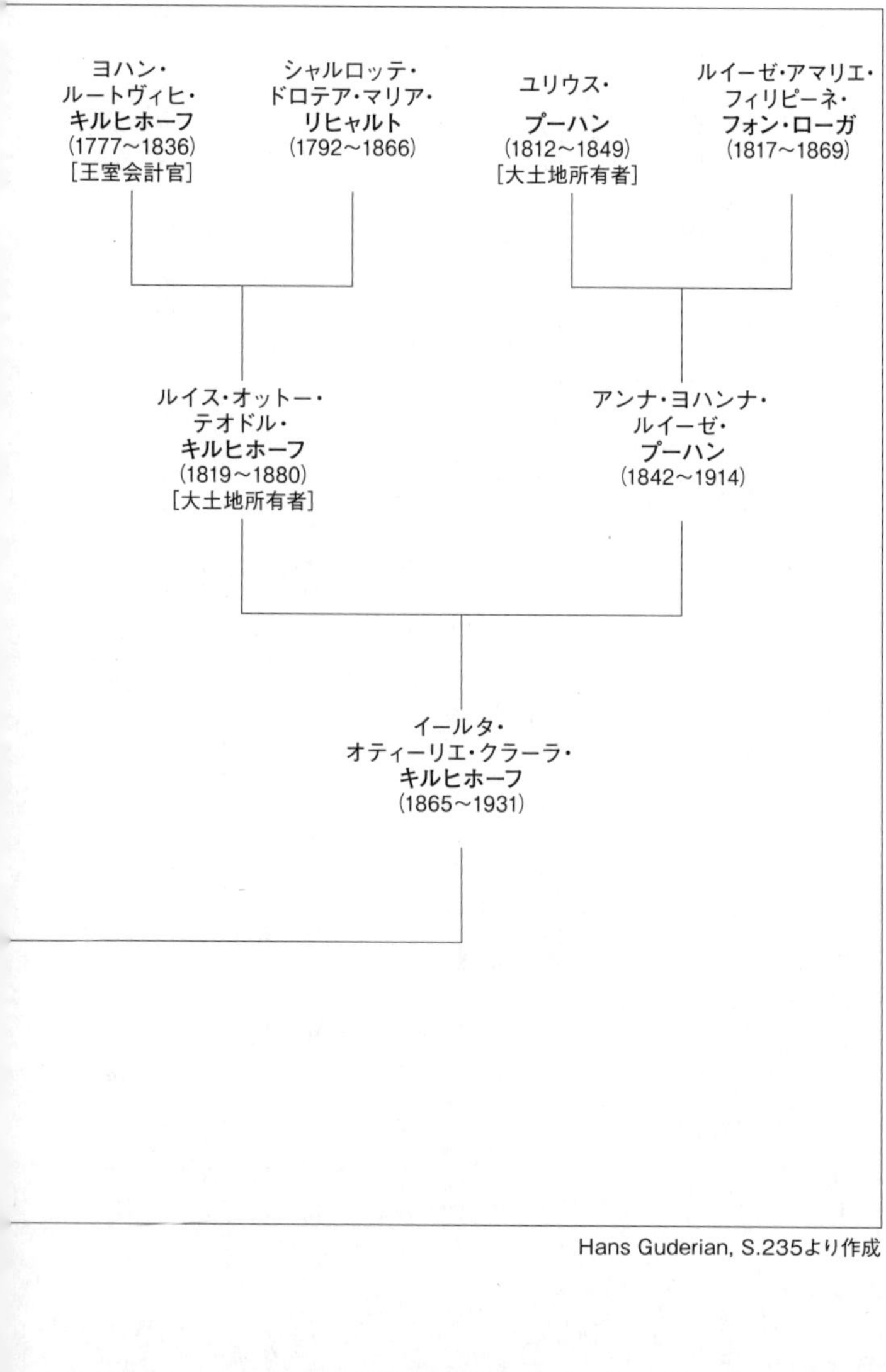
ヨハン・
ルートヴィヒ・
キルヒホーフ
(1777～1836)
[王室会計官]
シャルロッテ・
ドロテア・マリア・
リヒャルト
(1792～1866)
ユリウス・
プーハン
(1812～1849)
[大土地所有者]
ルイーゼ・アマリエ・
フィリピーネ・
フォン・ローガ
(1817～1869)
ルイス・オットー・
テオドル・
キルヒホーフ
(1819～1880)
[大土地所有者]
アンナ・ヨハンナ・
ルイーゼ・
プーハン
(1842～1914)
イールタ・
オティーリエ・クラーラ・
キルヒホーフ
(1865～1931)

Hans Guderian, S.235より作成

グデーリアン家系図

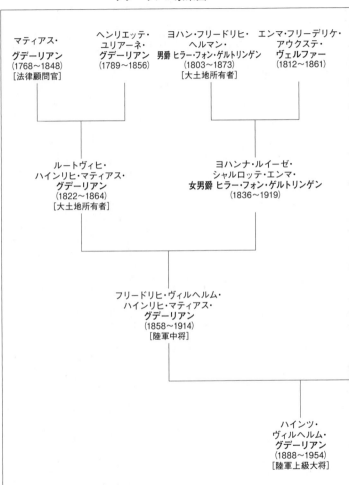

マティアス・
グデーリアン
(1768～1848)
[法律顧問官]

ヘンリエッテ・
ユリアーネ・
グデーリアン
(1789～1856)

ヨハン・フリードリヒ・
ヘルマン・
男爵 ヒラー・フォン・ゲルトリンゲン
(1803～1873)
[大土地所有者]

エンマ・フリーデリケ・
アウクステ・
ヴェルファー
(1812～1861)

ルートヴィヒ・
ハインリヒ・マティアス・
グデーリアン
(1822～1864)
[大土地所有者]

ヨハンナ・ルイーゼ・
シャルロッテ・エンマ・
女男爵 ヒラー・フォン・ゲルトリンゲン
(1836～1919)

フリードリヒ・ヴィルヘルム・
ハインリヒ・マティアス・
グデーリアン
(1858～1914)
[陸軍中将]

ハインツ・
ヴィルヘルム・
グデーリアン
(1888～1954)
[陸軍上級大将]

た（軍事用語として「編制」と「編成」は使い分けられる。「編制」は、軍令に規定された、永続性を有する組織をいう。便宜的には、おおむね名詞として使われる。それに対し、「編成」は、ある目的のため、所定の編制を取らせること、あるいは、臨時に部隊などを編合組成することをいい、動詞として用いられることが多い）、射撃に長《た》け、困難な地形をも踏破できる軽歩兵部隊である。彼らは、その平時の職業にちなんで、猟兵と呼ばれた（原語の Jäger には、猟師の意味がある）。時代が下っても、この起源に従い、狙撃《そげき》や側面掩護《えんご》、後衛にあたる軽歩兵部隊は「猟兵」と呼称された。ただし、第一次世界大戦のころになると、その本来の機能は薄れ、機動力に優れた歩兵ぐらいの役割になっている。

それが、一八九一年には、エルザス（現フランス領アルザス）のコルマールに駐屯していたハノーファー第10猟兵大隊隷下《れいか》（建制で上級組織に隷属している部隊は「隷下」にあるとされる。これに対して、アドホックに指揮下に編入された場合は「麾下《きか》」）の中隊長に就任し、一九〇〇年にはザンクト・アヴォルト（現フランス領サンタヴォール）に駐屯するロートリンゲン（現フランス領ロレーヌ）第9歩兵連隊（ドイツ帝国陸軍の部隊番号では、第173歩兵連隊。当時のドイツ陸軍部隊には、各邦国や直轄領の番号と、帝国全体のそれと、二つの部隊番号が付せられている）所属の大隊長となっている。

従って、物心ついたころから、ハインツは、帝国直轄領であるエルザス（一八七〇年から七一年の普仏戦争の結果、フランス領アルザス＝ロレーヌ地方はドイツに割譲され、帝国直轄領エルザス＝ロートリンゲンとなった）の独仏の文化が入り混じった環境のなかで成長したことになる。彼自身の回想によれば、幼いころに過ごしたコルマールでの生活は、「楽しく、心配とは無縁な子供時代」だったという。ハインツは、一八九七年にコルマールの小学校を卒業し、ついで一九〇一年まで同市の古典学校《ギムナジウム》（古典語であるラテン語とギリシア語の習得を重視する中・高等学校）に通った。

一九〇一年三月一五日付の学年修了証明書に記された成績は、グデーリアンがどのような少年であったかを知る手がかりとなっている。品行と注意力についての評価は「良《グート》」、勤勉さは「可《ゲニューゲント》」、ドイツ語（つまり、国語）、ラテン語、数学、博物、体育といった科目は「可」、歴史と地理は「可プラス」、唱歌は「良」であった。より興味深いのは、この証明書に付せられた講評だろう。「彼はいつでも、おとなしく、素直な子供であった。能力も充分であり、八月には第五学年《オーバーテルツィア》に進級する予定である」。

だが、ハインツは、まったく異なる種類の学校に入ることになった。父の転勤先であるザンクト・アヴォルトに高等学校がなかったため、ハインツとフリッツの兄弟は、陸軍幼年学校、もしくは「予備門《フォアアンシュタルテン》」の一つ、カールスルーエ「陸軍幼年舎《カデッテンハウス》」に送られたのだ。もっとも、これは、単に就学事情ゆえのやむなき決定というわけではなかった。兵営都市の軍人の家庭で育った二人にとって、父と同じ将校の道を歩もうと考えたのは、むしろ自然のことだった。のちにハインツは、こう記している。「私も弟も、すでに軍人になりたいという希望を抱いていたから、この措置〔年端もいかないグデーリアン兄弟を予備門にやること〕についての両親の決心もいくばくかは容易になった。いずれにしても、一二歳と一〇歳でしかなかったわれわれにとって、両親の家を離れなければならないというのは厳しいことであった」（〔　〕内は、大木の補註《ほちゆう》。以下同様）。

この予備門とは、陸軍将校への登竜門であり、二〇世紀初頭にはドイツ各地に設置されていた。ただし、「陸軍幼年学校《カデッテンシューレ》」と呼称されるのは、ドイツ帝国を構成する邦国のなかでもいちばんの大邦であるプロイセン王国にあるものだけだった。これら、プロイセンとその他の諸邦にある幼年学校相当の教育機関が、予備門と総称される。ドイツ帝国の連邦国家としての性格を反映し、このあたりは複雑であるが、グデーリアン兄弟が入校することになったカールスルーエ「陸軍幼年舎」は、バーデン大公国の予備門だったのである。

この予備門（プロイセンでは陸軍幼年学校）出身であることは、将来ドイツ陸軍で枢要な地位を占めるための重大なスプリングボードだった。第一次世界大戦勃発《ぼつぱつ》の年である一九一四年の時点での陸軍将官の半分、また、第二次世界大戦で軍人の最高の階級である元帥にまで上りつめたプロイセン出身者のおよそ半分が、陸軍幼年学校ないし予備門の卒業者であったという事実は、その証左になるだろう。

　予備門は寄宿制で、早ければ一〇歳から入学できる。軍人の子弟でなくとも入校可能だったが、高額の授業料を支払わなければならなかったから、息子を予備門にやれるのは、中産階級以上の家庭に限られた。さりながら、軍隊で功績があった者や、現役、もしくは退役将校の息子のために、特待生や奨学金などの制度が設けられていた。

　予備門の教育の主眼は、軍隊生活の手ほどきをすることであったけれども、カリキュラムは実科学校《レアールギムナジウム》（実務的な科目を重視する中・高等学校）と同じものを使用し、同等のレベルの学校とみなされていた。

　一九〇一年の復活祭《オーステルン》（移動祝祭日。春分後に、最初の満月を迎えたあとの日曜日）直前に、父フリードリヒは、息子たちをカールスルーエ市に連れて行き、「陸軍幼年舎」の入学試験を受けさせた。二人とも合格したが、弟フリッツは願い通りに第二学年《クヴィンタ》相当と認められたのに対し、ハインツは第三学年《クヴァルタ》相当と学年を下げられてしまったのである。当時の予備門の教育水準は高かったから、こうしたことも稀《まれ》ではなかったのだ。しかし、この結果を不満に思った父の勧めにより、ハインツは聖霊降臨祭《プフィングステン》の日（移動祝祭日。復活祭後、七番目の日曜日）に再試験を受け、第五学年相当との評価を得た。

　こうした足踏みはあったものの、一九〇一年四月一日、ハインツとフリッツは「陸軍幼年舎」に入学した。ハインツ・グデーリアン自身は、この予備門での生活について、つぎのように述べている。「幼年学校〔舎〕生徒の教育は、たしかに軍隊的に厳しく、質実剛健なものであった。しかし、善意と公正に土台を置いていたのである。授業では、実科学校のカリキュラムに準じて、現代語、数学、歴史が重視された。それによって、われわれは、人生についてのしっかりとした基礎を与えられたし、その水準は、民間の同格の教育施設にひけを取るものではなかったのだ」。

しかし、グデーリアンが主張する以上に、予備門の教育は、「指導者」の資質を得られるようにすることに主眼を置いていた。たとえば、彼ら、予備門の一〇代の生徒たちには、それぞれ従者が付けられた。従者は、たいていの場合、退役した兵士であり、靴みがきやベッドメイキングなど、生徒の身の回りを世話した。こうした従者を付けることで、生徒に兵をどのように扱うかという体験をさせ、早くから将校任官に備えさせたのだ。

また、教官たちも、親称の「お前《ドゥー》」(du)ではなく、敬称の「貴君《ジー》」(Sie)を使って、生徒に呼びかけた。子供ではなく、一人の紳士とみなしているのだということを、言葉で表したわけである。加えて、ドイツ、あるいはプロイセンへの紋切り型のイメージとは裏腹に、生徒たちは杓子定規《しゃくしじょうぎ》の規則に拘束されているわけではなく、自主性を重視した扱いを受けていた。ある予備門卒業生が、自分は学者や芸術家ではなく、将校になるための教育を受けていたと回想しているのは、そうした教育の実態をよく物語っているだろう。この場合の「将校」は、イコール指導者であると考えてよい。

かくのごとく、少年のころから人の上に立つことを重視した教育環境のなかで、グデーリアンは将帥への道を歩み出した。

将校任官

一九〇三年四月、ハインツ・グデーリアンは、ベルリンのグロース＝リヒターフェルデにあった陸軍士官学校（原語は、Hauptkadettenanstalt であり、直訳すれば「中央幼年学校」になるが、日本陸軍の同名で異なる機能を持つ機関と混同される恐れがあるので、「陸軍士官学校」とした）に入校する。二年後、弟のフリッツもあとを追って、士官学校に入学した。

士官学校時代のグデーリアンは、意志の強さという点で、とくに目立った存在だったようだ。彼が属した第10生徒中隊の長が遺《のこ》した日記には、以下のごとき評価が書かれている。

「グデーリアンは、あらゆる局面で優れた指導性を示し、忠実に義務を遂行、また、志操堅固であることによって、年若な戦友たちの模範となっている。上官としても、落ち着きはらって、安定した振る舞いをする」（一九〇六年七月三日付）。

一方、彼の人生、とくに、その晩年を考える上で見逃せないのは、士官学校時代の読書であろう。グデーリアンは、国家主義的主張で有名な歴史家ハインリヒ・フォン・トライチュケの著作や、ゲルマン民族こそが最重要の文化の担い手であるとした英国人（のち、ドイツに帰化）ヒューストン・スチュアート・チェンバレンの『一九世紀の基礎』を愛読するようになったのである。グデーリアンの政治的な傾向を知る上では、重要なポイントだ。

一九〇五年二月一六日、グデーリアンは「少尉候補生試験」を受けた。これは、軍事の基本とともに、外国語、地理、数学、歴史といった、あらゆる科目にわたってテストするもので、一般学校の大学入学資格試験《アビトゥーア》の簡易版ともいうべき試験だった。グデーリアンは成績「良」で合格し、少尉候補生《フェーンリヒ》に進級した。一九〇四年に一等兵、一九〇五年には帯剣伍長《ごちょう》の階級を得ていたのが、これで軍曹の一つ上の階級に進み、少尉候補生の制服を着用することができるようになったのだ。

ついで、グデーリアンは、一九〇七年二月二八日に高校卒業資格試験（大学入学資格試験に相当する）に合格した。その際、「常に勤勉さを示し、学業・通常試験に好成績を収めてきたゆえに」口頭試問を免除されている。成績は、体育が「優《ゼーア・グート》」、化学と博物が「可」、その他の科目はすべて「良」であった。

かくて、陸軍士官学校を卒業したハインツ・グデーリアンは、一九〇七年二月二八日付の国王官房令により、少尉候補生として、ハノーファー第10猟兵大隊に入隊したのである。

「父はちょうど、一九〇八年一二月まで同大隊の大隊長を務めていた。この幸運ななりゆきのおかげで、予備門・士官学校生徒としての六年間ののちに、再び両親の家での暮らしを楽しむことができるようになった」と、グデーリアンは回想している。

だが、軍隊入りから、およそ一か月後の四月一〇日、グデーリアンはメッツの「軍事《クリークス》学校《シューレ》」に配置された。多くの軍隊の将校任用システムと比べても特異なことであるが、当時のドイツ軍にあっては、士官学校卒業がそのまま少尉任官につながるわけではなかった。士官学校卒業後、ストレートに少尉となるのは、ごく少数の成績優秀者だけで、大半は、修了試験に合格して、少尉候補生に進級したのちも、軍事学校でさらに研鑽《けんさん》を積む。軍の組織から射撃技術まで、下級将校として必要な知識や経験を叩き込まれるのだ。ほとんどの少尉候補生は、この軍事学校を卒業して、初めて少尉に任官する。

ところが、メッツ軍事学校での生活は、若く野心にみちたハインツ・グデーリアンには、意に染まぬものだった。創意に富み、お仕着せを嫌うグデーリアンにとって、軍事の定型を教えられることは苦痛だったらしい。「第10猟兵大隊に配属されたのち、私は、この部隊にあって愉快なときを過ごしてきた。だが、この四月にはじまった軍事学校での時間は好ましいものではない。もし、私の願いが完全に満たされないとすれば、自分にも責任があることはたしかだ。だが、その一方で、このシステムは、大志ある者には適していないとも思う。

すべてが、凡庸《ぼんよう》な人間に過度に合わせせられている。退屈なことだ」と、彼は一九〇七年に記している。おそらく、グデーリアンの人生を特徴づけている、戦闘的な精神が、すでに頭をもたげていたのである。

また、彼は、教官たちは自分に好意を抱いていないとも評していた。ただし、これはグデーリアンの僻目《ひがめ》であったらしい。というのは、教官たちのほうでは、彼を高く評価していたからである。実際、一九〇七年一一月二六日に開始された将校任用試験で、グデーリアンは、「全体として、非常に優れた知識、もしくは達成度を示し」て、合格した。メッツ軍事学校の卒業証明書の講評は、グデーリアンへの称賛にみちみちている。「きわめて有能で、大志を抱き、義務観念の強い若者で、肉体的には非常に機敏。優れた騎手である。安定した堅実な性格で、魅力的な礼儀作法を心得ており、自らの職業についても特筆すべき関心を抱いている。まさしく軍人向きで、有能な将校となることが約束されており、進級に価する人物であると認む」。

けれども、戦術科目の修了試験におけるグデーリアンの成績は芳しいものではなかった。後年のグデーリアンの作戦・戦術的な性向からすれば、意外に感じられることだが、攻撃で対応すると答えるべきだった設問に、防御態勢を取るとの答案を出してしまったのだ。

そうした失点はあったにせよ、軍事学校の将校任用試験に合格したグデーリアンは、一九〇八年一月二七日付で少尉に任官し、ハノーファー第10猟兵大隊第3中隊隷下の小隊長に補せられた。青年将校グデーリアンの生活は自由闊達《かったつ》なもので、乗馬や狩猟、観劇や舞踏会など、上流階級の楽しみにはことかかなかった。カイザーの時代のドイツにあっては、将校の社会的地位はきわめて高く、そうした余暇の過ごし方も当然のことだったのである。

しかし、少尉に任官したグデーリアンは、軍務、というよりも、周囲への不満を感じるようになっていた。生来の奔放不羈《ほんぽうふき》な性格が頭をもたげ、下級将校のルーティーンをこなすだけで得々としている上官や同僚をものたりなく思うようになったのだ。一九〇八年七月二一日の日記には、このような記述がある。「友人たちは、もっとみなと一緒に時を過ごすべきだと求めてくる。彼らがもう少し気配りしてくれたなら、こんな亀裂《きれつ》ができることはなかったろう。もう、この傷を治すのは難しい。私は、彼らを尊敬できなくなってしまった」。

一九〇九年一一月七日の日記は、より深刻である。「本当の友達が得られさえしたら、と思う。戦友たちは非常に善良であるけれども、全幅の信頼を置ける者は一人もいない。……どこもかしこも不信ばかりだ」。

こうして、悶々《もんもん》とするグデーリアンであったが、少尉任官より一年が過ぎ、新任の後輩たちができるにつれ、意欲を取り戻していった。「良き友情が育《はぐく》まれつつある。……カイテルを含む新米将校たちは、とても愉快な連中だ。軍人として、また他の面においても、もっとも素質に恵まれているのはカイテルだと、私はみている」。このようなグデーリアンの変化について、イギリス陸軍の将校から軍事史家に転じたケネス・マクセイは、彼の人生に繰り返しみられる、上級者よりも下級者との関係のほうがうまくいくという特徴が表れていると評している（『ドイツ装甲師団とグデーリアン』）。

ちなみに、日記に登場する「カイテル」は、第二次世界大戦中に陸軍人事局長を務め、歩兵大将となるボーデヴィン・カイテルである。彼の兄は、同じく第二次大戦中に国防軍最高司令部《オーバーコマンド・デア・ヴェーアマハト》（Oberkommando der Wehrmacht）長官となり、軍人として最高の階級に上りつめたヴィルヘルム・カイテルだった。彼らカイテル兄弟との関係は、グデーリアンの後半生に大きな影響をおよぼしていくことになる。

「グレーテル」との出会い

一九〇九年一〇月、第10猟兵大隊は、ドイツの中央部にそびえるハルツ山系北縁部にあるゴスラーに移駐した。彼らはすぐに新しい駐屯地になじみ、同市の住人からは「ゴスラー猟兵」の呼び名で親しまれるようになった。ちなみに、第二次世界大戦で勇名を馳《は》せたエルヴィン・ロンメル元帥も、少佐時代に「ゴスラー猟兵」の大隊長を務めた。今日のゴスラー市を訪れると、かつて将校集会所があった建物の入り口には、「ゴスラー猟兵」の大立て者二人、つまりロンメルとグデーリアンの名を刻んだ銘板が掲げられている。

この町で、グデーリアンは人生の伴侶《はんりょ》となる女性に出会った。マルガレーテ・クリスティーネ・フランツィスカ・ゲルネ——のちに軍医准将となる医学博士エルンスト・フィリップ・ゲルネの娘である。将校集会所の祝典で知り合った二人は恋に落ち、一九一一年一二月一〇日にはもう婚約に至っていた。グデーリアンは、この、彼が「グレーテル」の愛称をつけた女性とすぐにでも結婚することを望んだ。しかし、ゲルネの父親は、娘はまだ一八歳で、結婚するには早すぎるという意見だった。加えて、当時の慣習で、将校の花嫁は一万金マルクの持参金を用意しなければならない。これは、高額の持参金を条件づけることで、社会のエリートである将校が下層階級の女性と結婚し、体面を損なうのを防ぐための措置だったといわれる。ゲルネ家としては、これを工面する時間を必要としたのだ。加えて、グデーリアン家の側にも問題が生じていた。父フリードリヒが、身体マヒ、腸の障害と、立て続けに重病にかかり、手術・療養を余儀なくされたのである。

ゆえに結婚を待たなければならなくなったグデーリアンは、よりいっそうの職業的訓練を受けるため、しばらくのあいだ、ゴスラーを離れてはどうかとの周囲の忠告を受けて、新天地をめざすことにした。グデーリアンは、新時代のテクノロジーである機関銃と通信に興味を抱いていたから、このどちらかの専門知識と経験を得られる部隊に転属を願い出ようと考えたのである。

結局、グデーリアンは通信を選んだ。それには、第10猟兵大隊の上官として仕え、軍人としても尊敬するようになっていた父（当該時期のグデーリアン日記には、「父を模範としよう」という記述がある）のアドバイスが大きかった。そのころ、少将に進級して、第35歩兵旅団長となっていた父フリードリヒは、機関銃には将来性がないだろうとみており、むしろ通信、とりわけ無線通信には展望が見込めると、息子に告げたのだ。

グデーリアンは、父の意見に従い、一九一二年一〇月一日付で、ドイツ西部のコブレンツ市に駐屯する第3電信大隊に転属した。装甲部隊のような快速兵種を自由自在に動かすにあたっては、人体でいえば神経系に相当する通信が重要であることはいうまでもない。はからずもグデーリアンは、将来の装甲部隊司令官に必要な専門知識を得る道を選び取っていたのである。

あらたな任地で、グデーリアンは、たちまち頭角を現した。「これまで無線通信に関して、何の経験もなかった上に、ときには新兵訓練の責任も負わされたから、軍務は大変な負担となった」と、彼自身は述懐している。だが、それでも、グデーリアンは優秀な成績を挙げた。また、同じ時期にフランス語と英語を習得している。こうしたグデーリアンの刻苦勉励は、栄誉を以《もっ》て報いられることになった。高級将校への関門である陸軍大学校の入学試験は、優秀な将校であっても失敗することが多く、複数回受験する者が少なくなかったのだが、一九一三年、グデーリアンは、ただの一度で合格したのである。

かくて、自らの将来性を証明した青年将校にとって、「グレーテル」との婚姻を妨げるものは何もなくなった。陸軍大学校に配置される二日前、一九一三年一〇月一日に、グデーリアンはゴスラーでマルガレーテと結婚した。グデーリアンの長男に取材したケネス・マクセイは、「マルガレーテは、おだやかで人を慰めるような性質で、彼〔グデーリアン〕の機嫌や望みに自分を合わせた。この、すでに爆発的な精力と怖ろしいほどの性急さで評判を取っていた、若い将校の完璧《かんぺき》な引き立て役となったのである」と評している。

加えて、彼女は、グデーリアンの若き戦友にして、後年の陸軍人事局長であるボーデヴィン・カイテルのまたいとこであった。つまり、この結婚で生じた姻戚関係は、グデーリアンの軍人としての生涯にも影響をおよぼしていくことになるのである。

陸軍大学校《クリークスアカデミー》

すでに述べたように、第一次世界大戦前夜のドイツにおける将校の社会的地位は非常に高かった。たとえば、任官したての少尉であろうと、宮中舞踏会に招かれたり、王侯貴顕《おうこうきけん》のサロンに出入りすることを許されていた。端的にいうならば、彼らは、レストランに入れば、最上の席に案内されるのが当然の職業に就いていたのだ。

そのなかでも、参謀将校となると、「半神《ドミゴット》」とまで称される存在だった。陸軍参謀本部は、オーストリアやフランス相手の戦争に勝ち抜き、ドイツ帝国の成立をもたらした原動力であるとみなされていた。この参謀本部、あるいは軍や軍団の参謀部の頭脳となる参謀将校は、まさしく選良中の選良と認められていたのだ。

かくのごとき地位を得るには、所属部隊内で抜きん出た能力があるとの評価を得た上で、難関として知られた試験を突破し、陸軍大学校に入る必要があった。そこでまた三年間の厳しい教育を受け、振り落とされずに卒業した者だけが参謀将校になれる。陸軍大学校を卒業した者は、参謀資格を与えられ、階級に「参謀」(im Generalstab)を付して呼ばれるようになる。彼らは、通常の兵科ではなく、「参謀科」に所属することになったのだ。また、陸軍大学校卒業者は、参謀将校であることを示す深紅色の筋を脇につけたズボンを着用するが、これこそはエリートのしるしなのであった。

その陸軍大学校に、グデーリアンは、一九一三年一〇月一日付の辞令によって入学することとなった。実際に陸軍大学校の所在地ベルリンに着任し、課業を開始したのは、一〇月五日のことだ。陸軍大学校当局は、新婚のグデーリアンに五日間の休暇を許した。グデーリアンは、この時間を利用して、ライプツィヒに新婚旅行に出かけ、しかるのちにベルリンの新居に入ったのである。

　グデーリアンは当時二五歳で、同期生一六八名中の最年少だった。教官団の最先任は、伯爵リューディガー・フォン・デア・ゴルツ大佐で、第一次世界大戦後、彼とグデーリアンのあいだには、浅からぬ縁が生じることになる。また、同期生のなかには、プロイセンの名門出身者も少なくなかった。とりわけ耳目を惹《ひ》く存在だったのは、のちに元帥にまで進級したエーリヒ・フォン・マンシュタインである。マンシュタインとグデーリアンはともに、第二次世界大戦における戦争・作戦指導に大きな役割を果たすことになるが、両者の関係は、この時期にまでさかのぼる古いものだったのだ。

　ただし、マンシュタインとグデーリアンは、不仲であるとはいわないまでも、親密な関係ではなかったらしい。日本の通俗的な読み物には、二人は親友だったと断定しているものもある。しかし、マンシュタインの遺族に取材して、大部の伝記を書いたイギリスの軍人研究者《ソルジャー・スカラー》マンゴウ・メルヴィンは、興味深い事実を指摘している。マンシュタインは、けっしてグデーリアンのことを、前出のドイツ語の親称「ドゥー」で呼ばなかったというのである。つまり、日本でいう「俺お前の仲」ではなかったということだ。同期生最年少の座をグデーリアンに奪われたことにわだかまりを感じたことが、マンシュタインの隔意《かくい》の端緒になったとみることも可能ではあろうけれど——これは憶測の域を出ない。

ともあれ、こうして陸軍大学校の学生となったグデーリアンは、高級将校となるための勉学に取りかかった。当時の陸軍大学校の第一学年では、戦史や戦術の教育を主眼としていたが〔学年が進むと、図上演習・兵棋演習が多々行われるようになる〕、グデーリアンもそのように回想している。「……〔七年戦争の〕一七五七年戦役の緒戦段階、数支隊に分かれてのベーメン〔ボヘミア〕への前進、プラハの戦いに向けての合流に、とくに重点が置かれた。続いて、一八〇五年戦役〔ナポレオンの対オーストリア戦役。フランス軍は、オーストリア・ロシア連合軍をアウステルリッツで撃破、勝利を収めた〕が議論された」。

しかしながら、グデーリアンが陸軍大学校を卒業することはなかった。

一九一四年六月二八日のオーストリア＝ハンガリー帝国の帝位継承者であったフェルディナント大公暗殺を契機に、ヨーロッパの国際情勢は対立を深め、ついには戦争に突入したからだ。ドイツとオーストリア＝ハンガリーを中心とする中央同盟国と、イギリス、フランス、ロシアなどから構成される連合国との大戦争、第一次世界大戦が勃発したのである。

開戦に向けた動員のなか、陸軍大学校も閉鎖され、グデーリアンら一九一三年度学生も、それぞれの部署に配置され、出征することになる。

第三章　多くの戦訓を得た第一次世界大戦

「時刻表の戦争」

陸軍大学校の同期生たちの多くは、原隊に復帰、あるいは、原隊を母体として新編された部隊に配属されたが、グデーリアンのあらたな部署は「ゴスラー猟兵」ではなかった。通信部隊の知識と経験を買われ、第5騎兵師団隷下第3無線局長に任ぜられたのだ。グデーリアンは、この配置にあって、イギリス軍やフランス軍が待ち受ける戦場に向かう。妻のマルガレーテは、第一子を妊《みごも》っていたから、あるいは後ろ髪を引かれながらの出征であったかもしれない。

周知のごとく、第一次世界大戦開戦時に二正面戦争を余儀なくされたドイツは、ロシアの動員はその国土の広大さゆえに時間がかかるとみて、まずフランスから叩《たた》くという作戦を立てていた。一部の兵力で東部戦線のロシア軍を抑えながら、主力を西部戦線に投入し、短期戦で結着をつけようとしたのである。かくて主戦場となる西部戦線では、右翼に重点を置き、それが長駆進撃してフランス軍の側背《そくはい》にまわり、敵を包囲殲滅《せんめつ》するという構想が採用されていた。もともとは、第一次世界大戦前夜に没した（一九一三年）ドイツ帝国三代目の参謀総長、伯爵アルフレート・フォン・シュリーフェン元帥が立案した作戦案だ。

しかし、彼の後を襲った小モルトケこと、伯爵ヘルムート・フォン・モルトケ上級大将（ドイツ統一戦争を勝利にみちびいた伯爵ヘルムート・カール・ベルンハルト・フォン・モルトケ元帥の甥《おい》。両者は「小モルトケ」、「大モルトケ」の呼び名で区別される）は、兵站《へいたん》面等から独自に検討を加えた結果、発想こそ同様であるものの、シュリーフェンのそれほどには極端ではない兵力配置を採用した。主力は西部戦線右翼という構想は揺るがなかったけれども、若干の兵力を抜いて、左翼にまわしたのだ。後世、小モルトケの誤断として、しばしば批判される変更だが、近年の研究では、フランス軍がドイツ軍左翼に対する攻勢企図を抱いていたことに鑑《かんが》みて、妥当な措置だったと評価されている。

実のところ、緒戦におけるドイツ軍作戦計画の問題点は、兵力配置にあるのではなかった。かつて大モルトケは、「戦略は臨機応変の体系である」と主張した。彼の思考は、戦争を予測のつかない混沌《カオス》とみなすクラウゼヴィッツの戦争観にもとづいていたのだ。そうした視点からすれば、命令で下級者を縛るような指揮統制は問題外であった。大モルトケの有名な言葉によれば、「それゆえ、敵主力との衝突以後にまでおよぶ、多少なりとも自信のある作戦計画を立てることはできない相談である。戦役の全経過を通じて、終局に至るまで首尾一貫、あらかじめ微細な点に至るまで熟慮し、取りまとめた当初の着想を逸脱することなく遂行できると考えるのは、素人《しろうと》だけ」なのである。

大モルトケは、かかる理解に従い、非常に高度なレベルで均質化された参謀将校を育成し、高級司令部や野戦軍に配置した。そうして、彼らに戦略企図を徹底させた上で、決断と行動の自由を許したのだ。こうした権限の下方移譲と、それに耐えられる自主独立の精神と知性を有する将校の育成こそ、戦争の不確実性に対する大モルトケの処方箋《しょほうせん》であった。のちに「委任戦術《アウフトラークスタクティーク》」と呼ばれ、現代の米陸軍・海兵隊も重視し、「任務指揮《ミッション・コマンド》」として、そのドクトリンに取り入れた指揮のあり方である。

しかしながら、一九一四年のドイツ参謀本部は、大モルトケの教えを守らなかった。

一九世紀から二〇世紀初頭にかけて、鉄道や電信・電話などのテクノロジーは長足の進歩をとげ、一般に普及した。たとえば、一八七〇年のドイツの電信局数は一〇〇〇にすぎなかったが、一九一一年には六三万七〇〇〇におよんでいる。加えて、同じ一九一一年の電話契約数は五〇万件に達していた。ドイツの参謀たちは、こうして技術的なインフラストラクチャーが整備されたことにより、後方の総司令部から前線の諸部隊を指揮・統制することが可能になったと信じたのだ。一九〇四年に、ドイツ領南西アフリカ（現ナミビア共和国）で先住民族ヘレロ族の蜂起《ほうき》が起きた。これを鎮圧する際に、初めて無線通信が使用され、密林内を分進する部隊の指揮統制に効果を発揮したことも、そうした確信を強めた。

その結果、いっさい予想外の事態を想定することなく、あたかも列車を運行するように、動員、集中、開進（軍事用語で軍隊の前進展開のこと）を実施し、予定戦場で決戦を行うとする計画が立案されたのである。たとえば、シュリーフェンが組み立てた作戦では、きっちり四二日間でフランス軍を撃滅するとされていた。小モルトケは、かかる構想に疑問を抱いていたといわれるが、具体的な対策は取らなかった。結果として、ドイツ参謀本部は、イスラエルの軍事史家マーチン・ファン・クレフェルト評するところの「時刻表の戦争《タイムテーブル・ウォー》」を試みることになる。このような戦争の本質を見誤ったやりようが、戦神《マルス》の不興を買ったことはいうまでもない。ドイツ軍の作戦は、兵站や輸送など、さまざまな面で齟齬《そご》を来《きた》し、破綻《はたん》していく。ここでは、グデーリアンが関係する通信に焦点を絞って、観察することにしよう。

「けっして来はしない通信報告」

第一次世界大戦開戦直後において、西部戦線のドイツ軍は機動の妙を示し、著しい進撃速度を記録した。しかしながら、その猛進は同時に、ドイツ軍の通信能力がきわめて不充分であることを暴露してしまった。前線部隊の進撃に、電信線の延伸が追いつかなかったのである。多くの場合、連合軍は退却に先立って、通信施設を破壊していったため、これを修復し、味方電信線を延ばしていくことが必要となっていた。ちなみに、西部戦線にあった第1から第7軍までの各軍の司令部が、それぞれ一本ずつ電信線を使用できるように計画されていたが、その延線作業は、一日あたり八キロ程度にすぎなかった。

ドイツ軍のドクトリンが、前線の電信線を延長するよりも後方との連絡確保を優先すべし、としていたこともマイナスにはたらいた。それによって、前線部隊は司令部との通信機能の確保に、貴重な人員や資材を割かなければならなくなったからだ。しかも、ベルギーやフランスの住民が敵軍司令部に情報を伝えることを危惧《きぐ》したドイツ軍前線部隊が、占領した先々で既設電信線を切断したり、通信機器を破壊することもしばしばだったから、敵がつぶしそこねた現地の設備を活用することも困難になったのである。

かかる状況のもと、総司令部の地図卓の上から、巨大な前線軍を自由自在に操るというドイツ参謀本部のもくろみは蹉跌《さてつ》した。小モルトケは、陸軍最高統帥部《オーベルステ・ヘーレスライトゥング》、略称ＯＨＬ（陸軍参謀本部が動員され、戦時の最高司令部に改編された組織）をルクセンブルクに進めたものの、そこから動こうとはしなかった。にもかかわらず、当時のＯＨＬには、伝令用の自動車や伝騎（伝令用の騎兵）が充分に配属されていなかったのだ。ゆえに、電信が機能しなくなったのち、小モルトケは、勝敗のカギを握る西部戦線右翼の諸軍、すなわち、ルクセンブルクより、およそ二四〇キロ先にいる部隊との通信を無線に頼らざるを得なくなった。ところが、当時の技術では、無線通信の暗号化と解読には多大なる時間がかかり、迅速な命令・報告の伝達には不向きだったのである。さらに、パリのエッフェル塔に据え付けられた送信機が、ひっきりなしに妨害電波を発しているとあっては、なおさらだった。

ドイツの公刊戦史の表現を借りるならば、かくて「モルトケは、けっして来はしない通信報告を、無為に待ちつづける」ことになったのである。いくつかの軍とは、何日も連絡が取れなかった。八月三〇日には、ＯＨＬが麾下《きか》の各軍間の無線通信を傍受し、それをもとに判断を下すという異常事態さえ生じている。

九月八日朝、前線の状況が判然としないことに業を煮やした小モルトケは、ＯＨＬ第3（情報）部長リヒャルト・ヘンチュ中佐を前線視察に派遣し、西部戦線にある各軍の行動を調整させることにした。その夜、ヘンチュが訪れた第2軍司令部で、同軍司令官より、恐るべき情勢であることを聞かされた。第2軍はフランス軍の圧力を受けて、北へ後退したばか

西部戦線におけるドイツ軍の進撃（1914年）

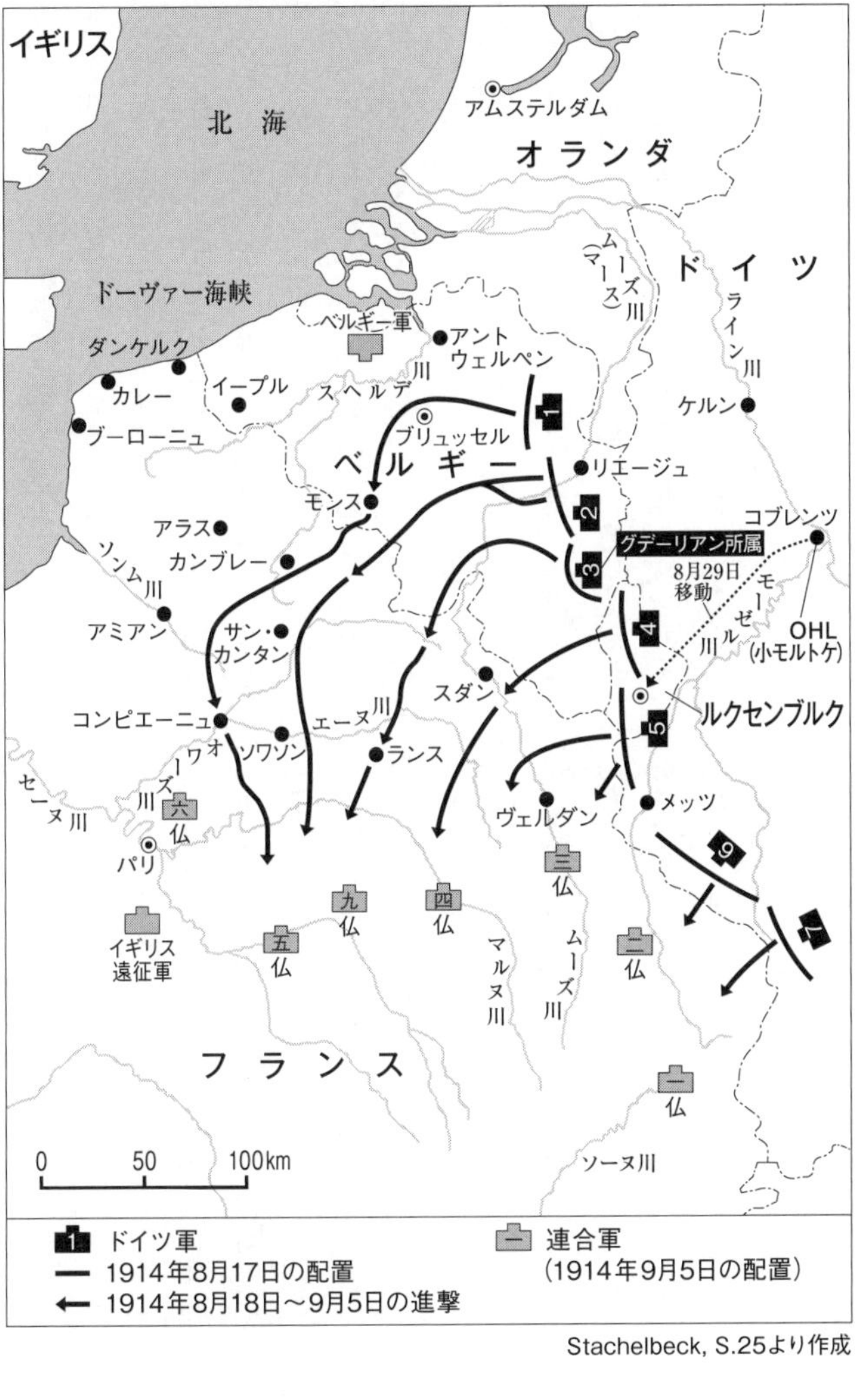

Stachelbeck, S.25より作成

りであり、その右に位置する第1軍（マルヌ河畔にあり、パリに迫っていた）とのあいだに四〇キロの間隙《かんげき》が生じているというのである。

翌九日朝、第1軍司令部を訪問したヘンチュは、第2軍がフランス軍の反攻を拒止できない以上、第1軍は孤立することになる、すなわち、西部戦線のドイツ軍右翼は潰滅《かいめつ》の危機に瀕《ひん》していると判断した。それゆえ、彼は、ＯＨＬや他の軍に連絡を取ることなく、独断専行で第1および第2軍に退却を命じたのであった。この「第一次マルヌ会戦」と称されることになる戦いにおいて、パリ前面まで迫っていたドイツ軍が突如後退に転じ、連合軍に反撃のチャンスを与えたことが、当時の人々に、どれほどの驚きをもたらしたかは想像に難くない。それはのちに「マルヌの奇跡」と称されるようになったが、かくのごとき事情を如実に物語る呼び名であるといえよう。

いずれにせよ、第1軍の退却は、第一次世界大戦初頭の機動戦に終止符を打った。以後、両軍は西部戦線において、北海沿岸から中立国スイスの国境に至る長大な陣地を構築し、長期戦に突入することになる。なお、第一次マルヌ会戦の終了後、無用に弱気になったヘンチュのような参謀が、軍司令官を差し置いて恣意専横《しいせんおう》の指示を下す「幕僚統帥」におちいったことによって勝利が失われたのだ、といわれたが、これは当たっていない。問題は、ヘンチュ個人の能力や決断にあったのではなく、テクノロジーを過信し、不可能なことを可能であると妄信した作戦計画にあった。ちなみに、ヘンチュは一九一七年に査問委員会にかけられたが、責任なしと判定されている。

苦戦する第5騎兵師団

グデーリアンは、第5騎兵師団隷下第3無線局長として、右のごとき戦局の展開を見聞することになった。あいにく、彼自身による記録は、ほとんど残されていない。けれども、他の史資料によって、その動きを追うことはできる。

グデーリアンが指揮下に入った第5騎兵師団は、第1上級騎兵集団《ヘーエレ・カヴァレリー・コマンド》（騎兵軍団相当の団隊）に所属していた。同集団は、第3軍の麾下にあって、ベルギーからルクセンブルクに広がるアルデンヌ森林地帯を突破、フランス領内に進出した。その進撃の途上、グデーリアンは、八月一七日から二〇日にかけて、ムーズ河畔の町ディナンで、歩兵・騎兵・砲兵などの諸部隊や段列（補給にあたる後方組織、もしくは、その人員）が、巧みに行軍序列を組み、貧弱な道路網をフルに活用して、困難な地形を迅速に通過するさまを目撃している。彼が一九四〇年になすことを思えば、非常に貴重な体験であった。

第1上級騎兵集団は、八月三一日に本格的な戦闘に突入するまでに、およそ二六〇キロを行軍している。しかし、第3無線局は、それ以上の往来を強いられた。すでに述べたように、有線通信が機能しなくなりはじめていたから、無線部隊は引っぱりだこで、第5騎兵師団以外の部隊にも、しばしば派遣されることになったからである。緒戦の西部戦線における攻勢で、ドイツ軍の最右翼にあった第1軍将兵は、一日平均約四〇キロの行軍を実施し、第一次マルヌ会戦のころには、消耗の極に達していたといわれる。だが、重い長距離通信用機材を牽引《けんいん》しながら、東奔西走したグデーリアンおよび第3無線局の人馬の疲労も、それに劣らぬものであった。

もっとも、グデーリアンを苦しめたのは、肉体的な酷使だけではなかった。直属上官である第5騎兵師団長カール・フォン・イルゼマン少将は、必ずしも優れた司令官とはいえなかったのである。イルゼマンは、さまざまな副官勤務を通じて出世した人物で、参謀資格を持っていなかった。その結果、平時の教育訓練や統率には長《た》けているが、作戦・戦術上のこととなると参謀まかせという評判を奉られていたのだ。ところが、第5騎兵師団の作戦参謀と兵站参謀は「常に見解が異なっていた。二人は楽観主義者と悲観主義者で、この老人〔イルゼマン〕の決断を、ああでもない、こうでもないと動揺させるのだった」（少将の孫であるカール＝ゲーロ・フォン・イルゼマン連邦国防軍《ブンデスヴェーア》中将の評言）。部下として仕えたグデーリアンにとっても、イルゼマンの優柔不断は悩ましいものだった。

さらに、第一次世界大戦の初期段階で、騎兵という兵科には将来性がないと示されたことも、グデーリアンにしてみれば見逃せない事実だった。具体的には、彼の所属する団隊ではないが、同じく騎兵の大規模編制である第2騎兵集団が、八月一二日にハーレンで、弱体なベルギー軍部隊の射撃により大損害を受けたのである。グデーリアンは、第一次世界大戦終結から一九年目、一九三七年に刊行した著書『戦車に注目せよ！』の冒頭で、この戦闘を詳細に論じている。

さて、いつ、どこで、グデーリアンは初めて弾丸の下をくぐったのか。

自らの第一次世界大戦での経験を記した著作『歩兵は攻撃する』をものしたロンメルとは異なり、グデーリアンは、おのが初陣についての記録を残していない。従って、その詳細はわからないのだけれども、九月一六日付のマルガレーテ夫人宛の手紙には、自ら体験したことが若干記されている。マルヌ会戦以後、第5騎兵師団は、前衛から一転して後衛を務めることになり、厳しい戦闘を強いられていたのだ。その部分を引用しよう。

「九月六日。再び第5騎兵師団に戻る。その前は、セルヌーでまたしても砲兵射撃にさらされていた。夜はルドンにいた。

九月七日。ボワ・マルタンに向かう。過労のため、三頭の馬が途中で死んだ。人馬ともに消耗しきっていて、おまけに退却の不快な雰囲気《ふんいき》が加わってくる。

九月八日。午前中に戦闘あり。本無線局は、榴散弾《りゅうさんだん》を浴びながら三キロの距離を駆け抜け

行軍。

たが、損害はなかった。まったく不愉快な情勢である。シャトー・マリニーに向かって夜間九月九日。当初は遮蔽物《しゃへいぶつ》さえないところを、孤立したまま、さらに行軍する。午後になって、師団のいるところに戻ったとき、突如、わが縦隊は榴散弾の砲撃を受けたが、幸いなるかな、今度も損害はなかった。夜にブヴァルド到着。人馬とも、相当に疲弊《ひへい》している」。

戦場での青年将校グデーリアンの日常を伝えてくる史料ではある。

このあとも、彼は災厄に見舞われた。九月一一日、第3無線局はコアン経由でシェリーに向かうよう命じられたのだけれども、馬が二頭斃《たお》れたため、補充を徴発するはめになった。それに時間がかかっているあいだに、フランス軍が襲撃してきたのだ。数人の部下が捕虜となり、グデーリアンの私物もすべて奪われた。彼自身は間一髪で敵から逃れ、ランス東方のベトニヴィルまでたどりついたのである。

ちなみに、こうした経緯を伝える九月一六日付の書簡は、彼の義父が、長男ハインツ＝ギュンター・フリッツ・エルンストが無事誕生したこと（八月二三日）を手紙で知らせてくれたことに反応したものであった。グデーリアンは、つぎのように、妻に祝福を贈っている。「困難なときに君を守護してくださった神に深甚なる感謝を捧《ささ》げ、最愛の妻である君には、心よりの祝福、そして、君が私に向ける愛情と優しさへの御礼を述べよう。……もし、敬愛する神が、この怖ろしい戦争からの帰還をお許しくださるのであれば、愛するわが子を加えての、われわれの喜ばしい再会を授け給《たま》いますように。でも、君が厳しい時期を脱したと知って、胸のつかえが下りた」。信頼できない上官のもとで、芳しからぬ戦況に直面していたグデーリアンにとって、長男の誕生は、大きな心の救いとなったのであろう。

ランゲマルク攻撃

しかし、わが子の誕生を喜ぶグデーリアンのもとに、今度は悲報が相継いだ。ベルリンで病床に伏していた父フリードリヒが九月一五日に亡くなったのに続き、将校として従軍していた弟フリッツが重傷を負ったのである。一九一四年九月二七日付の夫人に宛てた手紙で、グデーリアンは、悲痛の念を吐露《とろ》した。「ベルリンから来た最後の手紙では、父の容体は非常に芳しくないとのことだったので、心配していた。そこに、愛する弟が大怪我をしたとくる！　この戦争では本当に、あらゆる家庭が流血と不安を甘受するという喜捨をなさねばならない。神よ、どうか、かかる闘争の結果が、膨大な犠牲に見合うものになりますように」。

だが、グデーリアンは嘆いてばかりはいられなかった。彼は、一九一四年一〇月四日付で、より重要な配置に移った。第4軍麾下の第14無線局長に任ぜられたのだ。グデーリアンが開戦前から無線通信の経験を積んできたことが買われたのである。この配置転換に先立つ九月一七日、グデーリアンは、開戦以来の功績により、第二級鉄十字章を授与された。また、第14無線局長に就任してから、およそ一か月後、一一月八日には、中尉に進級している。

こうして、グデーリアン中尉が所属することになった第4軍は、西部戦線最右翼に配置された。本国より到着した新編部隊を投入して、攻勢をかけ、英仏海峡に突進するとの任務を与えられたのである。マルヌ敗戦後に辞職した小モルトケの後任として、参謀総長となったエーリヒ・フォン・ファルケンハイン中将の命令には、「損害を顧みることなく前進し、海岸沿いに右翼を推進、ダンケルクとカレーの要塞《ようさい》を孤立させるべし」とあった。

けれども、このフランドル地方における攻勢は、惨憺《さんたん》たる失敗に終わった。充分な砲兵支援のないままに突撃したドイツ歩兵は、猛烈な射撃を受けて、つぎつぎと斃れていったのである。その頂点は、一〇月二〇日に開始されたランゲマルク攻撃だった。『戦車に注目せよ!』で、グデーリアンは、そうした惨状を、つぎのように描いている。

「予備役兵たちは前進し、薄くなった戦闘の散兵線を補う。が、損害は増していった。敵陣地への侵入は、局所的にしか成功しなかった。将校が自ら陣頭に立っても、敵の銃火を減殺することはできぬ。犠牲者は数えきれぬほどになり、攻撃能力は消え去った。企図されていた二二日中のランゲマルク占領は実現し得なかったのだ」。

なお、このランゲマルク攻撃については、志願した青年兵士たちが、国歌「世界に冠たるドイツ」を唄《うた》いながら、勇敢に突撃、散華していったとのプロパガンダがなされ、第一次世界大戦中のみならず、ナチス期に至るまでも「神話化」された。だが、現在では、それは伝説にすぎなかったとされている。ランゲマルク戦に参加したのは、ほとんどが予備役だった中年の将兵であり、おそらくはドイツ国歌とともに突撃するほど、士気は高くなかったであろうというのである。ただし、『戦車に注目せよ！』では、ランゲマルク攻撃のくだりの前段に、「動員に際して、ドイツの熱狂的な青年と、より年輩ではあるけれど、いかなる犠牲をも厭《いと》わぬ壮年の男子が何十万も志願し、軍旗のもとに殺到していた」と記されている（傍点強調は大木による）。グデーリアンは、ランゲマルク神話の創設に意識的にひと役買ったのか、あるいは、自ら信じ込んでいたのか。それは判然としない。

いずれにせよ、ドイツ第4軍の攻勢挫《ざ》折《せつ》に象徴されるごとく、西部戦線は膠着《こうちゃく》し、寸土を得るにも多大な犠牲が要求されるような陣地戦に移行しつつあった。かかる事態を打開し、突破の糸口をつかむため、ドイツ軍は、一九一五年四月二二日にフランドル正面の第4軍戦区において、化学兵器を使用した。人類史上初めて、毒ガスが戦場に投入されたのである。しかし、この新兵器も、数量が少なく、しかも、その戦術を練ることなしに過早に用いられたために、十二分に威力を発揮したとはいえなかった。突破口は開けたものの、戦果拡張のための予備兵力が用意されていないも同然だったのである。

グデーリアンもまた、第14無線局長として、この毒ガス攻撃に関する見聞を得ていた。再び『戦車に注目せよ！』から引用しよう。「近代的な装備を有する、歴戦の勇猛な敵に対してさえも、新兵器による技術的奇襲は効果を発揮したのだ。この新兵器に対する信頼が欠けていたこと（それ自体は無理もないことであるにせよ）、それゆえに、勝利を利用し、ただちに戦果を拡張するための充分な予備兵力が用意されていなかったことを、ドイツ人として嘆かざるを得ない。以後、この新しい手段のみによって奇襲を達成することは望めなくなった」。

かくのごとく、世界最初の毒ガス戦についてのグデーリアンの観察は、軍事的効果の面にのみ限定されていた。非人道的な大量殺戮《さつりく》兵器を使用したことへの省察はいっさいない。

戦車と「浸透戦術」

一九一五年五月一七日、グデーリアンは、第4軍秘密情報機関に転属し、副官に任命された。ついで、一九一六年二月九日付で第5軍秘密情報機関副官に補せられている。グデーリアンが有している通信や外国語の知識が、情報分析にはうってつけだと判断されたのである。この間に、グデーリアンは大尉に進級していた（一九一五年一一月一八日付）。

ちなみに、グデーリアンは、第5軍の秘密情報機関副官の職にあったときに、有名なヴェルダン要塞攻防戦に参加している。しかし、状況が激しく変化する機動戦ならばともかく、スタティックな要塞攻略戦においては、情報分析の出番は少なかったらしい。グデーリアンは、一九一六年三月末にマルガレーテ夫人に送った手紙で、激戦地にあるとは思えぬ日常を書きつづっている。「ここでは、格段のことは起こっていない。二日間、ゲープザッテル〔グデーリアンの上官〕の代理となり、お決まりの仕事をやらなければならなかった。こんなふうな日々が続けば、とても喜ばしいのだがね」。

もっとも、グデーリアンは、当時、敵味方ともに、強靭《きょうじん》な塹壕《ざんごう》陣地を叩く「缶切り」として頼っていた砲兵の威力に、懐疑の念を抱くようになっていた。一九一四年末から一九一六年の諸戦闘が示したように、天文学的な数量の砲弾を費やして敵陣を叩いても、いずれの陣営とも、作戦的な意味を持つ突破はなし得なかったからだ。グデーリアンは、のちに、こう記している。砲兵は「敵の防御陣を迅速に破砕し、単に戦線切削部をつくる以上の徹底的な戦果を確保するには」無力であり、「火砲の効果を発揮するには長時間を必要とする」と。従来の歩騎砲、主要三兵科だけでは、現代戦は戦えない。グデーリアンはおそらく、そうした思考の萌芽《ほうが》を抱くようになっていたのである。

以後、グデーリアンは、一九一八年初頭まで、さまざまな師団や軍団の参謀職を転々とした（この場合の「参謀」は役職の名称で、正規の参謀科所属になったことを意味するわけではない。詳細は巻末の年譜参照）。ちなみに、一九一六年一一月一八日には、情報機関で挙げた功績により、第一級鉄十字章を受けている。

だが、実はこの間に、彼の生涯に重大な影響を与える兵器——戦車が西部戦線に登場していた。一九一六年九月一五日、イギリス軍は、機密保持のため、「タンク」の秘匿名称を付せられていた戦車三二両を、史上初めて戦場に投入したのである。ついで、一九一七年四月には、フランス軍も自らの戦車を運用、戦果を挙げた。さらに、一七年一一月には、カンブレー正面で、世界最初の戦車の作戦的運用が実施され、結局はドイツ軍に封じられたものの、突破に成功している。

かくのごとく、つぎの戦争の主役となる戦車は、その威力を示しはじめていた。けれども、意外なことに、今日残されている文書や証言からみるかぎり、当時のグデーリアンは、この新兵器には、ほとんど関心を示していない。第一次世界大戦後のヴァイマール共和国の時代には、多大なる情熱を戦車に注いでいるにもかかわらず、である。ただし、ドイツ（当時は西ドイツ）のジャーナリスト、マルテ・プレッテンベルクによる戦後すぐの小伝では（一九五〇年刊行）、グデーリアンは、第４歩兵師団兵站参謀時代にフランス軍戦車の残骸《ざんがい》を検分し、戦争史の革命的変化を直感したとされている。ただし、このプレッテンベルクの記述は、戦後の後知恵によって修正されたグデーリアンの回想をもとにしているものと推測され、信《しん》憑性《ぴょうせい》は高くない。

前出のケネス・マクセイの評によれば、「ドイツ陸軍にあって深謀をめぐらせていた他の思索者たちと同様に、彼〔グデーリアン〕も、戦車は『残忍で効果的』なものとした前線兵士の報告を、ほとんど無視し、戦線にかけられた錠前を外し、機動を復活させるために、すでに効果が証明済みの兵器を精妙に組み合わせることを追い求めたのである」（『ドイツ装甲師団とグデーリアン』）。

では、その既存兵器の精妙な組み合わせとは、何であったか。

第一次世界大戦におけるドイツの敵国は、それを「浸透戦術」と呼んでいる。旧日本陸軍は、これを「蚕食《さんしょく》戦術」と訳したが、あるいは、そちらのほうが的確であるかもしれない。この「浸透戦術」の要諦《ようてい》は、第一次世界大戦の前半にみられたような物量の投入によって、敵陣、もしくは敵部隊を物理的に覆滅《ふくめつ》するのではなく、戦力として機能しない状態に追い込むことにあった。

具体的に述べよう。砲兵は、敵に攻勢の重点を悟らせてしまうような、数日間、ときには数週間におよぶような準備砲撃はしない。攻撃発起直前に、敵の通信所や交通の要衝などに、短切《たんせつ》ではあるが激烈な砲撃を加える。ついで、手榴弾や機関銃（大戦末期になると、短機関銃も装備した）、火焔《かえん》放射器で武装した「突進部隊《シュトーストルッペ》」が、敵陣に突入し、浸透をはかる。その際、「突進部隊」は突破に成功したのちに、敵の残存部隊や陣地を撃破したりはせず、ひたすら敵の後方に進み、指揮統制や兵站の上で重要な地点を押さえていくのだ。そうすることで、敵部隊・陣地は物理的には存在していても、適切な指揮や補給が受けられず、有機的な戦いを実行できない烏合《うごう》の衆と化してしまう。かくて弱体化した敵を、後続の通常部隊が掃討していく。

かかる戦法は、一九一七年の東部戦線におけるリーガ攻撃で本格的に試され、大きな成果を挙げた。その結果、西部戦線でも使用されはじめていたのである。グデーリアンも、こうした浸透戦術に、陣地戦の膠着を打開し、機動戦を取り戻すための光明があるとみた。しかし、それ以上に重要なのは、浸透戦術が、第二次世界大戦におけるドイツ装甲部隊の運用の原型となったことであろう。この点については、本書後段で詳述する。

参謀資格を得る

一九一八年、グデーリアンはまた、出世の階梯《かいてい》を上ることとなった。

先に触れたように、ドイツ軍は短期戦で結着をつけるとの構想で、この大戦にのぞんでいた。それゆえに陸軍大学校も閉鎖され、在校生も出征することになったわけである。ところが、戦争が長期化し、徹底的な動員とともに軍隊が巨大になるにつれ、各司令部を動かす参謀将校が不足してきた。かかる事態に直面したドイツ軍首脳部は、参謀要員補充のため、フランス占領地区にあったスダンで、有望な将校に四週間の講習を受けさせ、合格者に参謀の資格を与えることにした。いわゆる「スダン講習」である。グデーリアンは、その第六期生に選抜され、一九一八年一月一日より二月八日まで、参謀講習を受けることになったのだ。

ただし、ドイツ将校が出世する上でくぐりぬけなければならない多くの関門同様に、スダン講習も容易なものではなかった。一九一八年一月初頭のものと推測されるマルガレーテ夫人宛の手紙で（一部が欠落しているため、日付が確定できない）、グデーリアンは、まさに選ばれし者の恍惚《こうこつ》と不安ともいうべき感情をあらわにしている。「従って、私の将来は、この四週間に懸かっている。だから、土壇場で失敗したりせず、何事もうまくいくように、君は強く励ましてくれなければいけない。そうしたことは、けっして愉快ではないが、何としてもやり通さなければならないのだ。およそ二五名の講習参加者のうち、四分の一がふるい落とされることになるという。ひどい話ではないかね？」

一九一八年一月二六日付の書簡では、講習の内容を妻に伝えている。「ここでの作業は、ゆっくりと、しかし、確実に増えている。今までは運動戦について習ったが、このあとは、大規模な突破戦の研究へと進む。戦争のもっとも難しい課題だ。作戦的な種類の興味深いテーマについても作業している」（原文で強調されている部分は傍点で示した）。

グデーリアンは、この試練に打ち勝った。修了試験に合格したグデーリアンは、一九一八年二月二七日付で、スダン講習以前の配置、C軍支隊《アルメーアプタイルング》（ある軍団司令部の指揮下に他の軍団を置いて編合された軍規模の大規模団隊）の作戦参謀の身分のまま、陸軍参謀本部付になったのである。翌二八日、グデーリアンは吉報を妻に伝える手紙を書いたが、その筆致は歓喜にみちみちている。「何年も追い求めてきた目標が達成された。私がどんなに喜んでいるか、君にもわかるだろう。今日の午前中は、三日前から準備しておいた赤いズボン〔参謀将校であることを示す深紅色の筋を脇につけたズボン〕を穿《は》き、鼻高々で、さまざまな上官たちに挨《あい》拶《さつ》してまわった。彼らは、この大成功について、とても愛想良く、お祝いの言葉を投げてくれた。これによって、私のキャリアはともかく保証されたのだよ」。

グデーリアンが有頂天になるのも無理はない。彼は今までも将校として、社会のエリートであった。けれども、こうしてスダン講習に合格したことにより、グデーリアンは、フランス語でいう「クリームのなかのクリーム《クレーム・ド・ラ・クレーム》」、すなわち、選良のなかから、さらに選び抜かれた存在となったのだ。

横紙破りの異端児ということで、グデーリアンはしばしば、ロンメルと比較される。しかし、陸軍大学校を卒業しておらず、隊付将校からの叩き上げであったロンメルとはちがって、グデーリアンが参謀将校の資格を持っていたことは看過されてはならないだろう。つまり、彼が軍の中枢となるにあたって、門は開かれていたのである。

第四章　敗戦と義勇軍体験

敗勢に抗する

一九一八年三月二一日、西部戦線のドイツ軍は「ミヒャエル」作戦を発動した。それに続く一連の作戦は、のちに「皇帝の戦い《カイザーシュラハト》」と称されるようになる、第一次世界大戦最後のドイツ軍攻勢であった。当時、事実上の独裁者の地位にあったOHLのナンバー・ツー、陸軍参謀次長エーリヒ・ルーデンドルフ歩兵大将（ドイツ軍やロシア軍では、大将の階級に所属兵科を付した呼称を用いる）は、ロシアが革命によって戦争から脱落したのを幸い、東部戦線にあった兵力を西部戦線に移して、乾坤一擲《けんこんいってき》の勝負に出たのだ。

しかしながら、結果を先取りしていえば、ドイツ軍の攻勢は、決定的な戦果を得られないままに終わった。「突進部隊」を先頭に立てた攻撃は、多くの地点で成功し、一時はパリ前面にまで進んだものの、そこで拒止されてしまった。失敗の原因としては、補給や予備兵力の不足、前年に参戦したアメリカの派遣軍が本格的に介入したことなどが挙げられるが、致命的だったのは、ルーデンドルフに戦略的重点形成への考慮が欠如していたことだった。彼は、作戦構想を固めるにあたり、戦争を決するような政治・経済上の重要地点を奪取するのではなく、戦術的に有利な状況にある戦区を攻勢正面に選んだのであった。

当時、ルーデンドルフは、「われわれは、作戦についてはは喋々《ちょうちょう》するが、戦術に関して述べることはあまりにも少ない」と、作戦会議で発言している。この言葉に象徴されるように、ドイツ軍は、最後の攻勢で何を得ようとしているのかを突き詰めないまま、攻撃しやすい場所を叩《たた》いては、転じて他の地点を攻めるという、いわば「食い散らかし」の作戦に終始したのである。今日、両世界大戦でドイツ軍は、「戦争の諸階層《レヴェルズ・オヴ・ウオー》」を構成する戦略・作戦・戦術の三次元のうち、後者の二つのみを重視し、戦略次元においては粗放な思考しかしなかったと批判されている。つまり、作戦・戦術次元の成功を積み上げていけば、戦争に勝利し得ると考えていたというのだ。「皇帝の戦い」にあっても、まさに、そうしたドイツ軍の宿痾《しゅくあ》が露呈したものといえよう。

グデーリアンは、ベルリンの陸軍参謀本部付の身分のまま、陸軍ガス学校第七一期課程学生になっていたが、それを修了したのち、C軍支隊作戦参謀に復帰していた。当初はその配置、ややあってからは第38予備軍団兵站監《へいたんかん》として、グデーリアンは最後の攻勢に参加したのである。補給の責任を負うその職務は、きわめて困難なものだった。一九一八年春、西部戦線のドイツ軍は兵力こそ調えたものの、一九一四年の開戦以来、四年近くにわたる連合軍の封鎖によって、はなはだしい物資欠乏を来していたからだ。事実、「皇帝の戦い」のあいだ、せっかく敵陣地を占領していながら、餓《う》えた将兵がそこに備蓄されていた物資の掠奪《りゃくだつ》に夢中になってしまったために、前進が止まってしまい、好機を逃すといった事態がしばしば生じていた。

結局、八月のはじめには、ドイツ軍の攻勢作戦はすべて中止されるに至った。かくて、戦勢は逆転し、連合軍が攻勢をかける手番となる。グデーリアンの所属する第38予備軍団は、退却に際して右翼を掩護《えんご》するため、戦場に投入された。彼は、この間のありさまを、一九一八年九月一四日付の夫人宛書簡に記している。

「もろもろの要求を適切にこなすため、あらゆる補給機関が猛然と働かなければならなかった。私自身、ここで三週間を過ごすうちに相当消耗してしまい、数日来、激しい頭痛に悩まされている。同僚たちに不機嫌に当たらないよう、自制しなければいけない。ぴりぴりしていることは許されないのだ。さもなくば、ことがまったく進まなくなる。まずは小休止をもらって、それからもう一度、戦術が関わるような他の仕事に戻れるなら、おおいに嬉《うれ》しい。補給業務はもうごめんだ」。また、九月一七日付の、やはり夫人に宛てた手紙では、このようにこぼした。「われわれは四か月ものあいだ、ひっきりなしに不安な思いをしてきたのだから、将兵の一部が疲労困憊《ひろうこんぱい》していたとしても、何ら不思議ではない。参謀長は、相変わらず落ち着きはらって、親切である。この先も、彼がその職務にとどまっていてほしいと願う。新軍団長は、力のかぎりを尽くして、参謀長を苦しめている。新軍団長は仕切りたがりで、善良な老将軍ホフマンを腐《くさ》してばかりだ」(一九一八年八月に、第36軍団長だったマックス・ホフマン中将が転任し、男爵アルトゥーア・フォン・リュトヴィッツ中将が後を襲っていた)。

グデーリアンの観察は当たっていた。この時期のドイツ軍は限界に近づいていたのである。一連の攻勢が決定的な成果を挙げられなかったことなどにより、ドイツ兵は士気沮喪《しきそそう》し、脱走兵も急増していたのだ。ドイツの研究者クリストフ・ヤールは、第一次世界大戦における英独将兵の脱走事例を比較検討し、詳細なデータを付した論文を発表している。それをみると、たとえばバイエルン第2歩兵師団の脱走数は、一九一八年三月には四件にすぎなかったものが、八月には二八件にはねあがっていたのである。

かくのごとく衰弱したドイツ軍が、いつまでも抗戦を続けられるはずもなかった。

ドイツ陸軍暗黒の日

やや時系列をさかのぼる。

一九一八年八月八日、「ミヒャエル」作戦以来の連続攻勢によって、延びきった態勢にあったドイツ軍に対し、アメリカからの膨大な人員と物資を得て、戦力を強化していた連合軍は、アミアン前面で攻勢を発動した。この日、疲れはてたドイツ軍将兵多数が、抵抗もせずに敵に投降した。ルーデンドルフの戦時回想録には、このドイツ軍の惨状を物語るエピソードが描かれている。前線の実情を把握するため、視察に派遣した参謀が、つぎのように報告してきたというのだ。「勇敢に攻撃に移ろうとした、ある新手の師団は、退却してきた部隊の将兵から、『スト破り』、『戦争を引き延ばそうとする連中だ』と、罵声《ばせい》を浴びせられた」。

ルーデンドルフいうところの「ドイツ陸軍暗黒の日」であった。しかし、敗北は、これっきりというわけではなかった。九月以降、連合軍は連続攻勢に移り、ドイツ軍を総退却に追い込んだのである。先に触れたグデーリアンの九月の苦戦も、そうした敗勢の反映なのであった。

注目すべきは、アミアン以降、停戦に至るまでの連合軍の一連の攻勢、いわゆる「百日攻勢」において、連合軍が大量の戦車を運用したことであろう。グデーリアンは、かかる戦車攻撃の矢おもてに立たされたのだ。戦車に対抗するための最良の兵器が戦車であることはいうまでもない。しかし、ドイツ側は戦車の開発・生産については、完全に出遅れており、一九一八年春季・夏季攻勢にA7V戦車二〇両を投入したにすぎなかった。対戦車兵器も、一三ミリ口径（砲身・銃身の内径のこと。一般に、口径が大きいほど威力が高まる）の対戦車銃が生産されたものの、前線には行き渡らなかったのだ。迫撃砲の水平射撃を可能とし、対戦車攻撃機能を持たせるための砲架も配備されたが、その威力は不充分だった。

グデーリアンは、後年、『戦車に注目せよ！』で、こうしたドイツ側の対戦車能力の不備を厳しく批判している。また、ソンムやカンブレー、「百日攻勢」の際に、連合軍がいかに戦車を運用したかに関しても、第一次世界大戦後に詳細に研究した。ところが、まさにそうした諸戦闘が遂行されているあいだに、グデーリアンが記した文書や書簡をみると、戦車に格別の関心を示したという形跡はみられない。

もっとも、仮にグデーリアンがこの新兵器に注目していたとしても、その特質や運用について深く研究している余裕はなかったにちがいない。第38予備軍団兵站監としての激務が、それを許さなかったからだ。加えて、グデーリアンは、戦争終結に向け、あらたな配置に就くことになった。

休戦交渉

一九一八年九月二〇日、グデーリアンは、イタリア占領地におけるドイツ軍代表部の作戦参謀に補された。まさにオーストリア＝ハンガリー帝国軍がイタリア戦線で大打撃を受け、戦争から脱落せんとしていた時期であることを考えれば、政治的な重大任務を与えられることは間違いない。だが、困難が待つであろう任地イタリアに出発する直前、グデーリアンは吉報を受けた。九月一七日に次男クルト・ベルンハルト・ゲオルクが生まれたことを知らされたのである。

「今日、心底待ちわびていた〔義〕父と私の母からの手紙により、良い報《しら》せを得た。私は大喜びだ。……近いうちに君に会って、坊やをみることができればいいと願う。私はすぐにイタリア配置となる。数日以内にベルリン経由でウーディネ〔イタリア北東部の都市〕に旅立つことになるだろう」（九月二二日付のマルガレーテ夫人宛書簡）。

イタリアに着任するや、グデーリアンは、オーストリア＝ハンガリーの休戦交渉に巻き込まれることになった。「この戦争では、多くのことを経験した。けれども、一〇月三〇日から一一月五日のような、信じられない日々を過ごしたのは初めてだ」と、彼は述懐している（一一月五日と七日の二回に分けて出された夫人宛手書簡よる）。

上官の男爵シェーファー・フォン・ベルンシュタイン大佐とともに、窓も暖房もない列車でトレントに向かったグデーリアンは、オーストリア第10軍司令部に配属される予定だった。そこで、同軍の休戦交渉に出席せよとの命を受けていたのである。ところが、休戦交渉代表団のいるはずのホテルに着くと、彼らはもう出発していたのだ。ベルンシュタインとグデーリアンはしかたなく、交渉の場であるマッロ〔位置不明。交渉が行われたのはアヴィオ近郊ペレグリーニ荘〕に自動車を走らせた。午後六時ごろ、夕闇が迫るなか、彼らは、白旗を掲げ、ラッパを吹かせて、戦線のイタリア側に入る。迎えたのは、イタリア軍の少佐で、第二六師団の司令部に連れていかれた。しかし、第二六師団の上級団隊である第二九軍団は、ドイツ人が休戦交渉に関与することを許さず、グデーリアンらは味方の戦線に送り返された。彼自身の表現によれば、「輝く碧眼《へきがん》に目隠しされ、白旗が振られ、ラッパが鳴り響くなか、史上例をみないほどに絶望しきった同盟軍のもとに送還された」のである（一一月五日・七日の夫人宛書簡）。

こうして追い返されたグデーリアンがみたものは、オーストリア＝ハンガリーの占領軍が去ったあとのイタリアの混乱だった。「時々刻々と、トレントに混乱が広まっていった。さまざまな連隊が前線から引き揚げてきて、武器も持たずに高歌放吟している。だのに、彼らは赤い花で飾りたててもらえるのだ。暴徒がダンテ記念碑の前でデモを行っている。軍高級司令部の者は逃亡してしまった。あらゆる倉庫や軍糧食部が襲われ、掠奪・放火の対象となった。捕虜の境遇にあったロシア兵も、それに加わっている」(一一月五日・七日の夫人宛書簡)。

グデーリアンは同僚の将校たちとともに、混乱を逃れて、南ドイツの大都ミュンヘンに鉄道で向かった。しかし、そこでグデーリアンを待っていたのは、イタリアで経験した以上の混乱、すなわち敗戦と革命だった。

グデーリアンの戦争は続く

一九一八年一一月三日、キール軍港でドイツ大海艦隊《ホッホゼーフロッテ》の水兵たちがデモを実行した。当局は、これを鎮圧しようとしたが、かえって水兵、さらには労働者や陸軍兵士の憤激を買い、事態は蜂起《ほうき》に発展、それがドイツ全土に広まった。

革命である。四年間にわたる戦争の苦難に耐えかねた民衆は、帝政を転覆し、共和制を求めたのだ。本国が動揺したとあっては、前線の軍隊が戦争を継続することは不可能だ。一一月一一日、ドイツ政府は連合国との休戦協定に調印し、最初の世界大戦に終止符が打たれた。

ドイツ帝国を構成する有力邦国だったバイエルン王国でも、一一月七日夜に革命が勃発《ぼっぱつ》、旧体制は消え去った。同国を統治していたヴィッテルスバッハ王家が廃され、翌八日朝には「バイエルン共和国」が発足したのである。グデーリアンは、同じ一一月八日付で第10軍団留守司令部に転属となっていたが、なおミュンヘンに滞在していたから、この革命の経緯を目撃することになった。彼は、自分が体験したことを、一一月一四日付の手紙で夫人に報じている。「……今日はもう、共和都市ミュンヘンの閑雅なホテル・グリュンヴァルトに座り込んでいた。八日前には、ここにもまだ国王がいた。だが、目下のところ、民衆は急変のなかで暮らしている。眼にするものは二分ごとに変化していくのだ」。

また、この手紙の後段には、敗戦と革命への怨嗟《えんさ》が表明されている。やや長くなるけれども、当時のグデーリアンの心情をよく表していると思われるので、その主要箇所を引用する。

「われらが輝かしきドイツ帝国はもはや無い。ビスマルクの仕事は灰燼《かいじん》に帰してしまった！　将校も、かつてはあんなに誇らしかった軍服を恥じなければならない。ドイツ人の忠誠も、空しい嘘いつわりである。今さら、忠　義《マンネントロイエ》だ、軍旗宣誓《ファーネンアイト》〔軍人が、軍旗に触れつつ、忠誠を誓うこと〕だというのか？　かかる混乱からの再建は、あらゆる点で困難かつ苦労にみちたものとなろう。とりわけ難しいのは道徳面でのそれだ。法と秩序、義務、真っ当であることといった諸観念は、根絶されてしまったかのように思われる。兵士評議会《レーテ》〔ドイツ革命期に、兵士たちがつくった自治組織。兵士評議会の結成により、将校の指揮権は大幅に制限された〕はまだ第一等の小児病に罹患《りかん》したままで、馬鹿げた指令を下している。汚らわしい振る舞いにより、将校があらゆる部署でその職務を停止することを強いられてから二日経った。今は、兵士たちはおのれの無能を認め、将校を仕事に復帰させている。加えて、『ベルリン日報《ベルリーナー・ターゲブラット》』は常軌を逸した無恥を以《もっ》て、軍服を着て街頭に出るよう、将校に要求するなどということをしでかした。〔将校を侮辱させることで〕新政府への信頼を深めることが目的なのだ。ここに私服を持ってこなかったことを嘆いている。一二年間というもの、私が誇りとともに着用してきた軍服を、暴徒の罵声にさらすことは避けたいのだが。こんな悲しいことはたくさんだ。かくのごときありさまは、休戦条件よりもなお悪い」。

忠誠や秩序の重視といったプロイセン的観念のもとに育った軍人グデーリアンの絶望と革命への嫌悪が、はっきりと表れた文面であるといえる。

だが、グデーリアンの戦争はまだ終わっていなかった。

ドイツの敗戦とともに、ポーランドに駐屯していた部隊は動揺し、将兵の脱走など解体のきざしをみせはじめていた。革命後に成立した人民委員評議会政府は、こうした情勢に鑑《かんが》みて、内戦に突入していたロシアのボリシェヴィキ、あるいは、独立に向けて動きだしたポーランド人勢力によって、領土を脅かされることを恐れた。その結果、政府の意を受けた陸軍省は、一九一八年一一月一五日に「東部護郷軍《ハイマートシュッツ・オスト》」司令部を新設（四日後の一九日、政府の承認を得る）、東部国境地帯になお存在する部隊を統一指揮させることとした。

同年一一月二六日、グデーリアンは、この東部護郷軍司令部に配属されたのである。

「義勇軍」による防衛

グデーリアンが配置転換になってからまもなく、一九一八年一二月一日に、東部護郷軍司令部は、「東部国境守備隊《グレンツシュッツ・オスト》」中央指揮所幕僚部に改称された。それにともない、グデーリアンも陸軍省所属、同幕僚部付となる（一二月一七日付）。この時点では、本来、軍隊関係の政務・行政を職掌とする陸軍省が、軍令事項である東部国境防衛作戦の責任を負っていたことがわかる。

しかし、かかる変則的なあり方は、一九一九年二月に是正された。軍令の最高機関であるOHLのもとに創設された「北部国境防衛《グレンツシュッツ・ノルト》」・「南部国境防衛《グレンツシュッツ・ジュート》」司令部に、国境守備の任務が移管されたのだ。従来の東部国境守備隊中央指揮所は、陸軍省内に情報伝達機関として残されることになった（以上の変遷については諸説があるが、ここでは、ドイツの歴史家ペーター・ケラーの研究に依拠した）。

けれども、東部国境守備任務がOHLの担当となったことは、単なる組織改編にとどまらなかった。実は、OHLは、陸軍省の動きとは別に、独自に東部防衛策を検討していたのであった。彼らは、兵士評議会により、左派の圧倒的な影響化に置かれた正規部隊には全面的な信頼を置くことはできないと考え、革命派の弾圧や国境防衛にあたる新しい部隊の新設に踏み切った。陸海軍の将校や極右政治家に志願者を集めさせ、「義勇軍《フライコーア》」を結成したのである。

すでに一九一八年一二月には、第214歩兵師団長ゲオルク・メルカー少将が、最初の義勇軍部隊「国土猟兵隊《ランデスイエーガー》」を発足させていたが、以後、この種の部隊が続々と編成されていった。義勇軍に志願した者の心理や動機は多岐にわたり、単純化できるものではない。なかには、給与につられて入隊した者もあった。しかし、国粋主義や軍国主義、保守主義から来る領土死守の意志、共産主義への敵意が、義勇軍に向かう動機の大きな部分を占めていたことは疑い得ないだろう。かかる背景からすれば、のちに義勇軍が、国外の敵のみならず、国内の左翼弾圧に積極的に使用されたことも驚くにはあたらない。

だが、OHLは、彼らは思想的に信頼できる部隊であるとみなして、義勇軍に東部国境防衛を委《ゆだ》ねた。一九一九年一月二一日、北部国境防衛司令部がケーニヒスベルク（現ロシア領カリーニングラード）に新設され、義勇軍を主体とする諸部隊を指揮することになった（のち、バルテンシュタインに移転。現ポーランド領バルトシッツェ）。ついで、南部国境防衛司令部がブレスラウ（現ポーランド領ヴロッワフ）に創設される。

グデーリアンも、こうした変化に合わせて、最初は南部国境防衛司令部付となり（一九一九年一月一〇日付）、さらに四月には北部国境防衛司令部に配属された。

しかし、グデーリアンの任務は、司令部勤務にとどまらず、さらに一歩進んだものとなった。それは、彼の別の一面をさらけだすことになる。

鉄師団

第一次世界大戦後の一九一八年一一月一八日、ロシア帝国領だったラトヴィアは独立を宣言した。だが、ロシアのボリシェヴィキは、それを許さず、赤軍部隊を同国に侵攻させる。同年一二月一七日には、ボリシェヴィキの後押しにより、ラトヴィア労農暫定政府が樹立された。内戦、もしくはラトヴィア独立戦争の勃発であった。

危機に直面したラトヴィア共和国首相カールリス・ウルマニスは、一九一八年一二月一四日にドイツと協定を結び、義勇軍部隊の援助を受けることとした。ロシア内戦に介入し、ウルマニス政権の後ろ盾となっていたイギリスも、ボリシェヴィズム覆滅の目的を果たすためならと、昨日までの敵であったドイツの軍隊を用いることに同意したのである。

こうして、ドイツ義勇軍のラトヴィア遠征の前提が整った。その指揮を執ったのは、かつて陸軍大学校でグデーリアンを教えた伯爵リューディガー・フォン・デア・ゴルツであった。いまや少将に進級していたフォン・デア・ゴルツは、ボリシェヴィキ撲滅《ぼくめつ》を目的に掲げてはいたものの、この戦争はバルト海沿岸地域をドイツの支配下に置く好機であるとみていた。バルト海沿岸地域には、中世以来の植民により、多数のドイツ系住民（バルト・ドイツ人）

バルト海沿岸地域（1919年）

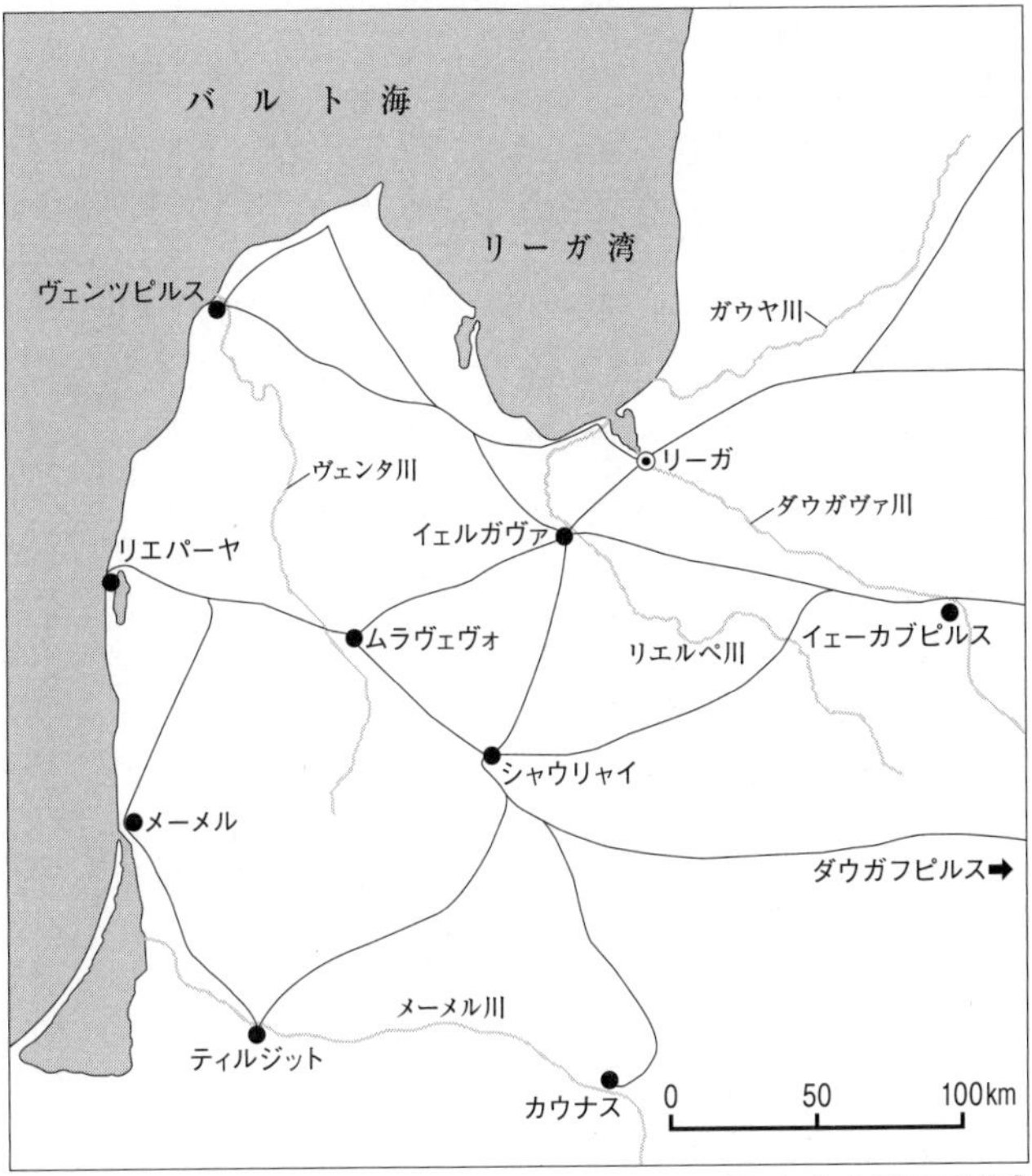

Bischoff, S.265より作成

が居住している。従って、フォン・デア・ゴルツ、そして、義勇軍の指揮官たちにとって、バルト海沿岸地域を征服・支配するのは、当然のことだったのだ。

一九一九年二月一日、ラトヴィア西部のバルト海に面した都市リエパーヤに到着したフォン・デア・ゴルツは、前進するボリシェヴィキの赤軍を拒止し、撃退するための軍勢の編成に取りかかった。その一翼を担ったのが、ラトヴィアの「バルト国防軍」であった。これはウルマニス政権の軍隊だったが、将兵のほとんどがバルト・ドイツ人から成っていた。一九一九年二月なかばの時点で、ラトヴィア人は、バルト国防軍の五分の一を占めるのみだったという。

もう一つ、フォン・デア・ゴルツ軍を構成する重要な要素が、義勇軍「鉄師団《アイゼルネ・ディヴィジオーン》」である。その起源は、第一次世界大戦終結後に、東方から撤収するドイツ第8軍を掩護するために、一九一八年一一月二九日の志願者募集により編成された「鉄旅団」にあった。当初、鉄旅団の兵員は六〇〇名ほどにすぎず、なかには前線に出ることを拒否する者もいた。だが、一九一九年一月一六日に新旅団長となったヨーゼフ・ビショフ少佐は、信頼できない分子を除隊させ、ドイツ国内で募兵した志願者を加えて、自らの部隊を鉄師団に再編した。頼りにならない小部隊は面目を一新し、歩兵連隊三個、騎兵連隊一個、砲兵連隊一個を隷下に置く有力師団となったのである。一九一九年夏には、その兵員数は一万四〇〇〇に達していた。

これらの部隊、バルト国防軍と鉄師団に加えて、第1近衛予備師団（もともとは正規軍部隊であったが、動員解除後の一九一九年一月末に志願兵により再編成され、義勇軍に近い性格を帯びていた）ならびに、さまざまな義勇軍部隊の増援を受けたフォン・デア・ゴルツは、二月なかばに反攻を開始し、たちまち赤軍を押し返した。鉄師団は、三月はじめにイェルガヴァ市奪回作戦に従事し、これを成功させた。五月二二日には、赤軍占領下にあった首都リーガを奪回している。

輝かしい勝利ではあった。さりながら、それは鮮血の紅《あか》で彩られていた。鉄師団をはじめとする義勇軍の将兵は、こうした進撃の過程で、捕虜殺害、掠奪、住民虐殺を繰り返したのである。イェルガヴァ市では五〇〇人のラトヴィア人が裁判なしで射殺された。トゥクムスでは二〇〇人、ダウガヴグリーヴァでは一二五人が殺されている。彼らはみな、親ボリシェヴィキだったという理由で命を奪われたのであった。

彼らの蛮行が世界的な憤激を巻き起こしたのも無理はない。フォン・デア・ゴルツ軍には野戦憲兵隊も配属されていたのだが、とても手が回らず、臨時に中隊ごとの軍法会議が設置されたほどだった。

この間にまた、義勇軍部隊は、ウルマニス政権を倒そうとしていた。ウルマニス首相が、ラトヴィア共和国におけるバルト・ドイツ人の代表権拡大を拒否したためである。四月一六日、義勇軍はラトヴィア軍幹部五五〇人を捕虜とし、政府要人を拘束した。ただし、ウルマニス自身は難を逃れ、国外に脱出している。フォン・デア・ゴルツは、牧師のアンドリーエフス・ニードラを首班に据えた傀儡《かいらい》政権を樹立した。

かかる惨状のなか、グデーリアン大尉は鉄師団兵站参謀に補せられ、四月末にラトヴィアに向かい（辞令は一九一九年五月三〇日付）、六月二日にリーガの司令部に着任したのであった。

グデーリアンの「抗命」

この人事は、恣意専横《しいせんおう》の動きをみせはじめたフォン・デア・ゴルツを掣肘《せいちゅう》し、ＯＨＬの統制下に置くことを企図したものであった。しかし、フォン・デア・ゴルツとグデーリアンが師弟関係にあったことを考えれば、軽率な異動であったといわざるを得ない。事実、グデーリアンは、「赤」の脅威にさらされているバルト海沿岸地域を奪還し、ボリシェヴィキを倒さなければならぬという主張において、フォン・デア・ゴルツに共鳴したのであった。まさにミイラ取りがミイラになった恰好《かっこう》である。

加えて、兵站参謀を務めたグデーリアンが、鉄師団の戦争犯罪について知らないわけがないのだが、彼がそれらの行為を非難した、あるいはやめさせようとしたことを紹介する文書や証言は、今のところ発見されていない。

けれども、フォン・デア・ゴルツやグデーリアンが自由に行動できた時期は終わろうとしていた。一九一九年六月二八日、ドイツは連合国とヴェルサイユ条約を締結したのだ。周知のごとく、この講和条約は、ドイツ陸軍の兵員を一〇万人に削減することを定めていた。平時陸軍準備委員会委員長に任ぜられ、あらたなドイツ陸軍の指導者に予定されていたハンス・フォン・ゼークト少将は、ヴェルサイユ条約の規定に従うなら、バルト海沿岸地域を維持することはできないと判断する。加えて、六月二二日から二三日にかけて、ラトヴィア人があらたに結成した軍隊が、エストニア軍の支援を受けて、ツェーシス近郊でバルト国防軍を敗退させていた。かかる情勢をみたゼークトは、七月六日、鉄師団にリーガ撤収を命じたのである。

ところが、この時期、臨時に作戦参謀に任ぜられていたグデーリアンは、鉄師団が作戦を継続することで、政治情勢を好転させることができると確信していた。ゆえに、リーガから撤退することなど問題にならない。彼にしてみれば、ヴェルサイユの「強制」に従った政府の命令に唯々《いい》諾々《だくだく》と従うよりも、ボリシェヴィキ打倒にいそしむほうが、ドイツ人の大義にかなうのだった。七月一二日付の夫人宛書簡の一節は、プロイセン人グデーリアンの憤激をあざやかに伝えている。

「救いは、われわれのなかからのみ来たり得る。この恥辱にみちた講和は実行不可能だ。われらの誇り高き軍隊は消え失せていない。少なくとも、その名誉を守るべく試みているのである。われわれは、そうしたことどもを心に留めておかねばならぬ。われわれは、これまで、さしたる心構えもないままに行ってきた荘厳なる宣誓を実践しようとしているのだ。君も『ラインの守り《ヴァハト・アム・ライン》』〔一八四〇年にマックス・シュネッケンブルガーが作詞し、一八五四年にカール・ヴィルヘルムが曲を付けた愛国歌〕や古いプロイセンの行軍歌を知っているだろう。『ひとしずくほどでも流れる血があり、剣を抜くこぶし一つがあるかぎり……たとえ曇ろうと照ろうと、われはプロイセン人なり。いつまでもプロイセン人なり』。今、日は陰っている。万事、誓いを守ることに懸かっている」。

かくてグデーリアンは、軍中央の意を受けて派遣されている参謀という立場を忘れ、鉄師団がまるごと脱走し、ロシア白軍と合流の上、ボリシェヴィキの赤軍と戦うという計画を練った。およそ非常識な策ではあるが、グデーリアンは意気《いき》軒昂《けんこう》としていた。七月末に、ビショフ少佐のために作成した覚書には、「もし、本師団が、政府の命令に反して、バルト諸国に残留するのであれば、もちろんロシア軍〔所属〕として認められるようにすべきである」とまで記されている。アメリカの軍事史家ラッセル・A・ハートは、この時期の彼の言動について、「ここで、グデーリアンは、その軍歴すべてを特徴づけている戦略的近視眼ぶりをあらわにした」と評している。

だが、フォン・デア・ゴルツもグデーリアンの進言を容《い》れ、一九一九年八月二三日にドイツへの帰還を拒否した。以後、鉄師団は白軍に加わる。だが、逃走したウルマニス首相を受け入れた連合国は内戦への介入を決め、共和国政府系のラトヴィア軍を支援した。鉄師団は、このラトヴィア軍に撃破され、ドイツに退却するはめになったのである。その敗残兵は、同年一二月になって、ようやく本国に帰還している。彼らの多くは、新ドイツ軍には編入されず、ポンメルン地方で農業労働に従事することになったという。

しかし、グデーリアン自身は、この敗軍の列のなかにはいなかった。国防省は、抗命と取ることさえできるような彼の言動を許さず、本国に召還し、北部国境防衛司令部付としていたのである。なお、この人事異動は、北部国境防衛司令部参謀長ヴィルヘルム・ハイエ大佐の配慮によるものだったといわれる。反ボリシェヴィズムにもとづく行動主義に傾いたグデーリアンを案じ、将校としての将来性がなくなってしまわないように、彼を鉄師団より引き離したのだ。ちなみにハイエは、ヴァイマール時代の一九二六年に、陸軍総司令官に相当する「陸軍統帥部長官《シェフ・デア・ヘーレスライトゥング》」に就任している。

こうした恩情を受けたにもかかわらず、九月一五日、ベルリンに出頭していたグデーリアンは、「政府、国防省、外務省は、鉄師団やバルト海沿岸地域に残留している諸部隊を見捨てはしないだろう」と、ビショフ宛に報告を送り、根拠のない楽観を示していた。だが、すでに述べたごとく、鉄師団のバルト海沿岸地域遠征は、「終わりのはじまり」を迎えていたのである。

一〇月三〇日、グデーリアンを新国防軍のハノーファー第10旅団に配属し、同時に第10猟兵大隊改編縮小事務所付とする旨の人事が発令された。

グデーリアンの回想録『電撃戦』には、この間の経緯は、ごく簡単にしか記されていない。「一九一九年の秋にバルト海沿岸地域から帰ったあと、ハノーファーの国防軍第10旅団で幕《まく》間劇《あいげき》的に勤務したのち、一九二〇年一月には、わが原隊であるゴスラーの猟兵大隊の中隊長になった。私は一九二〇年一月まで参謀職にあったわけだが、そこで再び用いられるとは考えていなかった。私のバルト海沿岸地域からの退去は、いささかの摩擦のもとになされたからである」。

グデーリアンとしては、残虐行為で知られるようになった鉄師団に所属し、あまつさえ集団脱走を計画したことなど思い出したくもなかったろうし、第二次世界大戦が終わってまもない時期には、とても書けないことであった。それでも、「いささかの摩擦のもとになされた」という意味深長な記述からは、グデーリアンの苦い思いがうかがわれよう。

第五章　自動車部隊へ

不安を抱くグデーリアン

将校の職にとどまったものの、軍上層部はグデーリアンの反抗を許さず、警戒を強めていた。鉄師団がいる東部国境地帯から遠いドイツ西部のハノーファーに配置されたことも、その表れといえよう。懲罰的人事はさらに続く。一九二〇年一月一六日、グデーリアンはエリートたる参謀の職を解かれ、隊付将校となることを命じられた。一九一九年八月に、陸軍縮小の一環として、二個大隊を合わせて再編されたゴスラー第10猟兵大隊第3中隊長に補せられたのである。

こうした事情を受けて、グデーリアンは、一月九日付の夫人宛の書簡で、将来への不安を洩《も》らしている。「すべては、ゴスラーの衛戍地《えいじゅち》が存続するか、また私が一〇万人の陸軍に職を得られるかどうかに懸かっている」。彼がいうように、当時のドイツ陸軍は、一九一九年秋の時点で約四〇万となっていた「暫定国防軍」を、ヴェルサイユ条約の規定により、さらに一〇万人の軍隊へと削減しつつあった。かくも縮小された軍隊であるから、むろん多数の将校を抱えることはできない。加えて、やはりヴェルサイユ条約の制約から、現役将校は四〇〇〇名までと定められていたのだ。たとえ新国防軍に残す将校として、参謀科所属者が優先されたとしても、残留枠内に残ることは難しい。ましてや経歴に染みがあるとあっては、なおさらだった。

それゆえ、グデーリアンも将校の地位を保てるかどうか、心もとない思いをしなければならなかった。この時期に、彼は『ドイツ陸軍《ドイッチエス・ヘーア》』誌に「スライド式賃金」という論文を投稿している。これが採用されれば、文筆で収入を得るように努めようと考えていたのである。そんな弱気を誘うほどに、当時、将校として生き残ることは困難だった。

「東プロイセンで、御者職が一つ公募になった。二六名の応募者中、一六名が元将校だった。ある大尉が、その職を獲得した。オーストリアでは、三〇名以上の将校が、山荘のドアマンの仕事を争った。うち二人は将官だったのだよ。われわれの未来も、そのようなものと思われる。けっしてバラ色ではない!」(一九二〇年一月九日付夫人宛書簡)

なお、こうして創設されたヴァイマール共和国の軍隊は、「ライヒスヴェーア」(Reichswehr)と称された。これは、のちのヒトラー政権による再軍備宣言（一九三五年）後、「ヴェーアマハト」(Wehrmacht)とあらためられる。いずれも、日本語に訳せば、「国防軍」とするのが適切であろう。よって、本書では、原則として「国防軍」の訳語を用い、区別する必要がある場合には、それぞれ「ライヒスヴェーア」、「ヴェーアマハト」と表記することにしたい。

カップ一揆とその後

かくのごとき宙に浮いた身分のまま、グデーリアンは三月の騒乱を迎えた。一九二〇年三月一三日、カップ＝リュトヴィッツ一揆《プッチュ》が勃発《ぼっぱつ》したのだ。極右政治家ヴォルフガング・カップと男爵ヴァルター・フォン・リュトヴィッツ歩兵大将に指導された義勇軍がクーデターを実行、ベルリンを占拠した。フリードリヒ・エーベルト大統領以下の政府首脳部は、難を逃れて、南西ドイツのシュトゥットガルトに逃亡する。この一揆を鎮圧するため、左派勢力は全国的なストライキを実行すると決定した。それが功を奏し、カップとリュトヴィッツのクーデターは、わずか五日間で挫折《ざせつ》したのである。

だが、一揆が終わっても、騒乱はなお続いた。ストライキに参加した労働者のうち、極左分子が、ドイツ各地で武装蜂起《ほうき》に移ったのだ。グデーリアンの所属する第10旅団も、ハノーファーの南東にあるヒルデスハイム市の武器庫を襲い、一五〇挺《ちょう》の機関銃を奪った労働者たちを鎮圧することになった。この間、抗命の代償として、いわば冷や飯食いの悲哀を味わわされていたためか、今度はグデーリアンも、カップ一揆に同調しようとはしなかった。あるいは、クーデターの国粋主義的性格に共感を覚えていたかもしれないが(彼の師であった伯爵フォン・デア・ゴルツ少将も、一揆に参加していた)、それを史料で証明することはできない。ただ、四月になってからの夫人宛の手紙で、政府の弱腰を厳しく批判していることは確認されている。

いずれにせよ、グデーリアンと第10旅団は、三月一八日までに、ヒルデスハイムの労働者蜂起を鎮圧した。ついで、三月二一日には、ヴェストファーレン州のブルデルンに移動する。そこでは、三個中隊ほどに相当する極左武装勢力が、復員兵収容所に立てこもっていたのである。グデーリアンは、三月二三日の夫人宛の手紙で、「階級闘争と政党間のもめごとによって、わが国民がどれほど引き裂かれていることか」と嘆いてはいた。しかし、この同胞相撃つ戦いをためらうことはなかったのだ。

三月二五日、攻撃命令を受けたグデーリアンの第3中隊は、夜と霧を衝《つ》いて復員兵収容所に迫り、暁《あかつき》とともに突撃を発起した。彼自身の筆により、そのもようをみよう。「敵は三倍も優勢な兵力を持っていたにもかかわらず、本攻撃は、若干の戦闘ののちに大成功を収めた。わが方は軽傷者一名を出しただけだったのに、赤《デイ・ローテン》どもは戦死二〇名、捕虜三〇名の損害を被り、機関銃五挺、小銃五〇挺以上を失ったのだ。中隊は非常に勇敢かつ大胆に攻撃したから、私はおおいに満足している」。

こうして転戦したグデーリアンは、ゴスラーに帰還する途上で、待ち望んでいた報《しら》せを受けた。一九二〇年五月一一日、撤収の許可を得るために、第10猟兵大隊長とともに、ミュンスターの第6軍管区司令部を訪れたグデーリアンは、将校としてライヒスヴェーアに残ることができるとの内示を受けたのだ。六月一八日、グデーリアンは大尉の階級をあらためて認められた。正式にライヒスヴェーアの将校となったのである。

ただし、参謀職に復帰できる見込みはいまだなかった。第10猟兵大隊は、一〇万人の軍隊に向けた再編成の過程で、第20歩兵連隊に第3大隊として組み込まれる。さらに、同連隊は、第17歩兵連隊に改編された。だが、グデーリアンは、このあいだもずっと中隊長のままであり、隊付将校の境遇から離れることはできなかった。

軍人人生の転機

さりながら、一九二一年秋になって、希望の光が差してきた。上官の第17歩兵連隊長ヨアヒム・フォン・アムスベルク大佐が、再び参謀職に就く気はあるかと問うてきたのである。嬉《うれ》しい驚きであったが、むろんグデーリアンに否やはない。希望すると答えたものの、年があらたまるまで、この件に進展はなかった。

一九二二年一月、グデーリアンは再び仰天させられることになる。陸軍人事局第4部長のヨアヒム・フォン・シュテュルプナーゲル中佐より電話がかかってきて、何故、まだミュンヘンに出立せずにいるのかと尋ねられたのだ。続いて、グデーリアンは、自分が交通部隊監督局に配属される予定であると聞かされる。その準備として、自動車部隊の現場を知るため、一九二二年一月三日より三月三一日まで、ミュンヘンの第7自動車隊付とする旨の辞令が出ていたのである。

この異動は、前年、一九二一年一二月二三日付で、国防大臣オットー・ゲスラー博士、陸軍統帥部長官ハンス・フォン・ゼークト歩兵大将（一九二〇年進級）、陸軍人事局長の勲爵士《リッター》〔バイエルン王国ほかの一代貴族の称号。英国のナイトに相当する〕ヨハン・フォン・ブラウン少将の連署を受けて、発令されていた。が、送付が遅れたため、グデーリアンは、そのことをまったく知らなかった。

加えて、本辞令には、「グデーリアン大尉には、のちの特別任用が予定されている。そのため、同隊への配属により、必要な技術的知識を獲得すべし」とあった。待望の参謀勤務の内示ではあった。

けれども、グデーリアンは、これは、鉄師団時代の抗命の罪があとを引いているものとみて、一種の懲罰人事であると考えた。たしかに、エリートたる参謀職に戻ることができるかもしれない。しかしながら、ドイツ軍には古来、後方勤務を軽視する傾向がある。戦闘部隊に比べれば、そのような部署は「後方機関の豚《エタッペンシュヴァイン》」にすぎないとみなされていたのだ。当時、自動車部隊といえば、もっぱら輜重《しちょう》業務に使われており、まさに、この「後方機関の豚」であった。もちろん陸軍の花形ではない。ドイツ軍事の専門家であるアメリカの歴史家デニス・ショウォルターは、自動車部隊に配置されることは、ときとしてキャリアの終わりを意味したと指摘している（ただし、初期のライヒスヴェーアの人事には、ヴェルサイユ条約の制限から来る特殊な事情があり、戦闘部隊の将校が自動車部隊に異動することがあった。これについては後述する）。

従って、グデーリアンは、第7自動車隊付となることをためらい、その意思を陸軍人事局に申し述べた。参謀職というのは名ばかりで、自動車部隊など、おのが軍歴の墓場になるのではないかと疑ったのだ。そのグデーリアンに、将来の見込みがなくなったわけではないことを示して説得するため、フォン・シュテュルプナーゲルは手紙を書かざるを得なくなった。

「フォン・アムスベルクならびにハンネマン〔第2集団参謀。ファーストネーム不詳〕の両大佐は、貴官が国防省に配属される予定であることを伝えている。それゆえ、この手紙は私的なものではない。さりながら、小官は本日再び、貴官の自動車部隊監督部への配属は、これまでの貴官の功績を認めての人事であることを申し述べるものである。貴官を信頼して打ち明けるのだが、貴官は自動車部隊において参謀本部の思想を徹底させる任を帯びているのだ。よって、監督官のフォン・チシュヴィッツ将軍〔交通部隊監督局長エーリヒ・フォン・チシュヴィッツ少将〕も、貴官が配属されることを非常に重視している」（一九二二年一月一六日付書簡）。

もっとも、このシュテュルプナーゲル書簡を額面通りに受け取ってよいかどうか。

前出のラッセル・A・ハートは、軍上層部はなお、「抗命」を企てた過去を持つグデーリアンを警戒していたとみている。にもかかわらず、第一次世界大戦中に長く通信部隊に勤務し、技術的な知識や経験が豊富なグデーリアンは貴重な人材であった。従って、その能力を活用しながら、それと同時に冷遇の意思を示す方策としては、技術部隊にして後方部隊である自動車部隊への配置は一石二鳥、うってつけの人事だったのではないかと、ハートは推測している。

ともあれ、グデーリアンは、右のような説明を受けながらも納得できず、一時は軍を退くことも考えた。だが、結局のところ、グデーリアンは第7自動車隊への異動（一月一六日付）を受諾した。命令への服従という軍人の義務観念が優《まさ》ったか、あるいは、家族を路頭に迷わせるわけにはいかないと思ったのか、その理由はわからない。

皮肉なことではあった。この時点のグデーリアンは、意に染まぬ部署への配置が、自らの軍人人生の転機となろうとは、夢にも思っていない。しかし、周知のごとく、グデーリアンは、かかる部署にあって、戦車や自動車の編成と運用にめざめ、ドイツ装甲部隊の創設者の一人となっていく。

春秋の筆法を以《もっ》てすれば、左遷といっても過言ではない人事異動が、ドイツ装甲部隊の将来、ひいては、第二次世界大戦の流れを大きく転換させたのである。

ドイツ装甲部隊の萌芽

ここで、第一次世界大戦から一九二〇年代はじめまでの、ドイツ軍戦車・自動車部隊の歴史をみておこう。

一九〇四年、通信、伝書バト、自動車、飛行船、航空機、鉄道、自転車など、交通・連絡に関わる諸隊は、「交通部隊《フェアケーアストルッペ》」と総称されることになった。第一次世界大戦勃発直前の一九一四年、ドイツ帝国を構成する諸邦国のなかで中心となっていたプロイセン王国では、交通部隊はすべて、ベルリンの「軍事交通総監部」の麾下《きか》に置かれた。ほかに、バイエルン王国やヴュルテンベルク王国も、独自の交通部隊を持っていたが、多くはプロイセン軍交通部隊に組み込まれていた。よって、第一次世界大戦中、ドイツ軍が保有していた自動車部隊は、プロイセンの「軍事交通総監部」の管理下で運用されることになる。

第一次世界大戦で初めて使用された新兵器、戦車の開発についても、ドイツ軍は手をこまぬいていたわけではなかった。一九一六年にイギリス軍がタンクを投入したのをみたＯＨＬは、自軍用の戦車を生産するよう、陸軍省に要求した。同年一一月には、陸軍省Ａ７Ｖ課（Abteilung 7 Verkehrswesen. 交通担当第7課の意）が、戦車の設計・製作を命じる。同課の名称にちなんで「Ａ７Ｖ」と呼ばれることになる、このドイツ軍最初の戦車開発が軌道に乗り、生産発注されたのは、一九一七年一一月のことだった。

だが、一九一八年までに生産されたＡ７Ｖ戦車は、わずか二〇両にすぎなかった。別に開発されていた軽戦車「ＬｋⅠ」および「ＬｋⅡ」を八〇〇両生産する計画も開始されていたが、これは間に合わなかったのだ。

ともあれ、二〇両のＡ７Ｖは、二五両の鹵《ろ》獲《かく》戦車を加えて、第1から第9までの「重戦車隊」に編合された（一隊につき五両）。これらは西部戦線に投入される。一九一八年三月二一日にはサン・カンタン付近で二個重戦車隊が、四月二四日にはヴィエル＝ブルトヌー南方で三個重戦車隊が戦闘に参加した。後者においては、イギリス軍を相手に、史上初の戦車対戦車の戦いが生起したのである。

しかしながら、敗戦と講和条約は、ドイツ戦車隊に消滅を強いた。ヴェルサイユ条約第一七一条が、「装甲車輌《しゃりょう》、タンク、あるいは、同様に戦争目的に使用し得る他の何らかの機材を、ドイツ国内で生産し、また輸入することを禁じる」と定めていたからだ。ただし、よく知られているように、ドイツは、同じくヴェルサイユ体制のアウトサイダーとなったソ連邦に接近し、秘密軍事協力を実行、ロシアの地における戦車開発と装甲部隊運用の研究を可能とした。これについては、のちに述べることにしよう。

こうして戦車を奪われたドイツ軍の機械化は、自動車部隊によってのみ維持されることになった。一九一九年、軍事交通総監部が改編され、国防省「交通部隊監督局」となった。この局の下に監督第6部が置かれ、輜重部隊と自動車部隊を管轄したのである。その監督のもと、第1から第7までの自動車隊が編成され、ライヒスヴェーアが保有していた歩兵師団七個のそれぞれに配属された。グデーリアンが赴任した第7自動車隊は、ミュンヘンに司令部を置く第7歩兵師団の麾下にあった。

自動車部隊へ

一九二二年一月一九日、グデーリアン大尉は、第7自動車隊に着任した。幸いなことに、この配置においては、彼は上官に恵まれていた。隊長のオスヴァルト・ルッツ少佐は、バイエルン鉄道工兵部隊の出身で、第一次世界大戦では、第6軍付自動車部隊長、野戦鉄道総監幕僚部付などを経験した人物だったのだ。この「交通部隊」の専門家は、自動車運用のノウハウをグデーリアンに叩《たた》き込んだのである。また、ルッツは、グデーリアンがのちにドイツ装甲部隊の創設・発展に邁進《まいしん》した際に、大きな役割を演じることになる。

加えて、直属上官である第1中隊長のヴィルヘルム・ヴィンマー大尉は、パイロットとして勤務していたことがあり、技術に造詣《ぞうけい》の深い将校だった。ヴィンマーは、一九三五年の再軍備宣言後にドイツ空軍《ルフトヴァッフェ》が正式に創設されると、軍種を転換し、航空兵大将にまで上った。興味深いのは、ヴィンマーが一九七一年のインタビューで、グデーリアンは自動車部隊に強い関心を示したと証言していることだ。これまで、グデーリアンが戦車や自動車化部隊にとくに注目していた形跡はみられなかった。だが、ヴィンマーの観察を信じるならば、第7自動車隊への赴任によって、グデーリアンは初めて、自動車化された軍隊の可能性に気づいたのである。

グデーリアンの後方部隊勤務への嫌悪も、第一次世界大戦において前線で功績を挙げた将校多数が第7自動車隊に配属されていたことで、多少は緩和されたかもしれない。すでに述べたように、ヴェルサイユ条約により、ドイツ陸軍は兵員一〇万人の小規模なものにすると定められていた。当然、ポストの数も限られており、ライヒスヴェーアに残ることができた有能な将校も、すべて戦闘部隊に配属するわけにはいかなかった。それゆえ、陸軍統帥部《ヘーレスライトゥング》（陸軍総司令部の機能を果たす機関）は人事の慣習を破り、実戦経験豊かな将校の一部を敢《あ》えて自動車部隊に勤務させたのである。のちに、この自動車部隊が発展し、ついにはドイツ装甲部隊となっていくわけだが、その動因の一つとして、かつての戦闘部隊の将校が配属されていたという事実は見逃せないだろう。ちなみに、グデーリアンが隊付となった第7自動車隊だけでも、バイエルン王国の最高の勲章である勇猛褒章を持っている将校が三人もいた。

ともあれ、二か月半の第7自動車隊勤務を経るうちに、自動車の軍事利用への関心をかきたてられたグデーリアンは、四月一日付でベルリンの国防省監督第6部の自動車部隊監督課に配属された。彼の着任報告を受けた交通部隊監督局長（監督官）のフォン・チシュヴィッツ少将は、自動車輸送部隊の運用を任せるつもりだと述べた。ところが、その後、チシュヴィッツの幕僚長であるエーリヒ・ペター少佐は、単に部隊運用のみならず、自動車修理・整備工場、燃料庫、施設建築、技官関係といった諸問題、果ては道路・交通施設の案件までも担当すべしと、グデーリアンに命じたのである。

グデーリアンは、第7自動車隊に着任した際に、この配置の後は国防省で自動車輸送部隊の組織と運用を命じられることになるだろうと、ルッツ少佐から聞かされていたから、ペターの命令に驚倒《きょうとう》した。そんな仕事をやる準備もなければ、それに必要な専門知識も持ち合わせていない。グデーリアンはあわててチシュヴィッツに意見具申し、当初いわれていたような業務にのみ従事することにさせてほしいと懇願した。将軍の答えは、グデーリアンを失望させるものであった。ペター少佐は、一八七三年のプロイセン陸軍省業務規程を持ち出し、業務分担を命じる権限は監督局長ではなく幕僚長にあると強硬に主張しているので、命令変更はできないというのである。ただし、チシュヴィッツは、自分が計画している諸研究に貴官が参加できるように配慮しようと付け加えた。失望したグデーリアンは、以前の配置である猟兵中隊に戻してくれと頼んだけれども、その願いは却下された。

戦車にめざめる

かくて、グデーリアンは、畑ちがいとさえ思われる任務を強いられた。しかし、彼は、懸命に努力し、あらたな仕事に通暁《つうぎょう》するようになっていく。その過程で、チシュヴィッツが進めていた自動車による軍隊輸送の研究に参加したグデーリアンは、その有効性を認識した。回想録『電撃戦』より引用しよう。

「第一次世界大戦にも、自動車で部隊を輸送した実例は多数あった。だが、そうした移動は、常に固定した前線の背後で実施されたのであり、敵に対して直接運動戦《ベヴェーグングスクリーク》を遂行する際に用いられたことはまったくなかった。無防備となったドイツにしてみれば、将来の戦争で、確たる戦線に拠《よ》った陣地戦になるなどということは考えられない。戦争になったら、機動的な防衛戦を覚悟しなければならないのだ。この運動戦における自動車化部隊の輸送という課題は、すぐに、そうした機動をいかに掩護《えんご》するかという問いかけとなった。それは、装甲をほどこされた車輌によってのみ、効果的に達成し得る。そこで、私は、装甲車輌に関する自分の経験から理解できるような先例を探した」。

グデーリアンは、ついにその生涯を懸けることになる兵器、戦車の将来性にめざめたのである。

ここで、以後の記述の前提となる用語、「自動車化」、「機械化」、「装甲部隊」について説明しておこう。論者と時代により、その規定は微妙に異なるのだが、両大戦間期のドイツ軍における一般的な用法に従うなら、「自動車化」は、それまで輜重・後方輸送にのみ使われていた自動車を、前線での機動、すなわち戦闘任務に用いて、部隊の移動に資することをいう。「機械化」は、さらに戦車と装甲をほどこされた輸送車を用いて、諸兵種を機動させることを意味する。「装甲部隊」は、戦車を中心として、捜索部隊や機械化・自動車化された歩兵、工兵、砲兵などを編合した、諸兵科協同部隊である。この文脈でいうなら、グデーリアンは、自動車化から機械化へと進む発展の糸口をつかんだことになろう。

そうして、装甲車輛や自動車化部隊についての研究を深めるうちに、彼は、ベルリンの第3自動車隊本部に勤務していたエルンスト・フォルクハイム少尉（一九二五年、中尉に進級）と知り合った。フォルクハイムは、第一次世界大戦で戦車隊に所属し、貴重な体験を積んだ人物であり、その後も戦車や自動車化の研究にいそしんでいた。軍隊機械化の先進国である英仏の文献をフォルクハイムに教示されたグデーリアンは、カンブレー戦でイギリス戦車兵団《タンク・コーア》の作戦参謀を務め、戦車運用のパイオニアとなったJ・F・C・フラー、英陸軍の大尉であった軍事思想家バジル・H・リデル＝ハート、機甲戦の理論構築に功績があった英軍将校ジファード・マーテルらの著書や論文を読みあさった。

「この視野の広い軍人たちは当時すでに、戦車を単なる歩兵の補助兵器以上の存在にすることを追求していた。彼らは、われわれの時代に起こりつつあった自動車化の中心に戦車を置き、偉大なスタイルによるあらたな戦争遂行の開拓者となったのである」。

やがて、グデーリアンは、戦車や自動車化をテーマとした論文を、代表的な軍事専門誌である『軍事週報《ミリテーアヴォッヘンブラット》』に寄稿するようになった。彼の言によれば、「眼の見えぬ人々のなかにあっては、隻眼の者も王者となる。ほかに誰もこのテーマに取り組む人間がいなかったので、私はすぐに専門家であるとの評判を取るようになった。これについては、私がときおり『軍事週報』に発表した若干の論文も与《あずか》っていた」。また、このような活動のなかで、オーストリア軍の著名な技術者だったフリッツ・ハイグルの知己を得ている。ハイグルは戦車研究の大家で、一九二六年には、今日なお基本的な文献とみなされている『戦車ハンドブック』を上梓《じょうし》することになる。

こうして、一九二四年に自動車部隊監督課より転属になるまでに、自動車化部隊の威力を確信するようになったグデーリアンは、守旧的な軍上層部への不満を洩らしている。彼は、一九二三年にチシュヴィッツの後任となったヴィルヘルム・フォン・ナッツマー大佐のもとで、実兵演習や図上演習を重ねた。そこから、自動車部隊は補給部隊から戦闘部隊へと移行するのが望ましいとの結論を出したのだ。ところが、ナッツマーはにべもなく断じた。「戦闘部隊など冗談ではない！　自動車部隊には小麦を運ばせておけ！」

かかる回想において、グデーリアンは嘘をついてはいない。第7自動車隊および自動車部隊監督課での勤務によって、グデーリアンは、戦車や自動車化部隊の有用性に覚醒《かくせい》し、研鑽《けんさん》を積んだのは、たしかであろう。

しかしながら——彼の記述には、自分こそがドイツ装甲部隊の創始者であると印象づけるための誇張が含まれているし、不都合な事実も無視されているのだ。

グデーリアン以前の先駆者たち

まず、「ほかに誰もこのテーマに取り組む人間がいなかった」とする主張については、彼の主観のなかでは、と留保をつけるしかない。実は、一九二〇年代において、戦車や自動車の運用理論に関する第一人者とされていたのは、前出のフォルクハイムやハイグルだったのである。

一九二一年、部隊局《トルッペンアムト》（陸軍統帥部内に置かれ、参謀本部の機能を果たす機関。ただし、ヴェルサイユ条約によって陸軍参謀本部の維持は禁止されていたから、連合国の監視を欺瞞《ぎまん》するため、実態にそぐわぬ「部隊局」の名称が付された）T４部（教育訓練部）は、第一次世界大戦後のドクトリンを示す最初の作戦・戦術教範「軍務教範計画第四八七号　諸兵科協同による指揮および戦闘」を公布した。ついで、一九二三年には、後編にあたる「陸軍軍務教範第四八七号　諸兵科協同による指揮および戦闘」が発行される（傍点強調は大木による）。後者の陸軍軍務教範第四八七号には、ライヒスヴェーアが戦車の保有を禁じられていたにもかかわらず、その運用や戦術が記されていたのだ。それは、重戦車は集中使用し、他兵科と協同して敵陣の突破にあたる決定的な攻撃兵器であり、軽戦車は大隊規模で各歩兵師団に配属、捜索（軍事用語で敵の所在を確認すること。これに対して、地形や存在を確認された敵の状態を探ることを「偵察」という）や、騎兵が担当していたような任務に使われると、英仏の戦車運用理論からみても見劣りしない理念を示していたのである。

イスラエルの軍事史家アザー・ガットは、陸軍軍務教範第四八七号の戦車の項目を書いた、あるいは、少なくとも諮問《しもん》に与ったのがフォルクハイムだったと推測している。というのは、同教範の戦車運用についての記述は、『世界大戦におけるドイツ戦車』（一九二三年刊行）などのフォルクハイムの著作や論文に書かれた内容とほぼ同一であるからだ。また、フォルクハイムは、『軍事週報』にも多数寄稿していた。

前出のハイグルも、オーストリア軍の退役将校ではあったが、一九二四年にはドイツ軍の戦車開発に関する諮問に応じて、アドバイスを与えていたし、『軍事週報』やイギリスの『王立戦車兵団雑誌《ロイヤル・タンク・コーア・ジャーナル》』に頻繁《ひんぱん》に評論を発表していた。ちなみに、ラッセル・A・ハートの調査によれば、一九二二年から二八年までのあいだに、『軍事週報』に掲載されたグデーリアンの論文は、わずか五本にすぎない。

かかる実態をみれば、フォルクハイムは「ドイツ軍のちっぽけな戦車隊ならびに、それよりもはるかに大規模な敵タンク部隊が得た経験を、われわれの小さな陸軍のために利用することを意図していた」とか、「『戦車ハンドブック』の著者であるオーストリア人フリッツ・ハイグル氏」といった『電撃戦』の記述は、ずいぶんと控えめな表現であることがわかる。本当のところは、彼らこそが戦車や自動車化部隊の運用や理論のオピニオン・リーダーであった。グデーリアンは装甲部隊への情熱を燃やしはじめたとはいえ、当時はまだ駆け出しの初学者にすぎなかったのだ。

なお、グデーリアンの回想には、新時代の軍事理論を実践しようとする自分と、頑迷で守旧的な軍首脳部の対立といった構図が、しばしば登場する。ここで引用した箇所も例外ではない。だが、そうした主張にも、嘘いつわりではないにせよ、かなりの誇張がまぎれこんでいることがあきらかになっている。実際には、自動車部隊監督課のみならず、陸軍統帥部兵器局や部隊局T1部（作戦部）・T2部（編制部）・T4部なども、戦車の開発、自動車化部隊の組織や運用、理論を研究し、実用に耐えるものにしようと努力していたのである。

「指揮官補佐教習課程」教官

一九二三年から二四年にかけての冬に、グデーリアンは、T4部部員であったヴァルター・フォン・ブラウヒッチュ少佐（『電撃戦』では「中佐」と誤記されている。が、ブラウヒッチュの中佐進級は一九二五年四月一日である。彼は後年、陸軍総司令官となった）に、自動車化部隊と航空機の協同をテーマとする兵棋演習の指導を委任された。グデーリアンは首尾良くやってのけ、T4部も、この兵棋演習の結果に注目する。その結果、グデーリアンは、戦術・戦史の教官に推薦され、「教官旅行」（将来、戦場になる可能性のある土地を旅行し、作戦・戦術を検討する「参謀旅行」の一種。この場合は、軍学校などの教官が実施する）の際に試験されたのち、教育配置に就くことになる。

一九二四年一〇月一日付で、グデーリアンは、在シュテッティンの第2歩兵師団参謀部に配属された。同部署で「指揮官補佐教習課程《フューラーゲヒルフェンレーアガング》」の教官を務めたのである。この「指揮官補佐《フューラーゲヒルフェン》」とは、実際には参謀将校のことだった。やはりヴェルサイユ条約によって、参謀将校養成にあたる陸軍大学校再開が禁じられていたために、「指揮官補佐教習課程」という偽装がほどこされていたのだ。指揮官補佐教習課程は、各軍管区の試験に合格した若い将校を受け入れ、三年間にわたって参謀教育を行う。最初の二年間は、各軍管区司令部、三年目はベルリンの国防省で教程が実施される。そうして、教習課程を修了した者は、晴れて「指揮官補佐」、すなわち参謀将校の資格を得るのである。

この配置は、グデーリアンが戦車・自動車の運用についての思索を深めるには、うってつけだった。偶然とはいえ、自動車部隊監督課時代の上官であったフォン・チシュヴィッツが第2歩兵師団長に就任していたことも幸いしていたであろう。グデーリアンは、第2歩兵師団への異動前後から、自らの研究を発表しはじめた。『軍事週報』一九二四年九月二五日号には、彼の最初の論文である「自動車乗車部隊と防空」が掲載されている。以後、グデーリアンは、主として自動車化部隊に関する論文を『軍事週報』や同誌の増刊である

『戦　車』（月刊誌で、フォルクハイムが編集にあたっていた）に寄稿していった。まだフォルクハイムやハイグルの輝きの前にかすみがちではあったけれども、グデーリアンもまた自動車化された軍隊の威力を唱える論客としてスタートを切ったのである。

指揮官補佐教習課程の業務も、グデーリアンにとっては刺激となるものだった。彼が担当した科目は戦術と戦史だったが、未来の参謀将校の教育はたやすいことではなく、「きわめて批評的な姿勢を取っている聴講者たちに、考え抜かれた課題を与え、彼らの解答を綿密に検討し、明快な講評を出さねばならなかった」(『電撃戦』)からだ。ちなみに、グデーリアンは、戦史の実例として、一八〇六年のナポレオンによるプロイセン侵攻や第一次世界大戦緒戦における独仏騎兵の運用を取り扱ったと回想している。いずれも機動戦の実例で、彼らしいことではあった。

さらに、一九二六年にはスイスのローザンヌ大学で語学講習を受けたのちに、ライヒスヴェーアの試験を受け、フランス語の通訳資格を取得している。グデーリアンは、第二次世界大戦の西方侵攻作戦で重大な役割を果たしたが、これは、はからずもその準備作業の一つになっていたといえよう。

グデーリアンは、こうした教官勤務を一九二七年秋まで続けた。これが、のちに装甲部隊の育成に携わるにあたっての絶好の準備期間となったことは間違いない。さらに、一九二七年二月一日には少佐に進級している。ドイツ軍では、大尉から佐官に進むことがとりわけ難しく、「少佐の曲がり角《マヨールス・エッケ》」などと呼ばれていた。グデーリアンは無事に、その曲がり角を過ぎたわけである。

けれども――グデーリアンがシュテッティンで教官任務に励んでいるあいだに、ドイツ軍自動車部隊は大きく変わろうとしていた。

自動車戦闘部隊の誕生

一九二六年一〇月一日、アルフレート・フォン・フォラート・ボッケルベルク参謀大佐は、フォン・ナッツマー少将（一九二五年三月一日進級）の後を襲い、第三代交通部隊監督局長に就任した。階級に「参謀」が付されていることからもわかる通り、ボッケルベルクは、野戦軍参謀本部参謀（一九一八年）や第1集団（ライヒスヴェーアの大規模団隊。軍相当）参謀を歴任したエリートであった。しかも彼は、戦車と自動車化部隊について、きわめて積極的な意見を抱いており、輜重・輸送部隊でしかなかった自動車隊を、戦闘部隊に脱皮させると決意していたのである。

ボッケルベルクは、着任するとともに、陸軍自動車化計画を立案させた。その構想に従い、具体的な改編を進めるように命じる。自動車隊内部で、各中隊に配属されることになっていたオートバイ運転手や装甲をほどこした兵員輸送車をすべて編合し、戦闘向けの部隊にまとめるよう、指示したのだ。一九二七年には、本物の戦車を保有できないハンデを補うべく、ヴェストファーレン州ミュンスター在の第6自動車隊第2中隊が、装甲偵察車と模造戦車(自動車や自転車に、戦車を模した板製のカバーをかぶせたもの)から構成される戦車教育中隊に改編された。

一九二九年、第6自動車隊は、これらの準備作業をもとに、オートバイ狙撃《そげき》兵(Schützen. ドイツ軍では、自動車化された歩兵を、このように呼称した)中隊一個、装甲偵察車教育中隊一個、戦車教育中隊一個から成る新部隊にあらためられた。ドイツ軍最初の自動車戦闘部隊の誕生である。この第6自動車隊が好成績を挙げたことに鑑《かんが》み、国防省は一九三〇年に他の自動車隊も同様に改編すると決定した。

その後、ボッケルベルクはおよそ二年半のあいだ、交通部隊監督局長を務め(一九二七年一一月一日少将進級)、一九二九年四月一日に中将に進級すると同時に陸軍兵器局長に補された。彼は、一九三三年に退役するまでその職にあって、技術面から装甲部隊の編成を推し進めたのであった。

かくのごとく、ボッケルベルクは「ドイツ装甲部隊の父」たちの一人であったといえる。グデーリアンもまた、彼が啓《ひら》いた道に突進し、装甲部隊の創設に情熱を注いでいくことになる。

第六章　戦車に注目せよ

部隊局勤務

一九二七年一〇月一日、グデーリアン少佐は、国防省部隊局T1部（作戦部）T1T課（運輸課）課員に補せられ、ベルリンに戻った。この異動は、部隊局が、典範「自動車による部隊輸送」を執筆させるのに適当な者を探していた際に、グデーリアンが意見具申したことがきっかけになったとされる。彼自身の説明によれば、第2歩兵師団参謀部での戦術演習や兵棋演習で、たびたび自分の意見を述べたことを、直属上官が人事報告で特筆してくれたおかげだったという（『電撃戦』）。かかる挿話から察せられるように、グデーリアンは、この時点ではもう、戦車と機械化部隊による戦争遂行の熱烈な主唱者になっていたのである。

こうしてT1T課の一員となったグデーリアンは、さらに翌一九二八年一〇月一日付で、ベルリンのモアビート地区にあった自動車部隊教導幕僚部の戦術教官を兼任し、戦車戦術の授業を担当することになった。それによって、グデーリアンは、戦車の理論のみならず、実務に携わる機会を得た。驚くべきことに、この、やがて装甲部隊の理論や運用に関する第一人者と目されるようになる男は、それまで戦車の内部に入ったことがなかったのだ。彼が初めて、実際に使用されている戦車に触れ、自ら操縦したのは、一九二九年にスウェーデンに四週間派遣されたときのことである。そこでは、第一次世界大戦末期に生産されたものの、実戦に投入されることなく売却されたLkII戦車が使用されていた。グデーリアンは、スウェーデンで戦車の運用を見学し、重要な知見を得た。

さて、グデーリアンがT1T課で担当することになったのは、自動車による軍隊輸送であった。部隊局の上司たちは、民間の自動車を動員しての部隊移動（当時、ドイツ軍が保有していた軍用自動車は、わずかな数でしかなかった）を実用化することを彼に期待していた。ところが、グデーリアンは、そんな方法は困難であると考えた。たしかに第一次世界大戦では、そうした輸送が実行されている。けれども、それは膠着《こうちゃく》し、動きが少ない戦線の背後でなされたのであって、その際、馬匹や車輛《しゃりょう》までも運ぶ必要はなかった。しかし、これからの運動戦で、師団の全装備を輸送するとなると、膨大な数の自動車を用いなければならないから、とても実現可能とは思われないというのが、彼の主張だった。

加えて、グデーリアンは、装甲部隊の運用理論を完成しつつあった。

「戦史の研究、イギリスで実施された演習（一九二七年および一九二八年）、模造戦車による自らの経験といったことにより、私の意見が固まっていった。戦車が最高の能力を出せるのは、他兵科（戦車はいつでも、それらを支援するように指示されていた）が、速度および路外走行性において、戦車と同等の状態に置かれたときだけであろう。かような、あらゆる兵科より成る団隊において、戦車は第一ヴァイオリン奏者〔すなわち、コンサートマスター〕でなければならない。他の兵科は、戦車に合わせなければならないのだ。戦車を歩兵師団に組み込むことなど許されない。そうではなく、装甲師団が創設されなければならないのである。かかる装甲師団には、戦車がいちばん効果的に戦闘を遂行するのに必要とされるような兵科すべてが含まれる」（『電撃戦』）。

グデーリアンはついに、装甲部隊の創始者となるべく、大きな一歩を踏み出した。彼が、こうした諸兵科連合の機械化部隊という発想を得るには、先に挙げたフラーやリデル＝ハート、マーテルらの著作に学ぶところが大きかった。それは間違いない。だが、グデーリアンは、第二次世界大戦後、必要あって、とりわけリデル＝ハートの影響を強調することになる。これについては、本書第一二章で述べることにしたい。

敵と味方と

一九二九年の野外検閲における演習で、グデーリアンは、おのが理論を実験するため、一方の部隊を一個装甲師団相当のものに設定した。この演習で装甲師団の側が成功を収めたため、グデーリアンは、自分は正しいと確信するようになる。

ところが、一九二九年二月一日付で、ボッケルベルクの後任として、交通部隊監督局長に補せられていたオットー・フォン・シュテュルプナーゲル少将は、連隊規模以上の戦車運用に関する理論的研究を禁じてしまった。少将は、装甲師団などというものは夢想にすぎないとみなしていたのである。

グデーリアンは上官の無理解に気落ちしたが、今度は、味方から救いの手がさしのべられる。ミュンヘン第7自動車隊長として、グデーリアンに自動車部隊の実務を手ほどきしてくれたオスヴァルト・ルッツ大佐（一九二八年一月一日進級）が、自動車大隊の指揮を執るつもりはないかと、内々に打診してくれたのだ。当時、ルッツは交通部隊監督局幕僚長を務めており（一九二八年一一月就任）、自動車部隊関係者の人事に影響をおよぼし得る立場にいた。

グデーリアンは、この異動を受けて、一九三〇年二月一日にベルリン近郊ランクヴィッツに駐屯する第3自動車大隊の指揮官となった。着任したグデーリアンは、ルッツの支援を受けて、同大隊の改編に取りかかる。装甲偵察車数両を有する第1中隊と多くのオートバイを持つ第4中隊を編合、装甲捜索大隊を組んだのだ。第2中隊は戦車中隊と想定され、模擬戦車数台を与えられた。第3中隊は対戦車部隊で、木製の模擬火砲を装備する。戦車や対戦車砲は実物ではなく模擬装備で、規模はちっぽけであったとはいえ、諸兵科連合の装甲部隊が誕生したのである。

しかしながら、シュテュルプナーゲル交通部隊監督局長は、こうした試みをこころよく思わず、第3自動車隊が他の隊と協同演習を行うことを禁じた。第3自動車隊が所属する第3師団が演習を実施するときにも、小隊単位で個別に参加することしか許されなかったのだ。ただし、第3師団長ヨアヒム・フォン・シュテュルプナーゲル中将（混乱を避けるために付言しておくと、こちらは、かつてグデーリアンの自動車部隊への異動を計画した人物で、交通部隊監督局長とは別人である）は、第3自動車隊の運用実験に好意的であった。

翌一九三一年は、グデーリアンの周囲の人々が異動し、その装甲部隊設立をめざす努力に大きな影響を与えることになった。まず、中将に進級していた（同年二月一日）オットー・フォン・シュテュルプナーゲルが、四月一日に退役した。彼が別れに際して、グデーリアンに与えた言葉は、その装甲部隊軽視をあらわにしたものであった。「貴官は性急に過ぎる。私を信じたまえ。われわれ二人が、生きてドイツ戦車が驀進《ばくしん》するところを見ることなど、もうあるまいよ」。

グデーリアンにとって幸運だったことに、シュテュルプナーゲルの後任として、一九三一年四月一日付で交通部隊監督局長に補せられたのは、彼をずっとバックアップしてくれたルッツ（同日、少将に進級）であった。ルッツは、同年二月一日付で中佐に進級していたグデーリアンを呼び寄せ、監督第6部の幕僚長に据えたのである（一〇月一日付の辞令による）。ちなみに、第3自動車隊の試みを援助してくれたヨアヒム・フォン・シュテュルプナーゲル中将は、国防省と衝突し、一九三一年一二月三一日に自ら希望して退役している。

また、プライベートでは、グデーリアンは別離を経験することになった。三月一三日、母イールタが亡くなったのだ。

装甲部隊構想と戦車の開発

ともあれ、こうして自動車部隊の中枢に座を占めたルッツとグデーリアンは、装甲部隊の創設に向けて、大きく舵《かじ》を切った。まずは装甲師団、さらには装甲軍団（軍団は、師団の上部機関。通常二ないし四個師団から構成される）を編成することが、彼らの目標であった。二人はすでに、戦車を、歩兵の攻撃を支援する補助兵器から、作戦的に運用可能な新しい兵科、つまり「装甲兵」部隊の中心に据えようとしていたのである。

ルッツが、一九三八年に退役したのちにまとめた未刊行文書「装甲兵科の発展についてのメモ」から引用しよう。かつて交通部隊監督局長だったナッツマーや、その幕僚長ペターは「自動車部隊を補給にだけ使おうとし、自動車化による運動戦遂行の可能性を認めようとはしなかった。……とにかく私は、〔第一次世界大戦の〕陣地戦から、以下のごとき知見を得ていた。どんなものであれ、陣地戦を行うなら、ドイツは攻囲下の要塞《ようさい》同然となり、必ず敗れる。来るべき、つぎの戦争を、エンジンが提供してくれるすべての現代的な方策を以《もっ》て行う運動戦とするため、あらゆる手段を尽くさなければならない。それゆえ私は、最初から、いかなる車種であろうと、運動戦のための運用・投入の可能性という視点から検討し、開発させていた。……私には、この戦闘手段〔戦車〕を歩兵に奉仕する存在とするつもりはなかった。そうではなく、歩兵から独立した、現代的な運動戦における特別な機動性を持つ団隊の主要戦闘手段としたかったのである」。

自身、ドイツ装甲部隊の創設や運用、実戦指揮に携わったヴァルター・ネーリング装甲兵大将は、その著書『ドイツ装甲部隊史』で、「ルッツは陸軍自動車化の父、グデーリアンは装甲部隊の創始者となった」と評している。けれども、かかるルッツの思想をみるならば、むしろ彼は「装甲部隊の創始者」の一人、グデーリアンの先駆者であったと思われる。

しかしながら、装甲部隊の中心となるべき戦車の保有や開発は、ヴェルサイユ条約によって禁じられていたはずである。ルッツやグデーリアンがいかに先進的な装甲部隊の構想を練り上げようと、肝心の戦車がなければ、絵に描いた餅《もち》ではなかったか？

その点についても、ライヒスヴェーアは抜かりなかった。彼らは、ドイツ国内では実行し得なかった戦車の開発やその要員の教育訓練を、ソ連領内で進めていたのである。

一九二一年以来、ライヒスヴェーアとソ連軍は、秘密軍事協力に着手していた。反共傾向が強いドイツ軍ではあったものの、ヴェルサイユ条約で禁止された兵器の開発・運用をソ連領内で実施できるのは大きなメリットであった。一方、ソ連側としても、ドイツの秘密再軍備への拠点を提供する代償として、その進んだ軍事技術や用兵思想を学ぶことができるのは、非常に望ましいことだったのだ。ゆえに、ヒトラーが一九三三年に政権を掌握したことを契機として、両国の関係が冷却するまで、この秘密軍事協力は続くことになる。

かかる秘密協定にもとづき、ドイツは、毒ガスや戦車、航空機などの教育研究を行う学校や開発施設を、ソ連各地に設置した。戦車については、一九二六年に、タタールスタンのカザン演習場に戦車学校を創設するとの合意がなされた。秘匿名称「カーマ」の誕生である。この名の由来については、複数の説が唱えられている。一つは、付近を流れる川の名から取ったというものであり、もう一つは、地名のカザン（Kasan）と用地選定にあたったヴィルヘルム・マルブラント（Wilhelm Malbrandt）中佐の姓の頭文字を組み合わせて「カーマ」としたという説だ。

いずれにせよ、このカーマ戦車学校で実験を行うべく、一九二五年、陸軍兵器局は、ラインメタル、クルップ、ダイムラー＝ベンツの各社に、ひそかに戦車の開発を発注した。もっとも、これは偽装のために「大型トラクター」と称されている。一九二九年には、その試作型が完成し、カーマ戦車学校で試験された。

とはいえ、この「大型トラクター」では、制式採用するには不充分であったから、ルッツとグデーリアンは、三・七センチ砲を装備するものと、短砲身七・五センチ砲を搭載して、歩兵目標の撃破と敵戦車の制圧に使われるもの、すなわち、のちのⅢ号戦車とⅣ号戦車を開発する計画を立てた。だが、技術・設計上の理由から、そうした大型戦車をただちに大量生産することは期待できなかったから、まずはイギリスのカーデン・ロイド軽戦車に倣《なら》い、機関銃で武装した小型戦車（Ⅰ号戦車）を開発することに決まった。ところが、計画されていた主力戦車の完成が遅れたために、ルッツは、暫定的な解決策として、さらに二センチ機砲一門と機関銃一挺《ちょう》を装備する戦車（Ⅱ号戦車）の製作を進めざるを得なくなった。

かくのごとく、遅々たる歩みではあったけれども、装甲部隊の主役たる戦車も着々と準備されていたのである。

実験される運用理論

一九二一年と一九二三年に分けて、第一次世界大戦後初の教範である「諸兵科協同による指揮および戦闘」が公布されたことは、すでに述べた。これは、以後およそ一〇年にわたり、陸軍の基本教範として使用されつづけた。一説によれば、公布当時の陸軍統帥部長官ゼークト歩兵大将が、現場の将兵がこれを咀嚼《そしゃく》しきれないうちに新教範を出せば、混乱は必至であろうと危惧《きぐ》し、一九三〇年代までは改定しないように指示したためだという。

しかし、ドイツの再軍備が進み、戦車や航空機を秘密裡《り》に開発することに成功した一九三〇年代初頭ともなると、教範改定の必要性はいよいよ高まっていった。その任務を受けて、新教範起案の重責を負ったのは、第5砲兵連隊長ルートヴィヒ・ベック大佐であった。彼は、ライヒスヴェーア内部で、批判的な精神を有する逸材と目されており、ゆえに、基本教範作成という重大任務を委《ゆだ》ねるにふさわしいと判断されたのである。

一九三一年二月一日付で少将に進級し、第4砲兵司令官（Artilleriefuhrer. ヴェルサイユ条約の制限下で、可能なかぎり司令部要員を維持するために、各師団ごとに置かれた役職。師団砲兵司令官に相当するが、自らの参謀部を有する）に補せられたベックは、第1騎兵師団長の男爵ヴェルナー・フォン・フリッチュ少将（一九三二年一〇月一日付で第3歩兵師団長に転任）やドレスデン歩兵学校教官団幹事カール＝ハインリヒ・フォン・シュテュルプナーゲル中佐の協力を得て、新教範の起草にかかった。翌一九三二年、ベックの教範草案は、関係する部署の代表者すべてが加わった「上級査読委員会」で検討されていく。このベルリンで開かれた委員会には、グデーリアンも、監督第6部の幕僚とともに出席していた。

そこで、自動車部隊に関連して問題となったのは、捜索の項であった。当時、騎兵による捜索はもはや緩慢に過ぎ、実用的ではないとみなされていたから、それに代わるものとして、自動車部隊の存在がクローズアップされたのである。けれども、自動車部隊の捜索能力は未知数だった。実験により、この問題に結着をつけるため、陸軍統帥部は「一九三二年度自動車化捜索演習」を実施することを認可した。

ドイツ東部のゲルリッツ市周辺で行われた演習は、自動車化部隊による捜索の有効性を実証することになる。従来の経験より、歩兵の一時間あたりの捜索範囲は四キロ、騎兵で六ないし八キロとわかっていた。グデーリアンは当初、自動車部隊の捜索範囲は四〇キロと判断していたものの、演習の想定を決めた部下の報告を受けて考え直し、二〇キロに下方修正した。その判断が正しかったことは、演習で証明された。自動車部隊は、一時間あたり二〇キロの捜索を担当し得るということが判明したのである。

その結果、監督第6部の意見を取り入れて、加筆修正された新教範は、一九三三年一〇月一七日、当時の陸軍統帥部長官であった男爵クルト・フォン・ハマーシュタイン＝エクヴォルト歩兵大将により、「陸軍軍務教範第三〇〇号　軍隊指揮」として公布された。翌一九三四年一〇月一八日には、ハマーシュタインの後任となった前出のフリッチュ砲兵大将（一九三四年二月一日付で進級）の名で、その第二編が出されている。これらは、将校の水準を高度なレベルで平準化した上で、権限を大幅に下方移譲し、指揮官の自由な判断と行動を可能とする「委任戦術」を概念化した画期的なドクトリンで、現代に至るまで各国の軍隊で研究されている。それほどに、軍隊の指揮・運用の本質を衝《つ》く、卓越した教範だったのだ。

かくのごとく、ベックは、「軍隊指揮」作成においては、グデーリアンと協力していた。しかし、一九三三年一〇月一日付で、ベックが部隊局長に就任するや、両者は装甲部隊の編成をめぐって対立するようになる。

ベックは「無知」で「遅疑逡巡」したのか？

グデーリアンは、その回想録『電撃戦』で、口をきわめてベックを批判している。

「ベックは、高い教養の持ち主で、沈着冷静、気品があった。国防主権の回復後〔一九三五年の再軍備宣言により、ドイツがヴェルサイユ条約の制限を脱したことを指す〕、モルトケ流の参謀本部復活に努力した。だが、時代の技術的要請については、ほとんど理解を示さなかったのだ。航空、自動車化、無線通信については無知だった。彼は、技術が生じせしめた戦争遂行上の革命を苦々しく思っており、それを先延ばしにしたがっていた。同様に、ナチズムによる政治革命も拒否している。保守的な性格で遅疑《ちぎ》逡巡《しゅんじゅん》する人であった。その特質ゆえに、彼は失敗したのである」。

前出のネーリングは、当時グデーリアンの部下だったが、彼もまた「ベックは、新しい兵科としての装甲部隊のための大胆で広範囲にわたる諸計画を拒絶し、それによって、装甲師団新設も否定した。模範とされていたフランス軍の流儀にのっとり、戦車を歩兵と騎兵の支援兵器としてのみ、認めるつもりだった」と回想している。ネーリングによれば、「グデーリアンは『陸軍中枢の反動の壁』を前にして、おのれが絶望的な状況にあるものと信じて疑わなかった」のである。

しかしながら、この問題を研究したアザー・ガットは、「だが、歴史家たちは、こうした像の一部、あるいは、そのすべてに至って、異議を唱えている」と評している。事実、かような軍守旧派に対する革新派グデーリアンの闘争という図式は、彼自身がそう考えた、もしくは、同時代と後世の人々にそう思わせたかった物語にすぎない。

一九三五年七月一日より作戦部長に補せられ、ベックに仕えたエーリヒ・フォン・マンシュタインの自伝から引用しよう。

「グデーリアンのタフさと戦闘的な気質がなければ、ドイツ陸軍が装甲兵科を保持することはなかった。かように断じても、この問題の経緯を知る者なら誰でも、けっして異論を挟みはしないだろう。……しかしながら、装甲兵科の問題における陸軍参謀本部〔と、その前身である部隊局〕の活動は、ためらいがちなものだったとするグデーリアンの記述には、賛成しかねる。……年長の将軍たちの多くが、確信的なアイディアに対して、懐疑どころか、拒絶を以て対応したこともはっきりしている。けれども、陸軍参謀本部が装甲兵科の意義を認識しようとしなかったとか、グデーリアンに同調しようとせず、この兵科が陣地戦を克服する手段になるとも思わなかったというようなことは、絶対にない」。

「……グデーリアンが、ただ装甲兵科のことのみを注視していたのに対し、陸軍参謀本部は、とどのつまり、陸軍全体のことに眼配りしていなければならなかったのである。私は当時、作戦部長・参謀次長だったから、陸軍参謀本部がこの問題にいかなる態度を示したかを判定することができる」。

「一九三五年春、つまり、再軍備がはじまったばかりのころ、ベック将軍のもとで催された大規模な参謀旅行では、すでに装甲軍団（現実には、まったく存在していなかったものだが）の運用についての演習がなされていた。続く数年間、私は、この種の旅行の想定に重要な影響をおよぼしたのであるが、その際、装甲軍の運用までもが試されたのだ。最終的には、一九三七年に策定された開進計画『緑号《ファル・グリュン》』で、早くも装甲軍の運用を予定するに至った。

すなわち、陸軍参謀本部は、その作戦研究と学習により、先を見通したやりようで、来るべき装甲部隊の運用可能性を計算に入れていたのである。それに際し、陸軍参謀総長ベック将軍は、装甲団隊の編成を承認するという点で、グデーリアンのワインに多々水を注いだ。だとしても、『敢行』よりも、いささか過度なぐらいに『熟考』に重きを置きがちなベックの本性を考えれば、それも当然のことだった」。

「陸軍参謀本部は、グデーリアンのように、装甲兵科のことだけを気にかけているわけにはいかなかった。この兵科を可能なかぎり最強のものとすることは、いつでも望ましかったのだけれども……原料面の理由から、陸軍の主力は相も変わらず歩兵師団から構成されざるを得なかったのである」。

「私は、作戦部長・参謀次長として、つまり、参謀本部内でまさしく責任を負う部署にいた。その私が、グデーリアンの構想全般を支持していたのだ。なるほど、陸軍参謀総長は、すべてを装甲団隊というカードに賭《か》けることをためらった。が、戦術的戦闘手段としての戦車はたしかに徹底的に試されてはいたものの、大規模装甲団隊の作戦的運用については、実戦の経験がどこにもないような時代だった。ゆえに、結局のところは、それも理解できるのである」。

実のところ、グデーリアンの主張は、この一九五八年に出版されたマンシュタイン自伝の記述によって、早くも否定されていたといっても過言ではない。その後の歴史家たちによる研究も、マンシュタインの論駁《ろんばく》を強化しこそすれ、グデーリアンを支持するものはなかった。実のところ、ベックは、装甲師団の効果が充分に確証されていない時点でその編成を敢行することをためらっていただけであって、けっして新しい兵科に対し、頑迷に反対していたわけではなかったのだ。事実、ベックが完成させた新教範「軍隊指揮」には、すでに以下のような条項が含まれている。

「一ないし数個の戦車連隊は、他の機械化部隊および所要の後方機関とともに、一の装甲部隊を編組することあり。装甲部隊に編入せられたる各部隊は、路外においても集結して行動し、かつ戦闘し得るを要す」。

「機械化せる歩兵部隊（なるべく、路外の行動可能なる自動車に搭乗せる歩兵部隊および自動自転車隊）は、他の機械化部隊（対戦車部隊、砲兵、工兵、通信隊、対空部隊）および所要の後方機関とともに**軽快部隊**（Leichter Verband）に編組せらる。この種の部隊は、装甲部隊に配属して、その成果を確保し、もしくは、これを利用す。もし軽快部隊を独立して使用する場合には、通常、装甲せる戦闘車輛（装甲自動車および戦車）を以て増強するを可とす」（太字強調原文）。

これらが示すように、ベックもまた、陣地に拠《よ》って静的な防御に従事するのではなく、攻勢的に機動戦を行う部隊、すなわち装甲部隊の必要を理解していた。結局、グデーリアンの批判は、彼の望んだテンポ、その理想通りのかたちでの装甲部隊の編成を認めなかったベックへの反感を表明しただけにすぎなかったのだ。何よりも、一九三〇年代のドイツ装甲部隊の発展という事実が、ベックが「無知」で「遅疑逡巡する人」ではなかったことを証明しているのである。

装甲師団の誕生

いずれにせよ、理論と実践の両面において、ドイツ装甲部隊の誕生が間近に迫っていた。部隊局T４部（教育訓練部）の求めに応じて、ネーリングが執筆した論文「騎兵軍団建制内の戦車旅団」（『軍事週報』に連載）は、彼ら、ルッツやグデーリアンをはじめとする装甲部隊の支持者が、第二次世界大戦で実現されることになる構想に、すでにたどりついていたことを示している。

「装甲団隊の特徴は、強大な火力と装甲による掩護《えんご》、路上および路外での高速性と機動性といったことの結合である。その移動能力は、機械にのみ頼っている。……装甲団隊は、戦争遂行を機動的にし、戦線膠着を防ぐのに適した、最高度の戦闘力を有する戦争手段を表している」。

「敵の側面および後背部に対する包囲的な行動こそ（他の緩慢な諸団隊は無視される）、装甲団隊の主任務となる。追撃に投入されれば、退却する敵の潰滅《かいめつ》をみちびくことも可能だ。一方、獲得した土地を、引き続き保持することは不得手である。その任については、多くの場合、砲兵を有する自動車化歩兵の配属が必要となろう」。

かかる理論にもとづき、一九三四年、三個装甲師団を新設することが決定されたのである。その編成業務を実行するのは、ルッツ交通部隊監督局長とグデーリアン幕僚長のもとにある監督第6部であったことはいうまでもない。こうした作業にともない、監督第6部も、一九三四年六月には「自動車戦闘部隊司令部」、翌一九三五年一〇月には「装甲部隊司令部」と改称されていく。「装甲兵」という兵科が誕生したのだ。一九三三年一〇月に大佐に進級していたグデーリアンの職名も、それぞれの司令部の「参謀長」となった。

グデーリアンとヒトラー

このあたりで、グデーリアンとドイツ装甲部隊の発展に関する記述を先に進める前に、アドルフ・ヒトラーとナチスについて、彼がどのような姿勢を取ったかという重要な問題を論じておく必要があろう。

第一次世界大戦の敗戦と革命のなかから生まれたヴァイマール共和国は、一九二〇年代なかばには混乱から回復し、安定期を迎えていた。だが、一九二九年の世界恐慌は共和国を著しく動揺させ、ついには、民族社会主義ドイツ労働者党、いわゆるナチ党を率いるヒトラーが政権を得るに至った。一九三三年一月三〇日のことである。ヒトラーは、来るべき拡張政策に備えるため、また、景気浮揚のための公共政策の一環として、再軍備を加速させた。実は、先に述べた装甲部隊編成の進捗《しんちょく》も、そうした文脈に沿っていたのだ。

ヒトラーとナチ党が勢力を伸ばしはじめた一九二〇年代に、グデーリアンがどう反応したかを示す史料や証言は残されていない。けれども、ヒトラーが反共主義やヴェルサイユ体制打破を唱えたことについては、共感するところが多かったようである。戦後の回想ではあるが、『電撃戦』には、このように記されている。「ヒトラーは、外交的にはヴェルサイユの不公正からの解放、内政的には失業と政党間紛争の解消を約束した。これこそ、心底から望まれていた目標だった。そこにおいて、ヒトラーは、あらゆる善良なドイツ人と一体になることができたのだ。あの時代に、かかる目標を追求しない者などあっただろうか？」

しかし、グデーリアンをヒトラー支持に傾かせたものは、やはり、その軍拡政策であっただろう。一九四七年に書かれたグデーリアンの覚書から引こう。「ナチズムが、新しい国家主義的スローガンを掲げて登場したとき、とくに若い将校たちが、民族社会主義ドイツ労働者党（ＮＳＤＡＰ）のプロパガンダが彼らに示した愛国の理想に、たちまち熱狂していった。

何年ものあいだ、わが国の軍備がまったく不充分であることが、将校団の上に悪夢のごとくのしかかっていたのである。そうして再軍備計画が開始されたことによって、この、一五年の停滞ののちに国防軍新生を約束した男〔ヒトラー〕が、将校たちの支持を獲得したとしても、まったく驚くにはあたらない」。

さらに、装甲部隊の育成に心血を注いでいたグデーリアンにとって、『電撃戦』の有名なエピソードに表されているように、ヒトラーは格別の理解をみせてくれた存在ということになった。一九三三年、グデーリアンは、クンマースドルフ兵器試験場で開催された新兵器の展示会において、首相となったヒトラーに対し、自動車化部隊に関する説明を行う機会を得た。その際、グデーリアンは、オートバイ狙撃《そげき》兵、対戦車砲、I号戦車の各一個小隊を以て実験演習をやってみせ、加えて、重装甲偵察車と軽装甲偵察車のそれぞれ一個小隊を展覧に供した。ヒトラーは、そうした部隊の移動の速さや正確さに感激し、「これは使える、これが欲しい！」と、繰り返し叫んだという。グデーリアンが「この視察ののち、自分の企図していることを知ってもらえたなら、首相は新時代の国防軍編制についてのわが見解に同意してくれるはずだと確信するようになった」のも無理はあるまい。

かくて、グデーリアンは、ヒトラーとその政策を信倚《しんい》し、装甲部隊の創設と拡大に邁進《まいしん》することになった。

装甲部隊をめぐる試行錯誤

一九三五年三月一六日、ヒトラーは、ヴェルサイユ条約を破棄し、徴兵制を再導入する旨の再軍備宣言を発した。これによって、ドイツの軍拡、ひいては、装甲部隊の創設も公然と実行されていく。国防軍の名称も、ライヒスヴェーアからヴェーアマハトに変更され、それまで秘密裡に編成を進めていたドイツ空軍《ルフトヴァッフェ》も正式に発足した。

一〇月一五日には、第1から第3までの最初の装甲師団が新編された。同日、グデーリアンは、第2装甲師団の初代師団長に就任する。師団長といえば、将校たるもの誰もがあこがれる地位であるが、グデーリアンはこの異動を必ずしも歓迎しなかった。自分が装甲部隊をめぐる政策について発言し、影響力をおよぼすのを封じるために、ベックが仕組んだ人事だと疑っていたのだ。自動車戦闘部隊司令部参謀長の後任となったのは、フリードリヒ・パウルス大佐であった。第二次世界大戦中、元帥にまで上りつめるも、スターリングラードで降伏の憂き目に遭うことになる人物である。グデーリアンは、パウルスが装甲部隊の組織と運用をめぐるあつれきについて、充分な経験を持っているだろうかと疑い、心もとなく思っていた。

もっとも、グデーリアンの思惑はともかく、今日、ドイツ南部のロマンティック街道の観光名所として知られるヴュルツブルク市に司令部を置いた第2装甲師団は、堂々たる戦力を有する優良部隊であった。ここに掲げる編制図は、そうした草創期のドイツ装甲師団のありようをよく示すものであろう。

グデーリアンは、この第2装甲師団の編成作業と錬成に忙殺されたが、その間にも、彼の意に染まぬ事態が進展していた。ずっと反対していた「軽師団《ライヒテ・デイヴィジオーン》」の新編が決まったのだ。これは、部隊局が一九三三年から三四年にかけて研究、一九三三年一月三〇日より国防相を務めていたヴェルナー・フォン・ブロンベルク歩兵大将に提出した構想だった。軽師団は、自動車化狙撃連隊二個、捜索大隊一個、砲兵連隊一個、戦車大隊一個より構成される部隊で、装甲師団と自動車化歩兵師団の中間にあるがごとき存在であった（一部の歩兵師団も「軽師団」と命名されたものの、のちに「猟兵師団《イエーガー・デイヴィジオーン》」と改称された）。それゆえ、グデーリアンは、限られたリソースは装甲師団に集中すべきで、こんなどっちつかずの師団を編成するのは力の分散になってしまうと危惧していたが、彼の異議は却下されたのだ。彼は、同様の理由から、歩兵師団全般の自動車化や歩兵の支援にあたる独立戦車旅団の編成にも賛成していなかったが、その意見は通らなかった。

ちなみに、グデーリアンの軽師団に関する疑問が正しかったことは、第二次世界大戦開戦後に実戦で証明され、軽師団は逐次装甲師団に改編されていった。結局、軽師団は、ドイツ

第２装甲師団編制図（1935年10月15日）

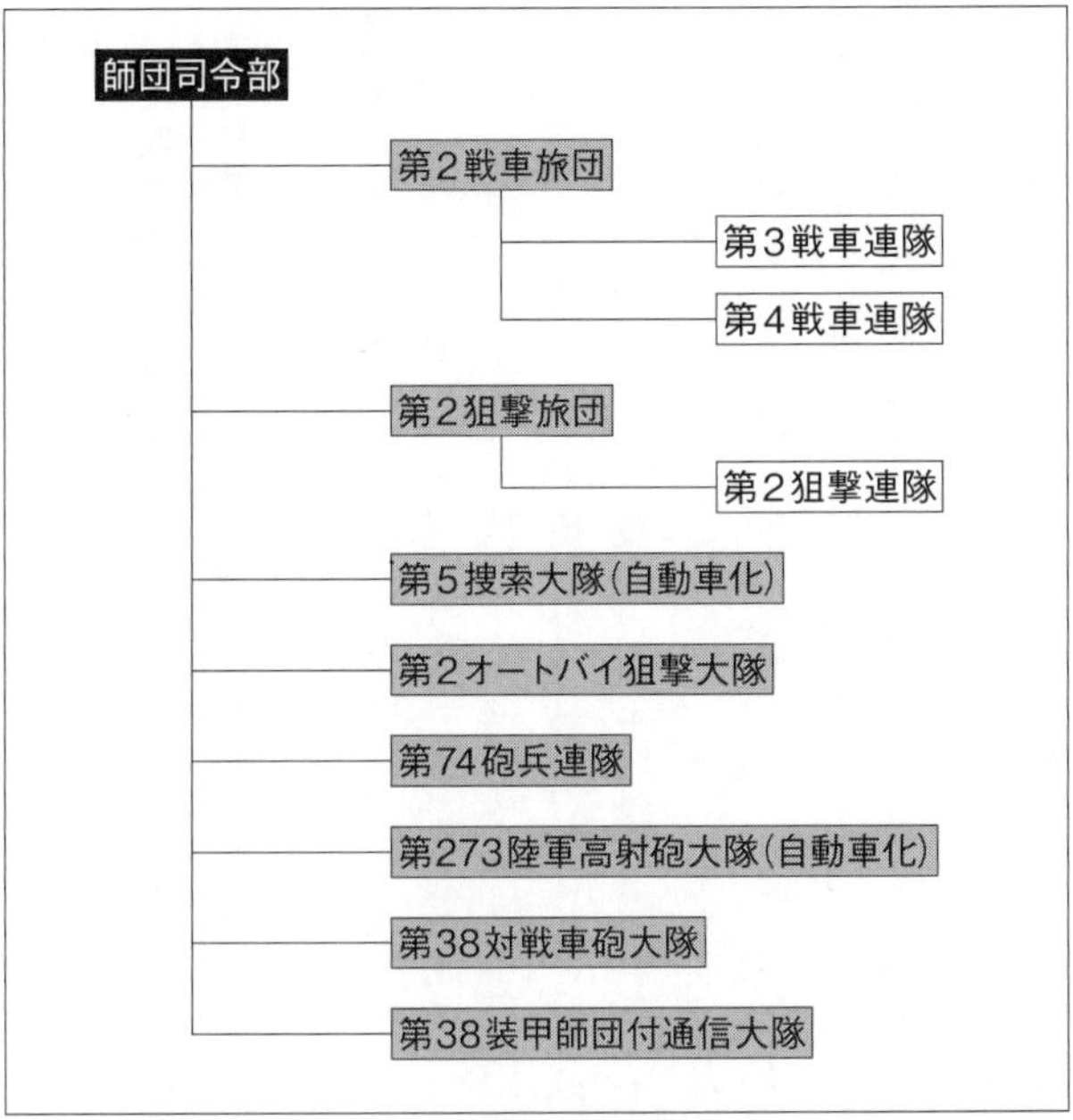

Die deutschen Divisionen, Bd.1, S.127-130より作成

軍の試行錯誤の産物でしかなかったのである。

それに対して、歩兵の直接支援に戦車を用いるか否かという問題は、より実り多い解決を得た。陸軍参謀本部（再軍備宣言ののち、一九三五年六月一日より「陸軍総司令部／参謀本部」に改編された。これは、陸軍総司令部 Oberkommando des Heeres と通称される。略称はＯＫＨ）作戦部長のマンシュタイン大佐が「突撃砲」を考案したのだ。これは、戦車とちがって砲塔がなく、装軌（キャタピラ）車輛の車台に直接砲を据え付けたもので、容易かつ安価に生産できた。この突撃砲は砲兵科に所属することになったけれども、実戦では軍直轄部隊とされ、おおむね歩兵の支援や対戦車戦闘にあたった。突撃砲は、それらの任務において有効に機能し、優れた兵器であると認められたのである。

『戦車に注目せよ！』

一九三六年八月一日、グデーリアンは少将に進級した。とうとう、将軍と呼ばれる身分になったわけだ。この年の秋、彼は、ルッツから、装甲部隊の必要性やその機能を説明する本を出せば、一般国民からの応援を得られるのではないかと勧められた。ルッツはおそらく、こうした手段を取ることで、彼らの理念に対する陸軍参謀本部などの抵抗を間接的に排除しようとしたものと思われる。これに応じて、グデーリアンは、一冬を執筆に費やした。今まで発表した論文や軍の各種教程のためにつくった講義ノートなどをもとにし、また、オーストリア軍の戦車の専門家である勲爵士ルートヴィヒ・フォン・アイマンスベルガー砲兵大将の著作に依拠しつつ、一書をものしたのだ。これが、有名な『戦車に注目せよ！』であった。『戦車に注目せよ！』は、一九三七年に出版されるや、世界の軍事筋の注目を浴びた。オーストリアの陸軍大学校では、フラーの著書と並んで、必須図書に指定された。ドイツの読書界においてもベストセラーとなり、グデーリアンは、その印税で初めて自家用車を購入することができたほどだった。また、同じ年に刊行された『戦車部隊と他兵科の協同』は、『戦車に注目せよ！』の要点をまとめ、わかりやすいパンフレットとしたものだったが、これも版を重ねている。

それもそのはずで、グデーリアンは、ここまで自分が、あるいは、ドイツ装甲部隊の創始者たちがやってきたことを、軍事機密こそ洩《も》らしていないとはいえ、『戦車に注目せよ！』に赤裸々に描きだしていたのである。加えて、後世からみるならば、同書は、グデーリアンが第二次世界大戦で実行することを、あらかじめ提示していたともいえる。

この『戦車に注目せよ！』に象徴されるように、「戦車将軍」はすでに理論的な準備を終えていた。さらにグデーリアンは、続く数年のうちに実兵指揮においても経験を積んでいくことになる。

第七章　装甲部隊の「総稽古」

ラインラント進駐とスペイン内戦

一九三五年三月にヒトラーが行った再軍備宣言は、世界を震撼《しんかん》させた。とくに欧米諸国は、ドイツが現状を打破し、再びヨーロッパの強国の地位を得んとするのではないかと警戒する。さりながら、ヒトラーは、同年五月に平和演説を行い、ドイツに領土的野心がないことを強調した上で、六月には英独海軍協定を締結した。ドイツ海軍の兵力をイギリス海軍の三五パーセントに留《とど》めることを約束したのである。

しかし、こうしたヒトラーの平和攻勢は、軍備拡張を進め、侵略の準備を行うための時間稼ぎにすぎなかった。一九三六年三月、ヒトラーは、ヴェルサイユ条約で軍事施設を置くことを禁じられ、非武装地帯とされていたラインラント（ライン川左岸地帯）に軍を進駐させた。これは、当時のドイツ軍の実力からすれば、危険な賭《か》けであった。グデーリアンは、第二次世界大戦後、フランス軍に尋問された際に、「もし、貴官ら、フランス軍が一九三六年にラインラントに介入していたなら、われわれは没落し、ヒトラーも失脚したことだろう」と答えている。だが、そうはならなかった。ドイツの軍事力を過大評価した英仏両国は、ラインラント進駐を拱手傍観《きょうしゅぼうかん》した。ヒトラーは賭けに勝ち、ヴェルサイユ体制はまた一歩崩壊に近づいた。

ついで、同年七月に勃発《ぼっぱつ》したスペイン内戦にも、ヒトラーは触手を伸ばした。義勇兵部隊と称して、空軍を中心とする遠征軍「コンドル兵団《レギオン・コンドル》」を派遣したのだ。この派兵の動機については、かつてはヒトラーの反共主義から説明されることが多かった。民主政党から極左勢力までも糾合《きゅうごう》して成立した人民戦線政府に対し、叛乱《はんらん》を起こした右派勢力を勝たせるため、コンドル兵団を送り込んだとされていたのである。だが、今日では、空軍総司令官ヘルマン・ゲーリング上級大将が、誕生まもないドイツ空軍を実戦で試そうとしたこと、さらにはスペイン叛乱軍援助の見返りに同国から鉄鉱石をはじめとする天然資源を獲得しようとしたことが（ゲーリングは、軍拡の経済的基盤を築くため、「四か年計画全権」兼任を命じられていた）、内戦介入決定の主要因だったことが判明している。

いずれにせよ、こうした背景から、「コンドル兵団」は実験部隊の性格を帯びることになった。それゆえ、空軍のみならず、陸軍も戦訓を得る好機とみて、草創期から装甲部隊の育成に携わっていた勲爵士ヴィルヘルム・フォン・トーマ中佐の指揮する第88戦車大隊をスペインに送り込んだ。同大隊の装備はⅠ号およびⅡ号戦車だったが、「コンドル兵団」の実戦経験は、それらが火力不足であることを暴露した。より強力なカノン砲を搭載したⅢ号・Ⅳ号戦車の必要性が実戦で確認されたのだ。トーマは帰国後に、かかる経験や知見をまとめ、報告した。グデーリアンの活動の陰に隠れがちではあるけれども、彼もまたドイツ装甲部隊の発展におおいに貢献した一人だったのである。なお、トーマは、第二次世界大戦では、第6装甲師団長やアフリカ軍団長など、要職を歴任している。

もっとも、トーマの報告には、戦車に無線機器は必要ないといったたぐいの謬見《びゅうけん》が交じっていて、グデーリアンを困惑させた。『戦車に注目せよ!』では、スペイン内戦の戦訓について若干の頁が割かれているが、そこで強調されているのは、この戦場が戦車本来の運用には不向きであったとする主張である。これはおそらく、トーマら、コンドル兵団に従軍した者の見解が、当時グデーリアンが追求していた装甲部隊の作戦的運用に水を差すことを恐れての記述だったと思われる。

ブロンベルク・フリッチュ危機

一九三七年一一月五日、国防相、外相、陸海空軍の総司令官を招集し、秘密会議を開いた総統アドルフ・ヒトラーは、その企図をあきらかにした。数年のうちにオーストリアとチェコスロヴァキアを征服すると明言したのだ。これに対し、国防相にして国防軍最高司令官だったブロンベルク元帥（一九三六年四月二〇日進級）と陸軍総司令官フリッチュ上級大将は、フランスが介入する可能性やチェコスロヴァキアの抵抗力の大きさを述べ、ヒトラーの計画に疑義を唱えた。外務大臣の男爵コンスタンティン・フォン・ノイラートも、やはりフランスが手をこまぬいている可能性は低いと指摘している。

ヒトラーとしては、おのが侵略政策の「道具」となるべき国防軍と外務省の指導者に反旗をひるがえされたかたちになる。彼らを翻意させなければ、もしくは排除しなければ、オーストリアやチェコスロヴァキアへの侵攻はおぼつかないであろう。

しかし、事態は、ヒトラーにとって好都合な方向に進んだ。ブロンベルクとフリッチュの身に、思いがけないスキャンダルが降りかかったのである。

このころ、寡夫《かふ》だったブロンベルクは、三五歳年下の若い女性と知り合い、一九三八年一月一二日に、ヒトラーとゲーリングを立会人として再婚した。ところが、すぐに奇怪な風評が立ちはじめる。国防大臣の新婦は娼婦《しょうふ》だったというのである。当時、ゲーリングの指揮下

Ⅰ号戦車。

Ⅱ号戦車。

Ⅲ号戦車。

Ⅳ号戦車。

にあった秘密国家警察《ゲシュタポ》が調査に乗りだし、ブロンベルク夫人の芳しからざる過去をつきとめた。彼女は、窃盗の容疑で取り調べられたり、ポルノ写真のモデルになったことがあったのだ。そのことをゲーリングから報告されたヒトラーは、国防大臣にふさわしくない妻と別れるようにブロンベルクに求めた。が、ブロンベルクは離婚を拒否し、一月二七日に国防相の職を退いた。

同じ時期、フリッチュもまた、ナチ親衛隊国家公安機関の文書捏造《ねつぞう》により、同性愛者であるとの嫌疑をかけられ（当時のドイツでは、刑法第一七五条によって同性愛は犯罪であるとされていた）、一九三八年二月三日に辞任に追い込まれた。その後開かれた名誉法廷において、フリッチュは濡れ衣《ぬぎぬ》を着せられただけで、まったくの無実であるとの判決が下されたにもかかわらず、彼が陸軍総司令官に復職することはなかった。

この「ブロンベルク・フリッチュ危機」と呼ばれる事件を奇貨《きか》として、ヒトラーは、国防軍、とりわけ陸軍の実権掌握を進めた。ブロンベルクの後任は軍人ではなく、ヒトラーその人が引き受け、自ら国防軍最高司令官を兼任した。フリッチュの後を襲って、陸軍総司令官となったのは、二月四日付で上級大将に進級したブラウヒッチュだった。ナチスに迎合的であった点を見込まれたのだ。ほかにも、多数の人事異動が敢行され、ヒトラーの国防軍に対する指導力は格段に高まった。二月四日、外相の首もすげ替えられる。伝統的な外務官僚だったノイラートに代わって、ヒトラーの腹心であり、その政権掌握を援助したヨアヒム・フォン・リッベントロップが大臣の椅子に座ったのである。

この政変は、装甲部隊にも影響をおよぼした。オスヴァルト・ルッツが二月四日に装甲部隊総司令官の職を解かれ、退役に追い込まれたのだ（二月二八日付）。ルッツがヒトラーの侵略政策に反対していたために、かかる措置の対象になったのかどうかは、史料的制約から判断できない。しかし、ネーリングは、彼が退役させられたのは「ヒトラーの軍政的決定のゆえ」だったと推測している。「……上の世代の功績ある将軍たち多数も、同様の屈辱的なやり方に見舞われた。ヒトラーにとって、彼らは、自らを軍隊の頂点に据え、おのが外交計画のために軍事力を無条件に運用できるようにするための途上に居座る不快な存在だと思われたのである」（ネーリング『ドイツ装甲部隊史』）。

グデーリアンにとって、このブロンベルクとフリッチュの失脚は、寝耳に水だったようだ。さらに、敬愛するルッツが退任するとあっては、陸軍首脳部の政治的無為への憤りもひとしおであったらしい。「一九三四年六月三〇日（ナチ突撃隊粛清の日）に続いて、この一九三八年二月四日という日は、陸軍総司令部にとって、第二の暗黒の日となった」（『電撃戦』）。

とはいえ、装甲兵のなかで、ルッツの後を継ぐ者は、グデーリアンを措《お》いてほかにない。二月四日、グデーリアンは、装甲部隊総司令官に就任した。この人事によって、第1から第

3までの三個装甲師団はすべて、彼の指揮下に入ったのである。同月一〇日には、階級も中将に進級している。なお彼は、回想録『電撃戦』で中将進級は二月四日、同日に「第16軍団長に任命されたことを知らされた」と書いているが、諸辞令にもとづく軍歴一覧からみるかぎり、こうした記述は記憶ちがいだと思われる。

いずれにしても、ヒトラーは、おのが領土拡張政策に対する障害を取り除き、国防軍を思うがままに動く道具につくりなおした。以後、グデーリアンも、ヒトラーの尖兵《せんぺい》として行動するようになる。けれども、それは、ドイツが再びカイザーの時代のごとき強国になることを願うグデーリアンにとっては、得たりかなったりの使命だったのである。

ウィーンへの行軍

第一次世界大戦に敗れて、ハプスブルク帝国が滅びたのちに成立したオーストリア共和国は、ドイツ系住民が国民のほとんどを占める国家であった。そのため、同国はドイツとの合併を希望したのだが、連合国側が中欧に巨大なドイツ民族の国家が誕生することを許すはずもなく、両国の合一は禁止された。しかしながら、こうした、ヴェルサイユ体制の原則の一つである民族自決を無視した措置は、ヒトラーに大義名分を与えることになった。同じゲルマンの血を引くドイツとオーストリアの国民が一体になりたいと思うのは、正当な要求であるとする論理である。これは、連合国といえども、いちがいに否定することはできなかった。

一九三七年、ヒトラーは、オーストリア・ナチス党を使嗾《しそう》し、ドイツとの合邦《アンシュルス》を声高に叫ばせた。翌一九三八年には、かかる動きがいっそう激化する。これに対して、オーストリア首相クルト・シュシュニクは、同年三月一三日に国民投票を実施することを策した。オーストリア国民は独立を選ぶであろうから、そうした結果を楯《たて》に取って、ドイツの合邦要求を正面から拒絶できると判断したのだ。このようなシュシュニクの企図を知ったヒトラーは、オーストリアに軍を進駐させると決定し、国防軍に出動を命じた。グデーリアンも、これに呼応して動くことになる。

三月一〇日午後四時、グデーリアンは、陸軍参謀総長ルートヴィヒ・ベック砲兵大将（一九三五年一〇月一日進級）に呼び出され、陸軍総司令部に出頭した。ベックは、極秘事項であると口止めした上で、オーストリア合邦を実行、相当数の部隊を投入すると告げ、グデーリアンも第2装甲師団を率いて、これに参加すべしと命じた。しかし、第2装甲師団長には、すでに別の将校が赴任していると、グデーリアンが異議を唱えても、陸軍参謀総長は聞く耳を持たない。そのため、第16自動車化軍団（正確には、「第16軍団（自動車化）」であるけれども、以下、便宜上、このように表記する。他の自動車化軍団も同様）司令部を動員、グデーリアンを軍団長として、その指揮下に第2装甲師団を置くことに決まった。加えて、武装ＳＳ

（ナチ親衛隊の戦闘部隊。第二次世界大戦開始後に拡充され、陸海空の三軍につぐ第四の軍種ともいうべき存在になった）の自動車化歩兵連隊「アドルフ・ヒトラー直衛旗団《ライプシュタンダルテ・アドルフ・ヒトラー》」も、第16自動車化軍団麾下《きか》に入ることとされた。

同日午後八時、再びベックに呼び出されたグデーリアンは、第2装甲師団とSS連隊に非常呼集をかけ、南独のパッサウに集結させるべしとの命令を受けた。グデーリアンは、その実施にてんてこまいとなった。SS連隊にはすぐ連絡が取れたが、第2装甲師団のほうは、全幹部が演習旅行のため、ドイツ西部のトリーアに出張中だったのである。彼らを急遽《きゅうきょ》呼び戻した上で、第16自動車化軍団の行軍が開始された。第2装甲師団の衛戍地《えいじゅち》ヴュルツブルクからパッサウまでおよそ四〇〇キロ、さらに同市からオーストリアの首都ウィーンまで二八〇キロある。動員された第16自動車化軍団司令部のいるベルリンからウィーンまでは九六二キロ。ドイツ装甲部隊が初めて経験する長距離行軍であった。

三月一一日午後八時、パッサウに到着したグデーリアンは、翌一二日午前八時に国境を越え、オーストリアに進駐せよとの命令を受けた。夜半になって、第2装甲師団も同市に到着する。だが、問題は山積していた。

まず、軍用地図がない。第16自動車化軍団はしかたなく、ベデカー（ドイツで広く売られていた旅行ガイド）で代用した。さらに、補給段列が随伴していなかったため、前進しようにも燃料が切れていた。パッサウには、軍の燃料庫があったが、それは西方防御作戦用と指定されており、オーストリア進駐を知らされていない責任者は、第16自動車化軍団への補給を拒否した。第16自動車化軍団は、燃料庫の要員を脅しつけ、むりやりに給油させなければならなかった。その後、パッサウの市長が相当数のトラックを提供し、また、行軍路沿道にあるオーストリアのガソリンスタンドが燃料を補給してくれたから、この問題はようやく解決した。

こうしたトラブルのため、第2装甲師団の前衛が独墺《おう》国境を越えたのは、一二日午前九時となった。同師団は正午にリンツを通過し、ザンクト・ペルテンに急行する。SS連隊も、第2装甲師団に続き、ウィーンをめざした。三月一三日午前一時、陣頭に立ったグデーリアンと第2装甲師団は、折からの激しい吹雪のなか、オーストリアの首都に入った。

七〇〇キロ近くの距離を長駆進軍し、進駐の任を果たす。輝かしい成果ではあったけれども、ドイツ軍上層部からは批判の声が上がった。グデーリアン自身の回想によれば、保有していた戦車の三〇パーセント近くが、行軍途上で損傷し、落伍《らくご》した。また、第2装甲師団の記録では、全保有車輛《しゃりょう》のうち、一七パーセントが故障等で脱落したとされている。この数字から、装甲部隊はやはり作戦的な機動を実施する能力を持っていないのではないか、と疑問が投げられたのだ。

0
100
200km
ベルリン
第16自動車化
軍団司令部および
「アドルフ・ヒトラー
直衛旗団」SS連隊
エルベ川
ポーランド
ドレスデン
エルツ
山　地
ズデーテン地方
プラハ
チェコスロヴァキア
パッサウ
リンツ
ドナウ川
ザンクト・
ペルテン
ウィーン
オーストリア
ノイジードラー湖
ブダペスト
ハンガリー
グラーツ
バラトン湖
ユーゴスラヴィア
『電撃戦』上巻付図より作成

第16自動車化軍団のウィーン行軍（1938年3月11日～13日）

これに対し、グデーリアンは、行軍した距離を考えれば、この程度の数が脱落するのは当然であり、しかも、三月一五日に開催された合邦記念パレードまでには、ほとんどすべての戦車が修理され、参加可能だったと反論した。

なるほど、ウィーンへの行軍は、戦車や自動車の修理、燃料補給などの点で、当時のドイツ装甲部隊になお存在していた欠陥を露呈した。しかしながら、オーストリア進駐は、まったく準備のないまま、ヒトラーの緊急命令によって発動されたものである。そうした背景を考えれば、グデーリアンの主張する通り、それらは無理からぬものであり、けっして致命的な欠点ではなかったといえよう。事実、第16自動車化軍団の将兵は、のちの第二次世界大戦でもそうであったように、当意即妙の才を発揮し、さまざまな困難を克服した。グデーリアンにしてみれば、一本の道路で一個師団以上の装甲部隊を動かし、かつ長距離にわたる作戦運用が可能だと証明したことのほうが重要だった。

いわばドイツ装甲部隊は、オーストリア進駐によって、芝居の「総稽古《ゲネラルプローベ》」を終え、来るべき本番のために、修正されるべき問題点をあぶりだしたのである。

ズデーテン進駐

オーストリア合邦後、第2装甲師団はウィーンに駐屯することになり、第16自動車化軍団司令部と「アドルフ・ヒトラー直衛旗団」ＳＳ連隊はベルリンに帰還した。グデーリアン自身は、第16自動車化軍団長の職にとどまったが、この間にも、ヒトラーの拡張政策は、ヨーロッパの緊張を高めている。つぎの標的は、チェコスロヴァキアであった。

チェコスロヴァキアは、やはり第一次世界大戦の敗北によるオーストリア＝ハンガリー帝国解体の結果、誕生した国家で、スラヴ系のチェコ人とスロヴァキア人が国民の大多数を占めていた。しかしながら、チェコスロヴァキアの工業地帯であるズデーテン地方には、ドイツ系少数民族が居住していたのである。彼らは「ズデーテン・ドイツ人」と呼ばれ、ズデーテン地方がドイツに帰属することを熱望し、ついには自分たちの利益を代表する政党を結成した。この「ズデーテン・ドイツ人党」は、親独・親ナチスの姿勢を示すようになる。ヒトラーは、彼らを操ってチェコスロヴァキアとの緊張を高め、機を見て軍事力を行使するつもりだった。

一九三八年九月、ナチ党大会での演説で、ヒトラーがズデーテン・ドイツ人支援を表明したことをきっかけに、ズデーテン地方に騒擾《そうじょう》が多発し、チェコ政府は戒厳令を布告する。ヒトラーは、軍事介入の好機到来とみて、一〇月一日に同国への侵攻を開始すると決めた。

けれども、この時点では、戦争突入は回避された。かねて英仏では、イギリス、フランス、ドイツ、イタリアの四国で会議を開催し、チェコ問題を解決すべきだとする議論が擡頭《たいとう》していたが、英首相ネヴィル・チェンバレンが、これを受けて調停に乗りだしたのである。かくて、九月二九日から翌三〇日にかけて、南ドイツの大都ミュンヘンで、英独仏伊の首脳会談が開催された。この、チェコスロヴァキアの頭越しに行われた討議（チェコは会議参加を許されなかった）、すなわちミュンヘン会談により、ズデーテン地方をドイツに割譲し、その代償として、チェコの他の領土を保障するとの取り決めがなされた。

この決定を受けて、一〇月三日に、ドイツ軍のズデーテン進駐が開始された。第1装甲師団、第13自動車化歩兵師団（当時の呼称は「第13歩兵師団（自動車化）」。ただし、読みやすさを考慮して、このように表記する。以下、他の部隊についても同様）、第20自動車化歩兵師団を麾下に置いたグデーリアンの第16自動車化軍団も、ズデーテンの確保に向かった。

ズデーテン進駐の最初の二日間、ヒトラーは、第16自動車化軍団司令部と行動をともにしていた。オーストリア合邦以来、グデーリアンの才覚に注目していたヒトラーは、オペラや晩餐会《ばんさん》などに彼を招待し、親交を深めていたのである。グデーリアンもまた、無血で大きな成果を挙げたヒトラーへの尊敬を深めていた。国粋主義者グデーリアンにとって、外国人の支配下に生きることを余儀なくされていたドイツ系住民のいる地域を吸収し、祖国を再び大国の地位に押し上げたヒトラーは、まさに英雄となったのである。『電撃戦』のズデーテン進駐について記述した部分は、そうした彼自身の感情をも物語っている。

「かろうじて交通遮断を完了したところへ、アドルフ・ヒトラーがやってきた。整列した将兵のあいだを抜けて劇場に向かい、民衆に迎えられた。外は激しい雨が降っている。ところが、玄関ホールでは感動的な一幕が展開された。晴れ着姿で現れたご婦人たちや少女らが泣き出したのである。多くの者がひざまずく。とほうもない歓呼の声が上がった。これまで、ズデーテン・ドイツ人は、果てしのない貧窮、失業、民族に対する抑圧などといった困難に耐えていなければならなかった。それがいまや、あらたな建設に際会することになったのだ」。

もちろん、グデーリアンは、大半のドイツ人同様、ヒトラーがズデーテンだけで満足せず、ミュンヘンでの協定を破って、チェコスロヴァキアを解体するつもりでいることなど予想だにしていない。

ただし、彼が装甲部隊にとっての障害とみなしていたベックは、こうしたヒトラーの侵略は必ずやヨーロッパの大戦を引き起こし、ドイツの敗北という結果をもたらすだろうと見通していた。彼は、抗議のしるしとして、一九三八年八月一八日に陸軍参謀総長職を辞することを求め、同年一一月一日には退役していた。後任は、フランツ・ハルダー砲兵大将であった。

実は、ベックは戦争を避けるため、クーデターを起こしてヒトラーを排除することまでも策していたのだが、英仏がミュンヘンで譲歩し、情勢がひとまず安定したために、その計画は実現に至らなかった。ベックは後年、ヒトラー暗殺の企てに参加し、命を失うことになる。

快速部隊長官

ズデーテンからベルリンに戻ったグデーリアンは、一一月初頭にブラウヒッチュ陸軍総司令官に呼び出され、自動車化部隊と騎兵部隊を統合管理する部署をつくる計画があることを聞かされた。加えて、その初代長官として想定されているのは、グデーリアンだというのである。ところが、そうして新しく設置される「快速部隊長官」には、指揮権もなければ、教範の起草・編纂《へんさん》権もない、組織や人事に関して影響をおよぼすこともできないと知らされたグデーリアンは、そんな左遷同様のポストはごめんだと就任を断った。

当時、中佐で陸軍総司令部（以下、ＯＫＨと表記）に勤務していたヘルマン・バルクの戦後の証言によると、この奇妙な申し出の背景には、陸軍上層部とグデーリアンのライバルによる策動があったようだ。実のところ、装甲部隊の拡張や陸軍の自動車化を統轄する部署を新設し、グデーリアンをその長とすべしといいだしたのは、ヒトラーだった。ブラウヒッチュは、この新部署の命課（業務割り当て）を、一般軍務局長フリードリヒ・フロムに命じた。フロムはさらにその仕事を、グデーリアンと対立していたアドルフ・フォン・シェル大佐に委《ゆだ》ねたのである。

シェルは、部隊局T1部に勤務していたこともあり、参謀本部の本流に属する人物だった。一九三一年には、合衆国フォート・ベニングの米陸軍歩兵学校に派遣され、同校の教育課程を修了している。当時、歩兵学校副校長兼学術部長で、第二次大戦時に米陸軍参謀長となったジョージ・C・マーシャル元帥（当時中佐）に高く評価され、絶大なる信頼を得たというのは、そのときのことだ。帰国したシェルは、自動車部隊の中隊長や国防軍最高司令部（Oberkommando der Wehrmacht. 一九三八年二月四日に、国防省の後身機関として設立された。以下、OKWと略称する）勤務を経て、一九三八年には監督第6部長に就任。同時に四か年計画自動車案件全権ならびに運輸省次官も兼ねるようになっていた。シェルは、こうした職務にともなう権限を活用し、シェル計画を実施、ドイツのエンジン・自動車生産量を飛躍的に増大させせた。

しかし、そのようなシェルの仕事は、装甲部隊総司令官、ついで第16自動車化軍団長として影響力を振るっていたグデーリアンの任務や権限と重複していた。それゆえ、シェルは、グデーリアンが着任するとされた「快速部隊長官」の命課を任されたのを幸い、これを名ばかりで実権を持たない存在とした。ブラウヒッチュ陸軍総司令官もまた、OKHの指示に従おうとしないグデーリアンを閑職に追いやることをよしとして、シェルをバックアップしたというのがバルクの主張である。

かかる内幕の暴露が事実であるかどうか、史料的に確認するのは、きわめて困難だ。けれども、「快速部隊長官」なる新部署を有名無実のものとしたのはシェルであり、その職務の無意味さを伝えられたグデーリアンが就任を拒絶したことは間違いなかろう。

ところが、OKHやシェルの思惑とは別に、ヒトラーは本気で、装甲部隊と騎兵を一手に統轄する部署を新設し、軍の機械化を進めさせるつもりだった。グデーリアンのかつての戦友で、このときは陸軍人事局長を務めていたボーデヴィン・カイテル少将（一九三八年三月一日に進級）は、こうした意向を踏まえて、重ねて快速部隊長官就任を要請してきた。これを聞いたグデーリアンは、拒絶の理由をヒトラーに説明する用意があると、カイテル人事局長に返す。数日後、ヒトラーとの差しの会見が実現した。

グデーリアンは、新部署には実権がなく、OKH内の抵抗も激しいので、自分が快速部隊長官になったところで、装甲部隊や陸軍機械化に貢献できるとは思えないから、今のまま、第16自動車化軍団長に留めてほしいと申し出たのである。さりながら、ヒトラーは、グデーリアンの願いを拒絶し、装甲・騎兵部隊を統合的に指導させるというのは自分の希望であるから、ぜひとも快速部隊長官になるようにと命じ、さらに付け加えた。「もし、貴官が述べたような抵抗が目立って邪魔になるようなら、私がじかに報告を受けるということにしよう。

われわれは、ともに必要な改革をやりとげていくのだ。そのためにも、貴官があらたな職務に就くように命じる」。

ここまで言われては、グデーリアンも承諾するほかなかった。一九三八年一一月二四日付で、彼は快速部隊長官に就任したのである。意に染まぬ部署に就いた見返りというわけでもあるまいが、その前日には、装甲兵大将進級の辞令が出されていた。

開戦前夜

だが、快速部隊長官の職務は、やはり空しいものだった。グデーリアン自身は、それを「底なしの樽《たる》に水を汲《く》む」ような仕事だと評している。装甲部隊向けの教範を発行しようと、陸軍参謀本部の教育訓練部に草案を出しても、そこには装甲兵の将校がいなかったため、構成が歩兵の教範とちがうという理由で却下されるようなありさまだったのだ。騎兵を、扱いやすく、近代的な武装をほどこした師団に編組するという計画も、フロム一般軍務局長の反対に遭って、実現しなかった。

このような日常が続けば、さしものグデーリアンの精力も消尽させられてしまったかもしれない。約束に頼ってヒトラーに直訴すれば事情はちがったであろうが、グデーリアンは、そうした軍隊の命令系統を無視するようなやり方は好まなかったと、回想録に記している。

しかし——幸か不幸か、戦雲が、彼を無為なるままに留めてはおかなかった。ヒトラーとナチス・ドイツは、第二次世界大戦に向かって、前のめりに歩みだしていたのである。

一九三九年三月一五日、ヒトラーの命一下《いっか》、ドイツ国防軍は、いわゆる「残余チェコ」に進駐した。ミュンヘン協定は一片の紙切れと化し、チェコスロヴァキアは無抵抗のまま、地図上から消滅した。

ついで、ヒトラーは、東の隣国ポーランドに矛先を向けた。ヴェルサイユ条約の規定により、ドイツ本国から切り離され、国際連盟の管理下に置かれていたダンツィヒ自由市（現ポーランド領グダニスク）を返還した上で、そこに通じる陸路に沿った地域の治外法権を認めよと要求したのだ。だが、今度は英仏も黙ってはいなかった。ドイツの望みを認めることで平和を維持しようとする宥和《ゆうわ》政策を続け、チェコスロヴァキアの領土を犠牲にしたというのに、ミュンヘン協定を踏みにじったばかりか、ポーランドにまで食指を動かしている侵略国を看過するわけにはいかなかったのである。三月一九日、フランスとポーランドが同盟強化に合意する。四月六日には、参戦義務を定めた相互援助条約をイギリスとポーランドのあいだで締結することが発表された。つまり、ドイツがポーランドに侵攻すれば、それは二国間の局地紛争では収まらず、英仏も巻き込んでの欧州大戦に発展することになったわけだ。

ヒトラーといえども、この時点で、二度目の欧州大戦に突入するつもりはなかった。なんとしても、英仏の介入を封じ、ポーランドを孤立させなければならない。そのために、ヒトラーは、イデオロギー上の仇敵《きゅうてき》と手を結ぶこともためらわなかった。一九三九年八月二四日、ドイツはソ連と不可侵条約を結び、世界を驚倒させたのである。

それによって、戦争をポーランド相手のものだけに限定できると確信したヒトラーは、同国への侵攻を決意する。その結果、グデーリアンも、実権なき長官職から、より重要な配置に移されることになった。

一九三九年八月二二日、グデーリアンは、ポーランド軍の攻撃に備えて野戦築城を実施する任を帯びた「ポンメルン築城司令部」とともに、東部ドイツにあるグロース＝ボルン演習場に向かうように命じられた。むろん、そうしたことは偽装のための名目にすぎず、「ポンメルン築城司令部」も、その実体は攻勢の尖兵となる第19自動車化軍団の司令部だったのだ。八月二六日付で、グデーリアンは正式に、第19自動車化軍団長に補せられた。同軍団麾下には、第3装甲師団、第2・第20自動車化歩兵師団が配された。加えて、第3装甲師団は、新型のⅢ号・Ⅳ号戦車を装備する戦車教導大隊で増強されていたのである。

「戦車将軍」が、自ら育て上げた装甲部隊を率いて戦場を駆けるときは、目前に迫っていた。

第八章　砲火の洗礼

「白号」作戦

一九三九年九月一日、ポーランドに侵攻したドイツ、あるいはアドルフ・ヒトラーは、戦略次元において深刻な過誤を犯したといえる。というのは、英仏は、この侵略戦争を座視せず、二日後の九月三日にドイツに対して宣戦布告したからである。ドイツは、第一次世界大戦の轍《てつ》を踏み、二正面戦争に突入するはめになったのだ。独ソ不可侵条約締結により、英仏の干渉はなくなったものと信じ、ポーランド征服に乗りだしたヒトラーの思惑は外れた。このとき、英仏の参戦を聞いたヒトラーは、「さて、どうする？」と呟《つぶや》いたといわれる。

しかしながら、英仏連合軍の側もまた重大な誤断を下したために、ドイツはひとまず窮地におちいらずに済んだ。ドイツ西部国境の防衛態勢を過大評価していたフランス軍は、ザール地方に対し、ごく小規模な攻撃をしかけたものの、抵抗に遭って、すぐに引き下がってしまったのだ。一方、同時期にイギリスが、フランスに派遣した遠征軍は四個師団にすぎなかった。けれども、九月のあいだ、ドイツ軍の主力は東のポーランドに投入されていた。従って、もしフランス軍がイギリスの支援のもとで本格的な攻勢を実施していたなら、ドイツ軍は西部戦線に兵力を転用せざるを得なかったはずである。当然、ポーランドへの圧力も弱まり、同国が敗亡の憂き目に遭うこともなかったかもしれない。だが、そのような支援は実行されなかった。相互援助条約が存在していたにもかかわらず、英仏はポーランドを見捨てたと非難されるゆえんであった。

ともあれ、こうしてドイツが本格的な二正面戦争を回避できた時点で、ポーランドの運命は決まったといっても過言ではない。ポーランドが置かれた戦略的態勢は、全周包囲を受けているがごとき、圧倒的に不利なものだったからだ。ドイツ軍は、東プロイセン、ポーランドの西側に位置するポンメルン地方やシュレージエン地方、南側のスロヴァキア（チェコスロヴァキア解体後、スロヴァキアは独立を許されたものの、ドイツの衛星国とされていた）のどこからでも攻撃できたし、それら複数の作戦を組み合わせることも可能だった。加えて、独ソ不可侵条約に付属していた秘密議定書による取り決めに従い、ソ連も東側からポーランドに侵攻する予定であった。

兵力の点でも、平時のポーランド軍は、歩兵師団三〇個、山岳旅団一個、騎兵旅団一一個、機械化旅団二個を有するにすぎず、動員をかけても、これに複数の予備連隊（歩兵師団一〇個相当）が加わるだけだった。これに対して、ドイツ軍は四二個師団を投入した。兵器装備をみると、ドイツ側は三六〇〇両の装甲車輛《しゃりょう》、一〇二九機の航空機を集めたが、ポーランド軍は、それぞれ七五〇両、九〇〇機を持つのみであった。

しかも、ポーランド側は、少しでも前で国土を守ろうと、西部のポズナン地方にまで防衛陣を張り出すという過ちを犯していた。そこは、東プロイセンやスロヴァキアからの突進によって、容易に遮断され、孤立しかねない地域だったのだ。西部では遅滞作戦を行いつつ、中部に主力を集結させて、ドイツ軍の進撃に対応するというのが、ポーランド軍が採るべき配置だったと思われるが、それも、英仏が救援の攻勢を実行しなかったのであるから、空しい仮定にすぎない。

一方、ドイツ側の「白号《ファル・ヴァイス》」計画は、壮大な挟撃作戦を企図していた。ドイツ軍左翼を形成する北方軍集団は、その指揮下に置かれた第3軍が東プロイセンより南進、同じく麾下《きか》にある第4軍はポーランド回廊（東プロイセンとドイツ本国を隔てていたポーランド領土）を横断し、ワルシャワに向かう。右翼の南方軍集団は、麾下第8および第10軍を北東方向に進軍させて、ワルシャワ付近で北方軍集団と手をつなぐのである。さらに、スロヴァキアからは、第14軍が南方軍集団の側面を掩護《えんご》するかたちで、やはり北東に旋回することになっていた。

グデーリアンの第19自動車化軍団は、ギュンター・フォン・クルーゲ砲兵大将の指揮する第4軍に配属された。その任務は、国境前方のブルダ川を渡河、可及的速やかにヴィスワ（ドイツ語名ヴァイクセル）川に達し、ポーランド回廊にある敵の退路を断つことであった。

なお、成長し、陸軍将校となっていたグデーリアンの二人の息子も、このポーランド戦役に従軍していた。長男ハインツ＝ギュンターは第35戦車連隊副官、九月一日付で少尉に任官した次男クルトは第3装甲師団隷下の捜索大隊に配属され、父の軍団に所属していたのだ。

さまざまな不手際

ドイツのポーランド侵攻はしばしば、史上初の「電撃戦」だったといわれる。しかし、これは多くの誤解を招きかねない表現だ。第一に「電撃戦」という概念は、ドイツ軍のドクトリンには存在していなかった。第二次世界大戦前の軍事専門誌には、若干「電撃戦」という言葉を使っている例がみられるけれども、国防軍の文書では、まず使われていない。「電撃戦」とは、むしろ、第二次世界大戦前半のドイツ軍の戦いぶりを形容するためのプロパガンダ、あるいはジャーナリズムの用語なのである。

第二に、ドイツ軍は、ポーランドにおいて、のちの西方侵攻作戦（一九四〇年）のごときレベルで戦争を遂行できたわけではない。航空優勢を獲得し、空軍の支援のもとで装甲部隊が突進し、敵の指揮統制機能をマヒさせ、その組織を無力化させたのちに、後続の歩兵が掃討にかかるという作戦・戦術は試みられはした。だが、当然のことながら、それは、ほとんどの将兵にとって初めての経験であり、さまざまな齟齬《そご》を来《きた》した。一例を挙げれば、ドイツ空軍は、かつて言われていたように、開戦劈頭《へきとう》の攻撃で、ポーランド空軍を地上で撃滅したわけではない。かつては、戦史書の多くにそのように記されていたものであるけれども、実は「白号」作戦の発動日、一九三九年九月一日には、悪天候のため、予定通りの航空攻撃を実施できなかったのである。加えて、ポーランド軍は、その航空機を巧みに偽装隠蔽《いんぺい》していた。そのため、生き残ったポーランド空軍は、寡兵《かへい》ながら善戦し、あとあとまでドイツ空軍を悩ませることになった。地上にあっても、事情は同様で、ドイツ装甲部隊は多々不手際を示した。グデーリアンの第19自動車化軍団も例外ではない。そもそも、開戦初日から、グデーリアンは味方の誤射にみまわれていたのだ。

九月一日午前四時四五分、第19自動車化軍団は、右翼に第3装甲師団、中央に第2自動車化歩兵師団、左翼に第20自動車化歩兵師団を配置したかたちで、国境を越えた。グデーリアンはすでに、「前方指揮」として知られるようになる方法を採用していた。後方の司令部で受動的に報告が上がってくるのを待って、それから対応するのではなく、無線通信機能を備えた指揮車に搭乗した司令官が状況を実見するために前線に出て、ときには自ら直接戦闘部隊に指示するスタイルだ。

このときのグデーリアンも装甲指揮車で、第3装甲師団隷下の第3戦車旅団に同行していた。ところが、味方の砲兵が、濃霧で正確な観測ができない状態だというのに、逸《はや》って射撃を開始したのである。それは誤射となり、グデーリアンの指揮装甲車のまわりにも砲弾が炸《さく》裂《れっ》した。あわてた操縦兵は、指揮装甲車を塹壕《ざんごう》に突っ込ませ、走行不能にしてしまった。グデーリアンはしかたなく、別の車輛を調達して、軍団司令所に戻らなければならなかった。

この日、グデーリアン麾下の部隊は、彼をいらだたせるような数多くのへまをしでかした。第2自動車化歩兵師団長は、真夜中近くになって、ポーランド軍騎兵部隊の攻撃を受け、退却せざるを得ないと報告してきた。「私は最初、開いた口がふさがらなかったが、気を取り直し、貴官はポンメルン擲弾兵《てきだんへい》が敵騎兵に蹴《け》散《ち》らされたなどという話を聞いたことがあるかねと反問してやった。彼は否定し、自分の陣地は保持できると確約した」（『電撃戦』）。なお、擲弾兵《グレナディーア》とは、その昔、手投げの爆裂弾《グラナータ》を使用した特別な歩兵のことである。だが、手投げ爆裂弾が兵器として時代遅れになるにつれ、それを使うために大柄の兵士が集められていた擲弾兵部隊は、一種の選抜精鋭隊として機能するようになった。なかでも、ポンメルン擲弾兵は、強兵の名をほしいままにしていたのだ。

それでも不安を覚えたグデーリアンが、翌朝五時ごろ、第2自動車化歩兵師団の司令所を訪ねると、やはり手がつけられない状態になっていた。彼は、自ら同師団の隷下連隊を抽出し、渡河点に誘導してやらねばならなかった。

ちなみに、このポーランド軍の反撃は、ポモルスカ騎兵旅団によるものであった。同旅団が無謀にも馬上槍《やり》を以《もっ》て戦車に突撃、潰滅《かいめつ》したというエピソードは人口《じんこう》に膾炙《かいしゃ》し、グデーリアンの回想録『電撃戦』にも、そのように書かれている。さりながら、その挿話は事実に反する。当時、ポーランド軍騎兵は、騎馬で移動し、下馬して戦闘するような乗馬歩兵として運用されていたので、原則として馬上突撃は行わない。かかる「伝説」は、戦闘直後に現場に案内されたイタリア人ジャーナリストが早合点したものとされている。彼は、近距離の遭遇戦で、例外的にドイツ歩兵に馬上突撃したポーランド槍騎兵《そうきへい》の死体とそのかたわらにあるドイツ軍戦車を見て、ロマンティックな想像をめぐらせた。かくて、戦車に対する騎兵の突撃という記事がイタリアの新聞に掲載され、たちまち広まったのである。

ほかにも、進撃に燃料補給が追いつかず、しばしの停止を余儀なくされるといった失態があったとはいえ、第19自動車化軍団の攻撃は順調に進捗《しんちょく》した。九月四日までにポーランド回廊を突破し、ヴィスワ川に達したのだ。翌五日、グデーリアンは、不意打ちでヒトラーの来

ポーランド侵攻と第19自動車化軍団の進撃

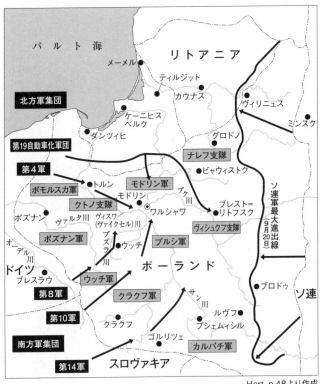

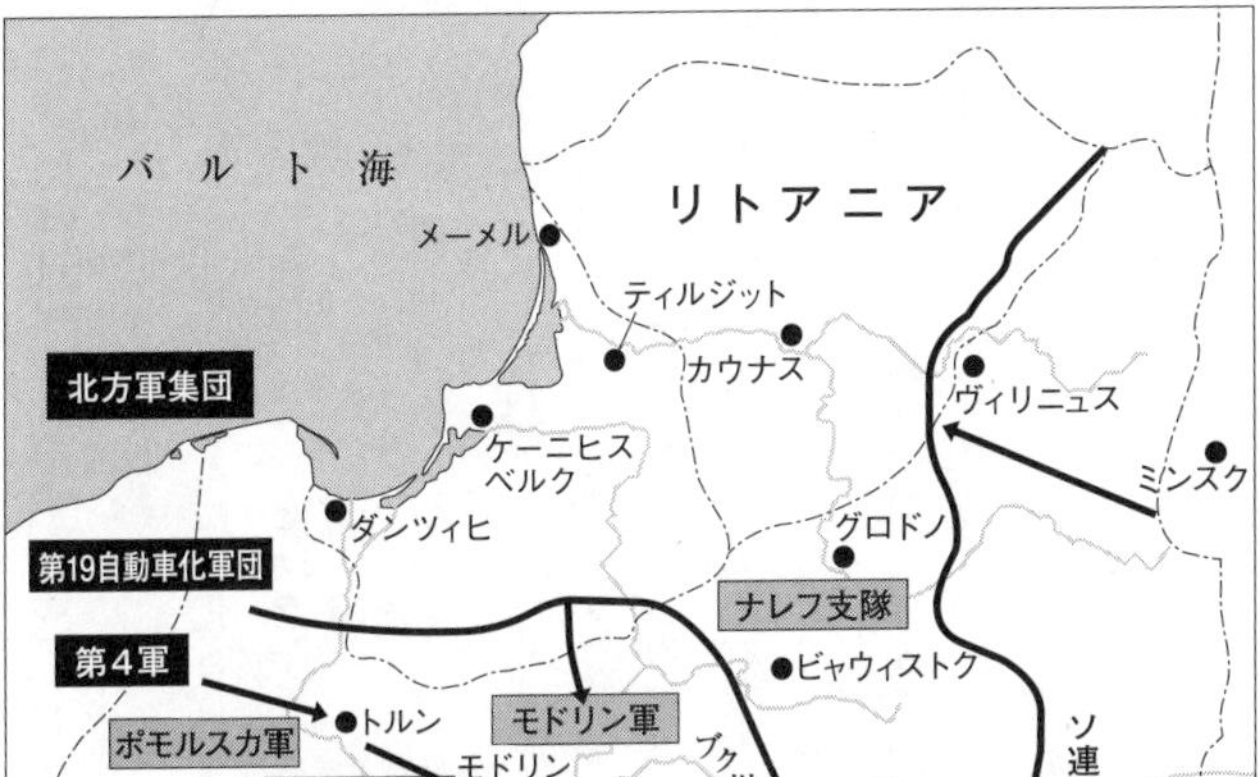

Hart, p.48より作成

訪を受けた。ヴィスワ河畔で覆滅されたポーランド軍の砲兵陣地を見たヒトラーは、「これはたぶん、わが軍の急降下爆撃機《シュトゥーカ》がやったのだろうね」と尋ねた。こんな敵陣奥深くの地点まで、地上部隊が突進するなどとは考えられなかったのだろう。これに対し、グデーリアンは「いいえ、われわれの戦車です」と胸を張った。ヒトラーは、おおいに驚いたふうだったという。

ブレスト＝リトフスクへの突進

九月八日、以後の行動に関する命令を受領するため、グデーリアンは、北方軍集団司令部のあるアレンシュタインに赴いた。ところが、北方軍集団は、第19自動車化軍団を、装甲部隊らしい大胆な突進ではなく、第3軍の攻撃支援に使用する企図を持っていた。これを聞いたグデーリアンは、そんなことをすれば、ワルシャワ周辺の敵は東方に逃れて、ブク川の線で態勢を立て直してしまうと考えた。そこで、自分の軍団は、ブク川の東方にある要塞《ようさい》都市ブレスト＝リトフスクに突進させるべきだと意見具申したのである。北方軍集団司令官フェドーア・フォン・ボック上級大将は、この進言を是認し、OKHの許可を取り付けた。これは、ドイツ軍の二個軍集団による、南北からの巨大な包囲という構想にも沿う作戦だった。

九月九日、第10装甲師団とレッツェン要塞歩兵旅団を増援された（その一方で、第2自動

焼かれたポーランドの村を通過するドイツ軍戦車隊。

車化歩兵師団は軍集団予備に編入された）第19自動車化軍団は攻撃を開始した。しかし、第10装甲師団も、初めての実戦に混乱し、戦車がナレフ川渡河を待っているあいだに、歩兵が撃退されるというありさまとなった。グデーリアンは同師団の陣頭に立ち、攻撃と渡河を督励《とくれい》する。

その後、一〇日から一一日にかけて、前線に出たグデーリアンと軍団司令部が離れ離れになり、充分に命令を下達できないという事態が生じた。「前方指揮」のデメリットがあらわになったのである。グデーリアンは、この戦訓に鑑《かんが》み、機動戦中の司令部の位置について、細心の注意を払うようになる。

かかる錯誤はあったものの、第19自動車

化軍団は前進を続けた。九月一三日には、ブレスト＝リトフスク周辺部に達していた第3装甲師団が同市の攻略を命じられる。九月一四日、ブレスト＝リトフスクの市街部は占領されたが、要塞はなお頑強に抵抗した。グデーリアンはまたしても陣頭に立ち、九月一七日にようやく要塞を陥落させた。

ところが、その直後に、直属上官であるクルーゲ第4軍司令官とのあいだにあつれきが生じた。クルーゲは、ポーランド軍残存部隊を掃討し、要地を押さえるために、南、東、西北と、第19自動車化軍団をばらばらに進撃させるように命じてきたのだ。「ちびちび遣う《クロッツェン》な、つぎ込め《ニヒト・クレッツケルン》！」をモットーとし、装甲部隊は集中使用されるべきだと信じるグデーリアンにしてみれば、とうてい肯《がえ》んじられない命令だった。グデーリアンとクルーゲは、以後、西方作戦やソ連侵攻においても対立を繰り返すことになる。その動因の一つとなる不信感が、グデーリアンの胸に植えつけられたのだ。

さりながら、グデーリアンにとって幸運だったことに、この亀裂《きれつ》は表面化しなかった。九月一七日、ソ連軍もまたポーランド侵攻を開始したからである。瀕死《ひんし》の状態にあったポーランドは、とどめを刺され、独ソに分割されることになる。

第19自動車化軍団も、東から進撃してきたソ連軍第二九軽戦車旅団とブレスト＝リトフスクで手をつなぎ、ポーランド戦役に終止符を打った。同市の要塞は、独ソ分割線の東側にあるので、ソ連軍に引き渡されることになった。その交渉の相手となった第二九軽戦車旅団長セミョーン・M・クリヴォシェイン旅団指揮官《カムブリーク》（当時のソ連軍の階級で、他国の准将に相当する）はフランス語を話せたから、意思の疎通に困ることはなかった（グデーリアンは、青年将校時代にフランス語を習得している）。ちなみに、クリヴォシェインは、張鼓峰《ちょうこほう》で日本軍と戦ったことがある指揮官だった。

いずれにせよ、こうして短期戦に終わったポーランド侵攻において、グデーリアンとドイツ装甲部隊は、さまざまな不手際があったとはいえ、その力を見せつけた。彼は、この戦役は「自分の諸団隊にとっての火の神判」（古代から中世にかけて行われた審判。被疑者の手に灼《や》けた鉄片を持たせ、火傷を負わなければ無罪であるとされた）だったとしている（『電撃戦』）。

事実、第19自動車化軍団は、砲火の洗礼を浴びながらも、ほとんど「火傷」を負っていなかった。一〇日間に約三〇〇キロの距離を前進するという偉業をなしとげたというのに、その損害は、死者六五〇名、負傷・行方不明者一五八六名で、全兵員の四パーセントを失ったにすぎなかったのだ。

なお、ポーランド戦役終了後、グデーリアンは、未来を予言するがごとき発言に接している。九月二二日、グデーリアンとクリヴォシェインの観閲のもと、ブレスト＝リトフスクにあった独ソ両軍の部隊は野戦パレードを挙行した。続いて、要塞がソ連軍に引き渡されたのちの朝食会で、クリヴォシェインはドイツ語で乾杯の辞を述べた。その際、彼は「両国の永遠の敵意のために」とやってしまったのである。無意識の誤りであろうが、象徴的なことであった。

クリヴォシェインは、ドイツ語の「友情《フロイントシャフト》」(Freundschaft)と「敵意《ファイントシャフト》」(Feindschaft)を言いまちがえたのだ。

マンシュタインの計画

ポーランド作戦終了後、ベルリンに戻ったグデーリアンは、一〇月二七日に総統官邸に招集され、騎士鉄十字章を授与された。その式に続いて行われた昼餐《ちゅうさん》会で、ヒトラーの右側に座ったグデーリアンは、さまざまな会話を交わした。最後に、ヒトラーは直截《ちょくせつ》な質問を投げてきた。国民や軍のあいだでは、ソ連との不可侵条約をどう考えているかと尋ねてきたのだ。グデーリアンが、二正面戦争を避けるための前提が整ったという点で、非常に安心したと応じたところ、ヒトラーは、心外だという表情で自分を見つめたという。彼の反ソ感情はきわめて強かったから、スターリンと手を結ぶなど仰天するばかりだったといったたぐいの答えを期待していたのではないかというのがグデーリアンの推測である。もっとも、グデーリアンは、自らも強い反共主義を抱いていたことについては、まったく触れていない。

また、グデーリアンは、ポーランド侵攻とともに表面化しはじめたナチス・ドイツの犯罪的な側面についても、見て見ぬふりをしていた。長男のハインツ＝ギュンターから、ポーランド降伏後に親衛隊公安機関や警察部隊が行ったユダヤ人の殺戮《さつりく》やゲットーへの強制移送についても聞かされていたもかかわらず、彼は、いっさい抗議しようとはしなかったのだ。親衛隊の不法な殺人行為について、詳細な報告書を作成し、ＯＫＨに提出した第８軍司令官ヨハネス・ブラスコヴィッツ上級大将のような人物もいたことを考えれば、非難されてもしかたない無為であった。おそらく、グデーリアンは、ユダヤ人の運命について、関心を向けないようにしていたのである。そうした「冷血」とさえいえる姿勢は、別のエピソードにも示されているが、これについては後段、第一一章で述べよう。

ともあれ、ポーランドでの勝利にもかかわらず、戦争の結着はついていなかった。「奇妙な戦争《ドロール・ド・ゲール》」とか「座り込み戦争《ジッツクリーク》」などと揶揄《やゆ》される、戦闘らしい戦闘が起こらぬ状態ではあったものの、主力をポーランドから西部戦線に移したドイツ軍と英仏連合軍はなお対峙《たいじ》を続けていたのだ。ドイツ軍の優勢は、英仏に先んじて軍拡を進めたがゆえの一時的なものにすぎないと知っていたヒトラーは、一刻も早く決戦に出たいと焦っていた。そのため、一九三九年から四〇年にかけての冬に攻勢を発動すべしと、国防軍首脳部に命じたほどである。しかしながら、ドイツ国防軍の攻勢準備はいまだ整ってはいなかったし、そもそも冬季に大規模な作戦を実施することは、軍事的に非常に困難だった。

この嵐の前の平穏な時期に、OKHが作成した作戦案は、西部戦線の右翼（北翼）を主力とし、オランダ、ベルギーに侵攻、両国を通過して、大西洋沿岸をめざすというもので、およそ新味がなかった。これを示されたヒトラーは、「右翼を強化して大西洋岸をめざすというのは、昔のシュリーフェン計画を思い出す。こんな作戦は一度やったらもうたくさんだ」と洩《も》らしたという。

鬱々《うつうつ》として楽しまぬヒトラーではあったが、その愁眉《しゅうび》を開く提案をする者がいた。かつてのOKH作戦部長で、今では、西部戦線の大規模団隊の一つであるA軍集団（軍集団は通常、二ないし三個の軍より成る）参謀長に配置されているエーリヒ・フォン・マンシュタイン中将（一九三八年四月一日に進級）であった。

一九三九年一〇月二一日、OKHの攻勢計画案を受領したマンシュタインは、前進軸を右翼に置く案は、敵も備えているだろうから、主力同士の正面衝突になり、決定的な勝利は得られないし、進撃する部隊の側面を南から衝《つ》かれる恐れもあると判断した。それならば、むしろ攻勢の重点は、北のB軍集団ではなく、南のA軍集団に置くべきだ。そこに装甲部隊を集中し、戦車や自動車が通れないと思われているアルデンヌの森林地帯を突破、スダンを奇襲占領することによって、連合軍の戦線を二つに分断する。しかるのちに、装甲部隊を英仏海峡沿岸まで進撃させ、北翼にある連合軍諸部隊を包囲殲滅《せんめつ》するのだ。

このとき、「ドイツ国防軍最高の頭脳」のなかに、およそ一か月でフランスを降伏させることになる着想が芽生えたのである。

アルデンヌは通過可能か

しかし、マンシュタインの構想の大前提になっていたのは、装甲部隊がアルデンヌの森を抜けられるという仮定であった。作戦が実現できるかどうかは、それに懸かっているのだから、マンシュタインとしても専門家の保証を得る必要があった。当時、装甲部隊の第一人者といえば、グデーリアンを措《お》いてほかにない。すでに述べたように、マンシュタインとグデーリアンは、陸軍大学校の同期生でありながら、必ずしも親密というわけではなかった。けれども、ここは、グデーリアンの意見を聴かざるを得ない。

偶然もマンシュタインに味方した。グデーリアンと第19自動車化軍団司令部は、一九三九年一一月なかばに、ドイツ西部のデュッセルドルフ、ついでコブレンツに移っていた。マンシュタインが勤務するA軍集団司令部は、まさにそのコブレンツに置かれていたのである。しかも、二人がそれぞれ宿舎としていた二軒のホテルは隣り合っていた。

同月のある日、マンシュタインは、グデーリアンの来訪を求めた。その席で、おのが作戦案を打ち明け、装甲部隊の専門家として、実現可能かどうかを検討してほしいと頼んだ。グデーリアンは、おおいに関心を抱き、第一次世界大戦の序幕で自らアルデンヌを踏破した経験を参考にしながら、地図と首っ引きで地形を研究した。その結果、アルデンヌは通過できるとの結論がみちびかれる。ただし、グデーリアンは、一つだけ作戦成功の条件があると付け加えた。充分な数の装甲・自動車化歩兵師団を投入すべし。いちばんよいのは、それらの師団すべてを使うことだ！

かくて、グデーリアンの保証を得たマンシュタインは、A軍集団司令官ゲルト・フォン・ルントシュテット上級大将の同意を取り付け、OKHにたびたび作戦案に関する覚書を送って、西方攻勢の構想を変更させることに努めた。だが、ハルダー陸軍参謀総長は、これはA軍集団を主役に据えようとする策動であると決めつけ、ブラウヒッチュ陸軍総司令官は、マンシュタインの案にまわすだけの兵力はないとはねつけた。それればかりか、二人は、覚書をOKWに伝達することを拒否した上で、マンシュタインを左遷することにしたのである。

一九四〇年二月一五日付で、マンシュタインはA軍集団参謀長の職を解かれ、新設の第38軍団長に任ぜられた。野戦部隊の司令官になってしまえば、もはや上層部の考えに影響を与えることはおぼつかない。けれども、マンシュタインには、最後のチャンスが残されていた。同年一月末に、A軍集団司令部を訪れた総統付国防軍首席副官のルドルフ・シュムント大佐を説き、アルデンヌ突破案の支持者として獲得したのだ。シュムントは、ブラウヒッチュやハルダーを迂回《うかい》するかたちで、マンシュタインがヒトラーに意見具申できるようにとりはからった。二月一七日、新しく軍団長に就任する高級将校五名と第7装甲師団長を拝命したエルヴィン・ロンメル少将を招いて、総統官邸で朝食会が開催された。その終了後、ヒトラーはマンシュタインを執務室に招じ入れ、意見を開陳する機会を与える。

効果は絶大だった。ヒトラーもまた攻勢の重点を南に移すことを考えていたのだが、より論理的で、かつ独創的なマンシュタインの構想に熱狂し、アルデンヌに強力な装甲部隊を集中することに同意した。西方侵攻作戦「黄号」が、最終的なかたちを取りはじめたのだ。その大元となった発想を得たのはマンシュタインだったけれども、実現可能性についてお墨付きを与え、肩を押したのはグデーリアンだった。ドイツの軍事史家カール＝ハインツ・フリーザーがいうごとく、アルデンヌ突破と装甲部隊の集中を基礎とする作戦計画は、まさしくマンシュタインとグデーリアンが動かす「二人乗り自転車」だったのである。

終着駅までの切符

かくて、装甲部隊を集中運用するための絶好の機会を得たグデーリアンだったが、いざ具体的に作戦を立てるにあたって、さまざまな障害に突き当たった。ハルダー陸軍参謀総長は、この間に、アルデンヌを通過しての攻勢が大きな可能性を秘めていることに気づき、態度を豹変《ひょうへん》していたものの、装甲部隊の大胆な機動については、なお懐疑的だった。ムーズ川渡河後、装甲部隊だけでさらに突進するとしたグデーリアンの腹案に対しても、攻撃続行は歩兵が到着し、橋頭堡《きょうとうほ》を固めてからだと、待ったをかけていたのだ。

一九四〇年二月一四日、ハルダー臨席のもと、A軍集団麾下にあった第12軍司令部で、ムーズ川渡河作戦を研究するための図上演習が実施された際も、演習統裁部は装甲部隊の行動を掣肘《せいちゅう》するような結論をみちびこうとした。たまりかねたグデーリアンは統裁部に抗議し、マンシュタインさえA軍集団参謀長の地位にとどまっていてくれればと嘆いた。

加えて、集中された装甲部隊を指揮下におく、新しいかたちの軍規模団隊「装甲集団《パンツァーグルッペ》」の司令官ポストも、グデーリアンにはまわってこなかった。グデーリアンの寸評を借りれば、「いまだかつて装甲部隊に好意を示したことのない」エヴァルト・フォン・クライスト騎兵大将が、その地位に就いたのである。

こうした、さまざまな障害にもかかわらず、グデーリアンは、自分の思った通りに第19自動車化軍団を動かすと決意していた。三月一五日、彼とフォン・クライストを含む、A軍集団麾下の軍司令官会議が、ベルリンの総統官邸で行われた。参加者たちはそこで、ヒトラーに対し、自らの任務とその実行要領についての腹案を述べている。グデーリアンも最後に、おのが課題について発言した。「〔第19自動車化〕軍団は、三筋の縦隊を組んで、ルクセンブルクと南部ベルギーを通過前進、第一日目にベルギー軍国境陣地に到達、可能ならば、これを突破する所存であります。……四日目にはマース〔ムーズ〕川の線まで進み、五日目にはそこを渡河攻撃、同日夕刻には橋頭堡を築くつもりです」。これに対し、ヒトラーは「貴官は、それからどうするのか」と尋ねた。「反対の命令が来ないかぎりは、翌日、さらに西方への突進を続けます。アミアンとパリのいずれに向かうかは、最高司令部が決めることでありましょう。が、小官のみるところ、もっとも有効な突進方向は、アミアン経由でドーヴァー海峡をめざすものだと考えます」。ヒトラーはうなずいただけで、それ以上は何も言わなかった。かかる問答が、のちに重要な意味を帯びてこようとは、この日のグデーリアンには知るよしもない。

　いずれにせよ、彼は、上層部の思惑はともかくとして、自分の思った通りに第19自動車化軍団を動かす覚悟だった。グデーリアン自身の言葉を借りよう。「彼ら〔グデーリアン麾下の装甲師団長たち〕は、私の戦闘原理をよく理解していた。装甲部隊が旅立つときには、終着駅までの切符を与えられるのだということをわかっていたのだ。われわれの場合、目的地の名は『海峡』だった」。

第九章　不完全な勝利

アルデンヌ突破

ドイツによるベネルクス三国ならびにフランスへの侵攻作戦、秘匿名称「黄号」の企図は、端的にいえば中央突破にあったといえる。フランスは、一九二九年以来、膨大な予算をつぎこんで、ドイツとの国境地帯に要塞《ようさい》線を築いてきた。有名な「マジノ線」である。このドイツ側からみて左翼の正面を攻撃すれば、第一次世界大戦の陣地戦の二の舞いになるのは眼にみえている。さりとて、すでに述べたように、右翼を強化して、ベルギー・オランダに開進し、英仏海峡地域に進撃すれば、連合軍の主力と激突し、停止を余儀なくされるのは必至だった。だが、戦線中央部にあたるアルデンヌ森林には、マジノ線も延びてはいない。そこを迅速に突破して連合軍を分断、各個撃破するというのが、「黄号」作戦の骨子であった。

しかも、連合軍は、ドイツ軍は右翼に重点を置いて攻勢に出てくるだろうと考え、その場合には主力をオランダに進出させるという計画を立てていたから、アルデンヌから英仏海峡沿岸諸港への突進は、彼らの裏をかくことになる。というのは、連合軍がオランダ方面に突出すればするほど、その南側面、あるいは後背部が、西進するドイツ軍によって脅かされることになるからだ。リデル＝ハートは、こうして生じた両軍の作戦構想の相互作用を「回転ドア」にたとえている。連合軍が東に向かえば、ドイツ軍が西に進み、両軍の構成する回転ドアが動くのである。

この「黄号」作戦の成否は、集中された装甲部隊が、アルデンヌの森から英仏海峡沿岸諸港まで、作戦的な次元で独立機動できるかに懸かっている。第一の関門は、アルデンヌの森を抜けた先、自然の防御陣であるムーズ川の町スダンだった。普仏戦争において、一八七〇年にナポレオン三世が、包囲された麾下《きか》の軍とともに降伏したところだ。

一九四〇年五月一〇日、「黄号」作戦は発動された。ドイツ軍右翼のB軍集団が、オランダ・ベルギー方面で攻撃を開始する。これはオランダ方面に連合軍の注意をひきつけ、主力を誘引するための陽動だった。とはいえ、B軍集団は、一部の装甲師団、さらには空挺《くうてい》部隊までも投入していたから、連合軍はそくざに反応し、フランス第七軍がオランダに、イギリ

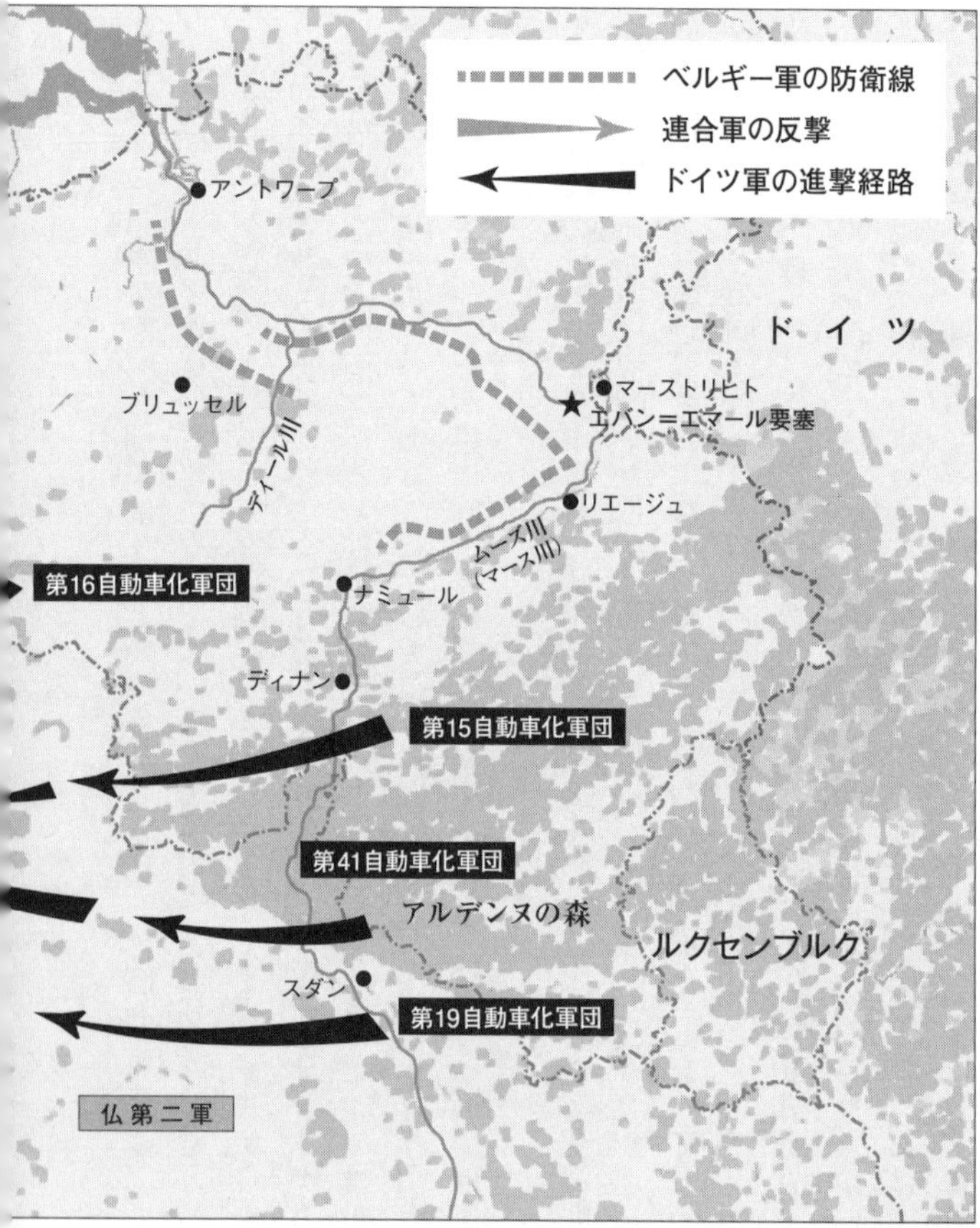
ベルギー軍の防衛線
連合軍の反撃
ドイツ軍の進撃経路
アントワープ
ドイツ
ブリュッセル
マーストリヒト
エバン＝エマール要塞
ディール川
リエージュ
ムーズ川
(マース川)
第16自動車化軍団
ナミュール
ディナン
第15自動車化軍団
第41自動車化軍団
アルデンヌの森
ルクセンブルク
スダン
第19自動車化軍団
仏第二軍
Hart, p.49より作成

ドイツ装甲部隊の進撃

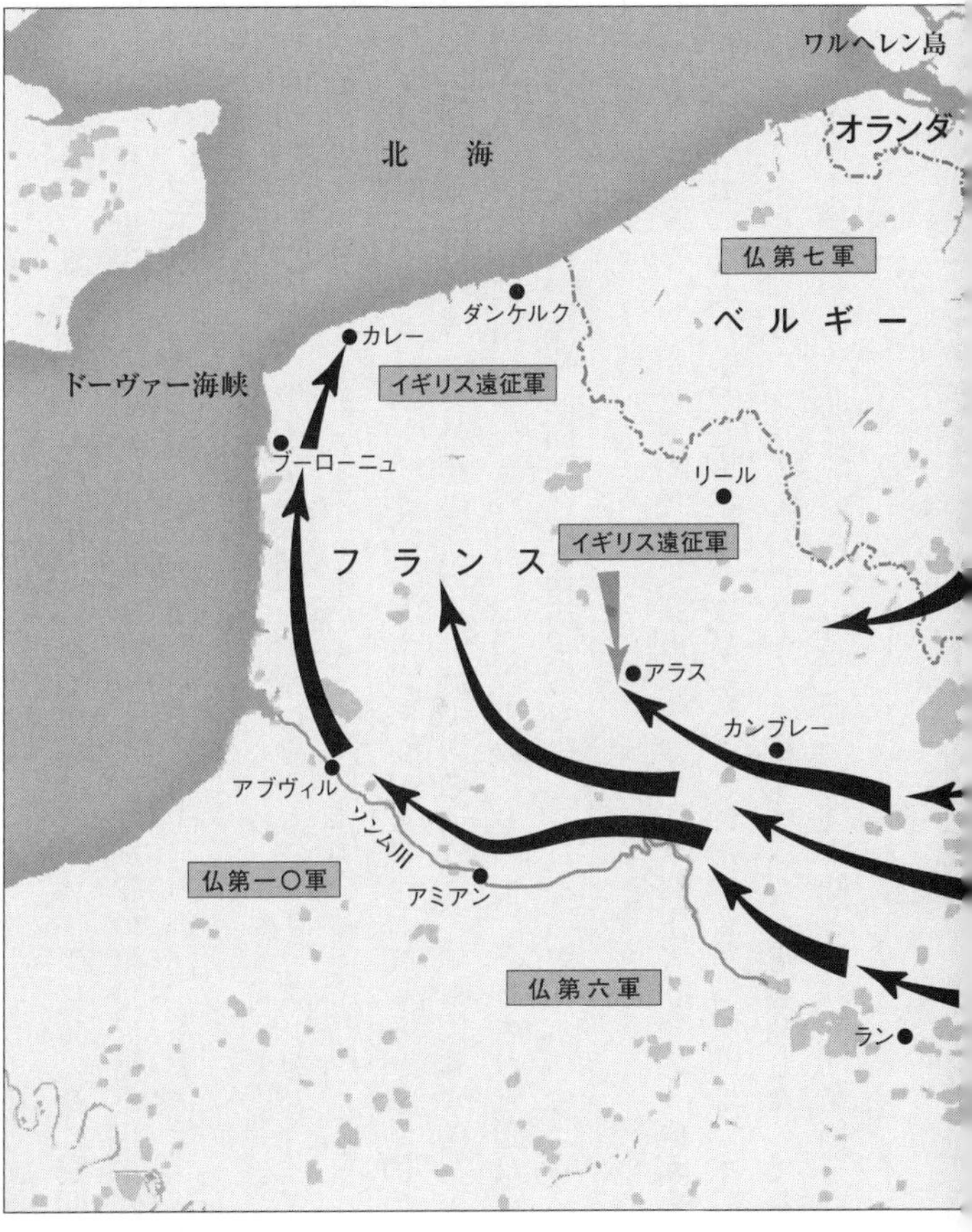
ワルヘレン島
オランダ
北 海
仏第七軍
ダンケルク
ベ ル ギ ー
カレー
ドーヴァー海峡
イギリス遠征軍
ブーローニュ
リール
イギリス遠征軍
フ ラ ン ス
アラス
カンブレー
アブヴィル
ソンム川
仏第一〇軍
アミアン
仏第六軍
ラン

ス遠征軍がベルギーに向かう。

しかし、ドイツ軍の真の主力である三個の自動車化軍団は、アルデンヌの森に展開していた。北から第15自動車化軍団、第41自動車化軍団、グデーリアンの第19自動車化軍団である。グデーリアンは、麾下軍団右翼に第2装甲師団、中央に第1装甲師団、左翼に第10装甲師団と「大ドイツ」連隊を配置し、進撃を開始する。

五月一〇日午前五時三五分、第1装甲師団の陣頭に立ったグデーリアンは、ルクセンブルクの国境を越え、午後にはベルギー国境に達した。「諸快速師団〔装甲師団・自動車化歩兵師団〕が、その数千両の車輛《しゃりょう》とともに、当初、最先頭の線に配置されている歩兵師団のあいだを抜けて、円滑に前進し、さらに補給と後送を実施できるように、地形困難な山岳地帯とムーズ川を越えて、三本の通路が確保された。この『トロッコ軌道』と称された道は、常に、もしくは当分のところは、快速師団だけが使用するものとされたのである」（ネーリング『ドイツ装甲部隊史』）。

奇襲は成功した。フランス軍は航空捜索により、アルデンヌにドイツ軍の車輛が密集していることを確認していたのだが、B軍集団の攻撃に眩惑《げんわく》された連合軍首脳部は、主攻はオランダと北部ベルギーで、アルデンヌのそれはさしたる脅威ではないと判断したのである。侵略を受けたベルギーが、この方面に配置したのは、猟兵師団一個と騎兵師団一個を基幹とする弱体な支隊だけだったから、とうていドイツ装甲部隊を拒止できるものではなかった。かくて、アルデンヌの困難な地形で敵を押しとどめるチャンスも、空しく費消されてしまう。

スダン攻防戦

ところが、グデーリアンとその直属上官である装甲集団司令官クライスト騎兵大将のあいだには、早くも衝突が生じていた。五月一二日、グデーリアンを司令部に呼び寄せたクライストは、ムーズ川の線に到達していた第19自動車化軍団に対し、翌一三日に渡河攻撃を実行するように命じた。麾下部隊の集結未了を理由に、グデーリアンは攻撃開始を一日延ばしてほしいと意見具申したが、クライストは譲歩しようとはしなかったのである。

さらに、航空攻撃の方法についても、両者は対立した。グデーリアンは、無数の小編隊により、間断なく波状攻撃をかけるように主張した。敵砲兵を長期にわたり沈黙させ、フランス軍将兵の神経を消耗させることが可能である上に、空軍による正確な直接協力も期待できるというのが、その論拠だった。それに対し、クライストとスダン方面の航空支援の責任者だった空軍のフーゴー・シュペルレ航空兵大将は、その意見を退け、ただ一度、強大な兵力を投入した集中爆撃によってスダンの敵陣地を粉砕すると決した。命令が下達されたとあれば、グデーリアンも従うほかない。

けれども、一三日の午後、空軍の動きをみるために、とある高地に赴いたグデーリアンは、嬉《うれ》しい驚きを味わった。飛来した水平爆撃機と急降下爆撃機の編隊が、かねて要請していた通りのやり方で空襲にかかったのである。この晩、当該の航空支援を担当した第2航空軍団長ブルーノ・レルツァー中将は、電話で感謝の言葉を述べるグデーリアンに対し、こう答えた。「すべて変更との第3航空軍の命令は、なんといいますか、遅すぎたのです。あれを実行していたら、私の麾下にある諸戦隊も混乱してしまったことでしょう。ゆえに、私は命令を示達しませんでした」。

いずれにせよ、第19自動車化軍団のムーズ渡河攻撃は、ゼークト以来磨きぬかれてきたドイツ軍の用兵思想の優秀性をみせつけるものであった。下級指揮官への大幅な権限委譲をよしとする「委任戦術」が、その真価を発揮したのである。現場は、攻撃目標を指定されるだけで、どうやるかについては、いっさい掣肘《せいちゅう》を受けなかった。彼ら自身が、前線の状況から、いちばん良い方法を練り上げ、実行したのだ。

その結果、人員六〇〇〇、車輛二二〇〇を幅一〇キロの正面に集中した第19自動車化軍団の作戦にあっても、「準備、攻撃、渡河、突破。すべてがまったく時計仕掛けのように進んだ」(当時、第1装甲師団の首席伝令将校だった男爵フライターク・フォン・ローリングホーフェン中佐の回想)。

一方、ムーズ川の陣地を守っていたフランス軍は、ここでも奇襲を受けた。従来の常識からすれば、砲兵支援なしの渡河攻撃は自殺行為にひとしい。従って、フランス軍の司令官も、ドイツ軍の攻撃は、後続の砲兵隊が到着するのを待って行われるにちがいないと判断していた。しかしながら、すでに触れたごとく、グデーリアンは「空飛ぶ砲兵」、すなわち航空機に頼っていたのだ。ドイツ空軍は、スダン周辺わずか四キロほどの地区に、延べ一二一五機の爆撃機を投入、間断なく波状攻撃を実施して、フランス軍の指揮系統と、兵士たちの神経を切り裂いてしまったのである。

かくて、第19自動車化軍団はムーズ渡河に成功、橋頭堡《きょうとうほ》を確立した。けれども、当初、戦車や重火器を対岸に渡すのに使用できるのは、たった一本の臨時架設橋にすぎなかった。空襲によって、これを破壊し、地上部隊の反撃を加えれば、ドイツ軍の好機が一転して窮地に変じるのは必定であろう。五月一四日、連合軍は満を持して、控置しておいた空軍部隊を投入した。

だが、ドイツ軍も、そうした可能性を見過ごしていたわけではない。大規模な空襲があると予想していたグデーリアンは、スダン周辺、とりわけ架設橋付近に、手持ちの高射砲三〇三門を集中配置し、待ち構えていた。ドイツ空軍も、前日の爆撃機に代えて、戦闘機八一四機を迎撃に差し向けた。ゆえに蜂の巣に飛び込む恰好《かっこう》となった連合軍機は、目的を達成できぬまま、大損害を被る。出撃した戦闘機二五〇機（延べ数）および爆撃機一五二機のうち、一六七機が撃墜されるか、戦闘不能とされたのだ。

西へ駆ける

スダンの門は破られた。同じころ、北の第15・第41自動車化軍団もムーズ川渡河に成功している。しかしながら、グデーリアンは、きわめて悩ましい状況にあった。三月一五日、A軍集団麾下の軍司令官を集めた会議で、ムーズ川渡河以降はどう行動するつもりかと問われたグデーリアンは、さらに西進すると答えたものであった。ところが、第19自動車化軍団の上部組織、クライスト装甲集団、A軍集団、ＯＫＨは、いずれも、そのような突進には反対であった。歩兵が追いついてきて、橋頭堡を確保・拡大するまで、装甲部隊は足踏みしたまま、そこで待っていろという認識だったのである。

ハルダー陸軍参謀総長は、一九四〇年三月十二日付のA軍集団参謀長ゲオルク・フォン・ゾーデンシュテルン中将宛書簡で、ムーズ渡河攻撃に参加した装甲部隊を、そのまま、つぎの作戦に投入することはしないと明言している。充分な兵力を持った歩兵部隊が活動できるだけの基盤が、ムーズ川の西岸につくられた時点で、どう使うかを考えるというのだ。ヒトラーも、突進する装甲部隊の側面が開いたままになることを恐れ、「ムーズ渡河決行後の措

高射砲（自動車搭載）が渡河点を固める。

置」は、自らの専権事項にするとしていた。

グデーリアンにとって、それは我慢のならぬ優柔不断でしかない。スダンの防御陣を覆滅し、西方への道が開けた今こそ、第一次世界大戦で突進部隊《シュトーストルッペ》がやったのと同様、装甲部隊が側背を顧みず進撃し、敵を混乱におとしいれるべきであろう。そうして無力化された連合軍部隊は、たとえ後方に残っていたとしても脅威にはならぬ。やはり第一次世界大戦末期に、後続の歩兵によって、突進部隊がマヒさせた敵を撃滅したように、掃討していけばよい。

焦慮を深めるグデーリアンのもとに、決断を迫る報告が届く。第1装甲師団が、アルデンヌ運河にかかる橋を無傷で確保したというのである。西方に通じる扉が、よりいっそう大きく開かれたのだ。

予想される連合軍の反撃に備え、命令通りに橋頭堡を固めるか。

敵の混乱につけこみ、第19自動車化軍団の総力を挙げて、西へ進むか。

二つに一つの難しい問題に直面し、思い悩むグデーリアンだったが、第1装甲師団作戦参謀のヴェンク少佐が背中を押した。同師団の指揮所を訪れ、西への旋回は可能かと問うたグデーリアンに、少佐は、「ちびちび遣うな、つぎ込め」という、あのスローガンを呟《つぶや》いたのちにうなずいてみせた。これに力づけられたグデーリアンは、五月一四日午後二時、第1および第2装甲師団に、全兵力を以《もっ》て西へ向かえと下命する。

撃破されたフランス戦車隊。

西方侵攻作戦の決定的瞬間であった。グデーリアンは、ヒトラーや陸軍上層部の意に背いて、独断専行で作戦次元の機動戦を続行すると決めたのである。

多くの軍事史家は、スダンの敗北と五月一四日のグデーリアンによる決断で、フランスの運命は定まったとしている。まさしく、敢《あ》えて装甲部隊を突出させ、長駆進撃するとのグデーリアンの決定が、連合軍の敗北を招いたのだ。今日、グデーリアンの戦略次元における能力に対する批判や疑義は、けっして少なくない。にもかかわらず、彼の作戦次元での能力は卓越していたとの評価はなお盤石《ばんじゃく》である。かかる称賛も、一九四〇年五月一四日に示されたようなグデーリアンの作戦的判断力に鑑《かんが》みれば、ゆえなきことではない。

しかしながら——グデーリアンは、この勝利を完成させることができなかった。

指揮権を奪われたグデーリアン

五月一五日、ムーズ川沿いのフランス軍戦線は崩壊した。フランス軍は、時々刻々と変化する戦況についていくことができず、ドイツ装甲師団を押しとどめられなかったのだ。グデーリアンは、「自ら機動を続け、かつ敵にも流動的な状況を強いているかぎり、安定した戦線を築くことを妨害し得る」と発言したことがある。そのグデーリアンの言葉のままに、連合軍は翻弄《ほんろう》されていた。

そうした連合軍の混乱を象徴しているのは、機甲部隊の運用だった。当時、フランス軍は味方戦線が突破された際に反撃に出るための兵力として、「機甲予備師団《ディヴィジョン・キュイラセー・ド・レゼルヴ》」四個を保有していた。今こそ、この機甲予備師団を投入して、ドイツ装甲部隊に痛打を与える時機のはずであったが、結局のところ、これらは五月雨式《さみだれしき》の運用をされてしまったのである。まず、五月一四日、フランス第二軍は、予備の第二一軍団に第三機甲予備師団を加えて、反撃に出ようとした。ところが、ドイツ軍の攻撃を受けた前線の将兵が敗走してくるのをみた第二軍は、攻撃を中止させる。第三機甲予備師団は、集中打撃を加えるのではなく、防御線支援に分散配置されてしまった。同日夜、仏第九軍も第一予備機甲師団を先頭に立てて反撃に出ようとしたものの、失敗に終わった。第一予備機甲師団は、翌朝、燃料補給中のところを、ドイツ第15自動車化軍団麾下の第7装甲師団（エルヴィン・ロンメル少将指揮）に捕捉《ほそく》され、大損害を被ったのだ。また、第二機甲予備師団に至っては、総司令部が場当たり的な指示を出したために、各地に分散投入され、威力を発揮できなかった。

今日ではよく知られているように、実は、連合軍の機甲戦力はドイツ軍に優《まさ》っていた。一九四〇年五月一〇日の「黄号」作戦発動時におけるドイツ軍の保有戦車数は二四三九両だったのに対し、フランス軍だけで三二五四両の戦車を運用できたのである。質的にも、たとえばフランス軍のソミュアS35戦車は重装甲を誇り、ドイツ軍の対戦車兵器でこれを撃破することは困難だった。にもかかわらず、フランス軍は機動戦一般に関して後れを取っていたから、ひとたび戦闘が流動的になると対応できず、質と量における機甲戦力の優位を活用できなかったのだ。当時、五三歳の年齢を押して従軍していたフランスの歴史家マルク・ブロックは断じている。「戦争の最初から最後まで、フランス軍のメトロノームは、常に数テンポ遅れていた」。

グデーリアンと麾下第19自動車化軍団は、かかる彼我《ひが》の能力の格差に乗じて、ひたすら前進していた。だが、五月一七日早朝、クライスト装甲集団司令官とのあいだに、またしても摩擦が生じる。モンコルネの野戦飛行場に到着したクライストは、出迎えたグデーリアンを、命令違反と単独行動のかどで激しく叱責《しっせき》した。装甲集団はその前日に、第19自動車化軍団は停止し、オワーズ川にかかる橋を占拠するための威力偵察部隊のみを先行させよとの命令を発していた。ところが、それが到着した一七日午前零時四五分には、第19自動車化軍団は指定された停止線より三〇キロも西に進出していたのである。

従って、クライストの命令は、状況にそぐわぬものでしかないと思われた。けれども、彼の背後にいたのはヒトラーであったから、ことは深刻だった。五月一六日、クライスト装甲集団が西に突出していることを知ったヒトラーは、連合軍が南から側面攻撃してくることを恐れ、装甲部隊を停止させて、態勢を整えよと命じたのだ。この総統の指示が、A軍集団からクライスト装甲集団を経て、第19自動車化軍団に下達されたのである。

しかし、クライストに叱責されたグデーリアンは黙っていなかった。「最初の嵐が過ぎたのち、一息置いてから、自分を解任してくれるように願い出た。フォン・クライスト将軍はたじろいだものの、うなずくと、指揮系統上で次席の将軍に指揮権を委譲するよう指示した」（『電撃戦』）。これによって、第2装甲師団長ルドルフ・ファイエル中将が、第19自動車化軍団の指揮を執ることになったのだ。

一種の「統帥危機」ともいうべき事態であった。マンシュタインの構想通りに、装甲部隊を作戦的に運用し、決勝を得ようとするグデーリアンと、旧来の軍事常識に囚《とら》われ、側面掩《えん》護《ご》を案じるヒトラー以下の上層部との深い亀裂《きれつ》が露呈したのである。

さりながら、アルデンヌ突破とスダン攻略の立役者であるグデーリアンを、表舞台から外しておくわけにはいかない。一七日の午後、A軍集団司令官ルントシュテット上級大将の委託を受けて、グデーリアンのもとにやってきた第12軍司令官ヴィルヘルム・リスト上級大将は（五月一五日正午を以て、クライスト装甲集団は、A軍集団直属から第12軍麾下に移されていた）、慰留に努め、従来通りに第19自動車化軍団の指揮を執るように説得した。このとき、リストはもう一つ、譲歩を示した。このまま、軍団の司令所を動かさずにおくのなら、「威力偵察」というかたちで前進を継続してもよいとしたのである。グデーリアンは、リストの提案に飛びついた。

ちなみに、同じ一七日、フランス軍が持っていた最後の機甲予備師団が、第1装甲師団を攻撃、ドイツ軍を窮地に追いやるという事態が生起した。この第四機甲予備師団は、一九三〇年代初頭から、軍隊の機械化こそ重要であると唱えてきた大佐に指揮されていたのだ。彼の名はシャルル・ド＝ゴール、のちにフランス大統領となる人物である。しかし、この、ついに機甲予備師団の威力を発揮したかと思われた攻撃も、呼び寄せられたドイツ空軍の地上攻撃を受け、決定打となるには至らなかった。

ダンケルクの停止命令

五月一七日、ハルダー陸軍参謀総長は、クルーゲ上級大将率いる第4軍のもとにすべての快速部隊を集中し、ヒトラーの承認がありしだい、可及的速やかに西方に突進させると決断した。連合軍をソンム川の線で南北に分断し、北部ベルギーに身を乗り出したかたちになっている敵主力を英仏海峡沿岸部で包囲撃滅するのである。

この決定に従い、B軍集団の麾下にあって、オランダや北部ベルギー方面で連合軍を牽制《けんせい》していた第16ならびに第39自動車化軍団も、五月一八日にA軍集団指揮下に移ることになった。これら、二個自動車化軍団は、翌一九日に、第15自動車化軍団長ヘルマン・ホート歩兵大将の麾下に入り、「ホート装甲集団」を形成した。

五月一九日、ヒトラーを説得したハルダーは、ついに西方への突進を命じる。同日、第1装甲師団は、たちまちアミアンを占領した。第2装甲師団も、一日で九〇キロを走破、五月二一日午前二時には、ソンム河口の町アブヴィルで英仏海峡に到達した。鋼鉄の楔《くさび》が敵戦線に打ち込まれ、連合軍は分断されたのだ。マンシュタインの構想が実現された。これによって、ベルギー軍、イギリス遠征軍、フランス第一・第七軍、さらに撃破された第九軍の残存部隊が、巨大な包囲網のなかに閉じ込められたのである。

先陣を切ったグデーリアンは、包囲された連合軍の補給源にして、最後の脱出口となっている英仏海峡の諸港を二十二日に攻撃すると決定し、麾下にあった三個装甲師団それぞれに目標を割り当てた。第1装甲師団はカレー、第2装甲師団はブーローニュ——そして、第10装甲師団がダンケルクを攻略するのだ。このまま、グデーリアンの攻撃が発動されていたなら、連合軍は退路を失い、潰滅の憂き目に遭うはずであった。

ところが、五月二十一日、ドイツ装甲部隊の側面に脅威が生じる。イギリス軍が、ドイツ軍の対戦車砲では歯が立たない重装甲のマチルダⅡ型歩兵戦車を先頭にして、反撃に転じたのである。矢おもてに立たされた第7装甲師団と武装ＳＳ「髑髏《トーテンコップフ》」自動車化歩兵師団は、一時潰走しかけたものの、陣頭に立ったロンメル第7装甲師団長は、有名な八八ミリ高射砲

（ドイツ軍では、口径表示にセンチを使用するため、正確には「八・八センチ高射砲」であるけれども、この兵器は世界的に「八八ミリ」で通称されている）を対戦車攻撃に使用し、英軍を撃退した。

かくのごとく、側背の危険は排除されたが、このアラス反撃は、ドイツ軍首脳部を動揺させた。かねて危惧《きぐ》されていた通り、装甲部隊がつくりあげた回廊《かいろう》の側面が強力な攻撃にさらされているものと判断したのだ。ヒトラーは敏感に反応し、五月二二日午前一時三〇分にA軍集団司令部に電話連絡を入れさせた上で、ＯＫＷ長官ヴィルヘルム・カイテル上級大将（一九三八年一一月一日進級）を派遣し、アラスの南北および西方を「投入可能なすべての快速部隊」で固めるように命じさせた。

グデーリアン麾下の諸師団も、この命令のあおりを食って、海峡諸港攻撃を二四時間延期させられることになった。続いて、攻撃部隊を半分の兵力に削減し、ダンケルクをめざしていた第10装甲師団を装甲集団予備として控置せよとの命令が下達させる。グデーリアンとしては、絶好の攻撃目標を眼の前にして、切歯扼腕《せっしやくわん》するばかりだった。

結果として、ブーローニュとカレーの奪取には、よりいっそうの時間と努力が必要とされることになる。五月二二日の正午になって、第19自動車化軍団はようやく攻撃を実行したが、第2装甲師団がブーローニュを占領できたのは、三日後の二五日だった。第1装甲師団のカレー攻略も二六日まで長びく。この間に連合軍は、最後の港であるダンケルクの防備を固めていた。

それでも、五月二四日には、グデーリアン軍団の先鋒《せんぽう》は、ダンケルクまであと一五キロの地点まで迫っていたのである。この強力な装甲部隊がダンケルクに突入すれば、弱体な敵守備隊はひとたまりもなく粉砕されてしまうだろう。包囲された一〇〇万の連合軍は退路を失い、降伏するほかなくなる。

だが、連合軍にとっては、奇跡というしかない事態が訪れた。第19自動車化軍団ほかの海峡沿岸部にいたドイツ装甲部隊は、停止を命じられたのである。

ヒトラーは何を考えていたのか

このダンケルクの停止命令は、第二次世界大戦史の重大な転回点だったとされている。それによって、連合軍、とりわけイギリス軍に致命傷を与えるチャンスが失われたのだ。かかる不条理な命令を発したのは、ヒトラーだったとされている。そのこと自体は間違いではない。が、ヒトラー決定以前から、クライスト、クルーゲ、ルントシュテットらが、グデーリアン以下の放胆な突進に不安を覚え、足踏みしたがっていたことも指摘しておかねばならない。五月二三日、クライスト装甲集団司令官は、麾下部隊が消耗し、分散していることを懸《け》念《ねん》すると、A軍集団司令部に報告した。あらゆる快速部隊を指揮下に入れていたクルーゲ第4軍司令官も、そうした不安を共有していたから、快速部隊をいったん停止させ、後続部隊との間隔を詰めるべきだと意見具申する。ルントシュテットA軍集団司令官も、この進言を容《い》れ、二五日の攻撃再開に備えて、クライストとホートの両装甲集団は現在地点にとどまるべしと下命した。つまり、二四日の停止命令より前、二三日に、諸自動車化軍団は足踏みさせられていたのだ。

けれども、連合軍撃滅のチャンスが到来していると判断したブラウヒッチュ陸軍総司令官とハルダー陸軍参謀総長は、A軍集団の消極的な措置に怒り、全装甲部隊を握っているクルーゲの第4軍をB軍集団麾下に移す旨の命令を発した。むろん、より攻撃的なB軍集団に突進を続けさせる企図である。

五月二四日朝、ヒトラーが、シャルルヴィルにあったA軍集団司令所を訪れたときの情勢は、このようなものであった。ルントシュテットから、A軍集団が第4軍を奪われ、脇役に追いやられたことを聞かされたヒトラーは、自分のあずかり知らぬところで、かかる重大決定がなされたことに激怒し、ブラウヒッチュの命令は無効であるとした。その上で、あらためて装甲部隊を停止させると決定したのである。

はたして、ヒトラーを、かくのごとき誤断にみちびいた動機は何だったのだろうか?

一九四〇年の西方侵攻作戦について、今なおスタンダードとされている研究書『電撃戦という幻』（一九九五年初版刊行）を著したドイツの軍事史家カール＝ハインツ・フリーザーは、ダンケルク撤退直後から立てられたさまざまな説をもとに、考えられる理由を以下のように列挙している。

①ダンケルク周辺の地表は装甲部隊の行動に適さないと判断した（二四日から雨が降りはじめ、地面が泥濘《でいねい》と化した）。

②以後、フランス全土を占領する作戦のため、装甲部隊を温存すべきだと考えた。

③連合軍による側背部への攻撃を恐れ、装甲部隊を控置しておいた。

④攻勢第二段階に関心が移っており、ダンケルク攻略は副次的な作戦であるとみなした。

⑤包囲した敵の規模を過小評価し、さほど重要ではないと思っていた。

⑥海上撤退作戦などは不可能であると考えた。

フリーザーによれば、この①から⑥は必ずしも強固な論拠を持つものではなく、反駁《はんばく》可能である。

重要なのは、⑦空軍力だけでダンケルクの敵を撃滅できるとしたドイツ空軍総司令官ヘルマン・ゲーリング元帥（一九三八年二月四日進級）の大言壮語を信じたとする説と、⑧イギリスを講和にみちびくため、その面子《メンツ》をつぶすことを恐れて、遠征軍殲滅《せんめつ》を避けたとする説であろう。フリーザーは、⑦については、ゲーリングの発言は二三日のことで、ヒトラーの決定に影響力をおよぼした可能性はあるものの、当時ドイツ空軍がかなりの消耗を被っていたことを考えれば（当然、総統の耳にも入っている）、決定的な要因となったとは考えにくいとした。⑧に関しても、時系列に沿って検討してみると、ヒトラーが、講和のために手加減したと取れるような発言をしたのは、ダンケルク撤退の成功があきらかになってからのことであり、いわば失態をとりつくろう意味があったと退けている。かかる議論の末に、フリーザーが到達したのは、装甲部隊のダンケルク突入に熱心だったＯＫＨに、誰が主人であるかを見せつけるために、ヒトラーはルントシュテットらに同調した、つまり、自己の権力を強調するために停止命令を出したとする説だ。

この⑦と⑧、そしてフリーザー説に示されている要因のどれかが決定的だったのかもしれないし、あるいは、そのすべてが複合的にヒトラーの心理に作用していた可能性もあろう。

いずれにせよ、英国の守護天使が授けたかとさえ思われるような好機が、看過されるわけはなかった。王立海軍《ロイヤル・ネーヴィ》は、商船二一六隻、スクーツ（喫水の浅い木製船）四〇隻、海軍艦艇一三九隻、さらに数百の漁船や小舟艇、全体で九〇〇隻以上をかき集め、「ダイナモ」作戦を発動した。その目的は、包囲されたイギリス遠征軍とフランス軍ほかの連合軍の一部部隊を海路救出することだ。

風前の灯火《ともしび》だった連合軍部隊が脱出していくのを、グデーリアンとその装甲部隊は指をくわえて見ているほかなかった。こうして助け出されたイギリス軍将兵は、重装備こそ失っていたとはいえ、英陸軍再建の土台になっていく。

ドイツ軍に訪れた千載一遇《せんざいいちぐう》の機会は空費されてしまったのである。

フランス降伏

五月二六日、ルントシュテットより状況の変化についての説明を受けたヒトラーは、ようやく停止命令を撤回した。翌二七日午前八時、攻撃が再開されたものの、袋の鼠であったはずの連合軍諸部隊は、ダンケルクのほころびから逃れだしていた。六月一日、ドイツ軍はダンケルク総攻撃を実施し、四日朝には同市を制圧した。彼らが見たものは、おびただしい数の遺棄された装備や物資であった。イギリス陸軍の中核をなす、訓練され、経験を積んだ将兵は、海峡のかなたに去っていたのだ。

ともあれ、ダンケルク占領によって、西方侵攻作戦は結着がついた。ドイツ装甲部隊が築いた回廊の南には、なお相当数のフランス軍部隊があり、ソンムとエーヌの両河川に拠《よ》って抵抗の準備を整えてはいる。だが、主力を撃滅されたフランス軍が六六個師団しか有していなかったのに対し、ドイツ軍は一〇四個師団（ほかに予備として一九個師団を控置）を投入することが可能だったのである。

従って、フランスにとどめを刺すための攻勢、「赤　号《ファル・ロート》」作戦（六月五日発動）は、ワンサイド・ゲームの様相を呈することになった。これに先立つ五月二八日、グデーリアンは、あらたな装甲集団を編合し、「赤号」作戦に参加するよう、ヒトラーから命じられる。「グデーリアン装甲集団」の誕生であった。六月一日にグデーリアンを司令官として発足した、この新装甲集団は二個自動車化軍団を麾下に置いていた。それぞれ二個装甲師団および一個自動車化歩兵師団を有する第39・第41自動車化軍団である。

A軍集団麾下第12軍の指揮下に置かれたグデーリアン装甲集団は、南に向かって突進するように命じられた。スダン南方からスイス国境にかけて展開しているフランス軍の背後に回りこみ、これを包囲することが目的だった。六月九日、攻勢を発動したグデーリアン装甲集団の進撃はめざましく、たちまちブザンソンを攻略、およそ一週間後の一七日にはもうスイス国境に達していた。あまりの急進ぶりに、軍首脳部が何かの間違いではないかと疑ったほどだった。「ポンタルリエでスイス国境に着いたと報告すると、ヒトラーは『貴官の報告は誤りで、ポンタイエ・シュル・ソーヌ〔東部フランスの町〕に到達したということだろう』と反問してきた。すぐに『ミスではありません。小官は今、スイス国境のポンタルリエにおります』と回答する。それで、疑り深いＯＫＷも納得した」（『電撃戦』）。

一方、独仏国境に展開していたドイツC軍集団もマジノ線攻撃を敢行、突破に成功し、六月一九日にグデーリアン装甲集団と手をつなぐ。約五〇万のフランス軍が包囲されたのだ。

この間、六月一四日には、無防備都市宣言を出した首都パリにドイツ軍が入城しており、フランス国民の士気は地に落ちていた。六月二二日、パリ近郊コンピエーニュの森で独仏の休戦協定が調印される。ドイツは、第一次世界大戦で四年余の時を費やして、ついに打倒することができなかった大国フランスを、今度は一か月ほどで降《くだ》したのである。

戦略的近視眼

ドイツの国運上昇と軌を一にして、グデーリアンの人生も絶頂に達していた。ルッツらとともに心血を注いで育て上げた装甲部隊を自ら率いて、作戦次元では初めての大規模な運用を行い、大勝利を挙げたのだ。事実、西方侵攻作戦におけるグデーリアンの指揮と決断はきわめて適切だった。それは、ありもしない側背への脅威におびえる上層部を押し切って、海峡への突進を完遂させた原動力となった。ダンケルクの停止命令により、完璧《かんぺき》な勝利を得ることはできなかったものの（とはいえ、これはグデーリアンの責任ではない）、「黄号」作戦の成功には、彼個人の資質と能力がおおいに与《あずか》っていたのである。ヒトラーも、その功績を嘉《よみ》し、一九四〇年七月一九日付で、グデーリアンを上級大将に進級させた。

しかし――グデーリアン個人は栄光の頂点に立ったとしても、そこで戦争が終わるわけではなかった。七月一九日、ヒトラーはライヒスターク（国会）で演説を行い、イギリスに和平を呼びかけた。ところが、チェンバレンのあとを襲って、戦時宰相となったチャーチルは、断固《だんこ》抗戦すると決する。ダンケルクで英軍主力が殲滅されず、陸軍再建の種子が残ったことが、チャーチルを力づけたのであった。

かくて、戦争が続くことを知ったグデーリアンは、地中海戦略が有効であると考えた旨、回想録に記している。ドイツ海軍と空軍が準備不充分であることに鑑みれば、英本土に上陸し、イギリスを屈服させることは望み薄である。従って、イタリア（六月一〇日、ドイツ側に立って参戦していた）と協同して、フランスの地中海沿岸諸港を占領したのち、空軍が降下猟兵《ファルシルムイエーガー》（ドイツ軍における空挺部隊の呼称）を以てマルタ島を攻略する。イギリスの衛星国だったエジプトの守備兵力は弱体で、マルタ島の防備も万全とはいえないから、これらの作戦は有利に進展するであろう。「四ないし六個の装甲師団をアフリカに移送することで、その地のイギリス軍を圧倒するだけの優勢な兵力を迅速に集結させれば、英軍増援部隊の輸送も間に合わなかったにちがいない」（『電撃戦』）。

グデーリアンは、作戦次元の指揮官としては傑出していたが、戦略的には近視眼的であったとは、よくいわれるところである。この場合も例外ではなかった。今日では、おおかたの

赤号作戦

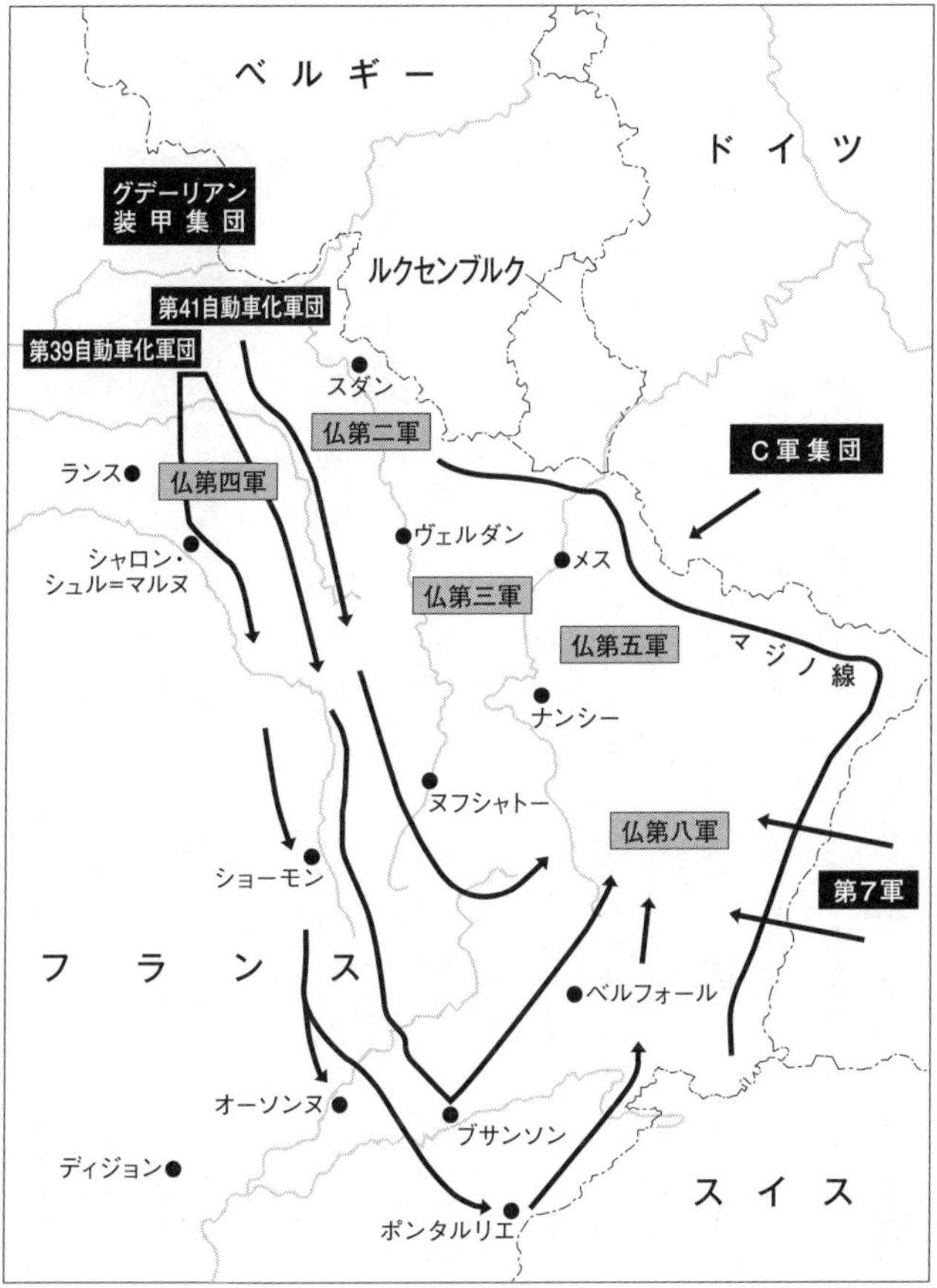

Hart, p.49より作成

戦史家・軍事史家が、グデーリアンが有効とみた地中海攻勢は、当時の枢軸軍の兵站《へいたん》能力からして不可能だったとする点で一致している。「またしても、グデーリアンには、より大規模な戦略を見る眼がないことが露呈された。彼は、機械化された軍隊が、遠く北アフリカで作戦を行う際に補給面で生じる、膨大な兵站上の困難に考え至っていなかったのだ」（ラッセル・A・ハート）。

対ソ作戦計画立案に関与したのか?

だが、グデーリアンの思案とは裏腹に、ヒトラーは、まったく別の解決に手をつけようとしていた。ソ連侵攻だ。

ヒトラーは、一九二三年にクーデターに失敗して投獄されたころから、一九四五年にベルリンで自殺するまで、ソ連を打倒し、東方に巨大な植民地を建設することを、一貫して自らの政治目標にしていたとされる。これは、かつてドイツ歴史学界の保守本流であった「プログラム」学派の唱えた説であった。そうした長期的な目標設定に加えて、ヒトラーには、ソ連の撃破を策するだけの理由があった。彼は、イギリスが無意味な抵抗を続けているのは、いずれアメリカとソ連が味方につくと楽観しているからだとみなした。従って、この「大陸の剣」、つまり、ソ連を覆滅すれば、イギリスも講和に応じるであろうと考えたのである。

一九四〇年七月三一日、南独ベルヒテスガーデンの山荘に国防軍首脳部を集めたヒトラーは、ソ連攻撃の意思を告げた。さらに、同年一一月のソ連外務人民委員（他国の外相に相当する）ヴャチェスラフ・M・モロトフのベルリン訪問の際に、勢力圏分割に関しては、いっさい妥協しようとはしないソ連の姿勢を見せつけられたヒトラーは、一二月一八日、ソ連侵攻「バルバロッサ」作戦の実行を命じる総統指令第二一号を下達する。

また、OKHも、一九三九年から四〇年にかけてのソ連の動きに神経をとがらせていた。この間、ソ連は、フィンランドやルーマニアに領土を割譲させ、さらにはバルト三国を併合して、その版図を着々と広げていたのだ。ハルダー陸軍参謀総長は、東部国境の防衛にあたる第18軍の参謀長に命じて、ソ連との戦争が生起した場合の攻勢計画を立案させた。この作戦案は、ハルダーの承認を得て、一九四〇年七月二二日付で「第18軍開進訓令」として発令される。ところが、この訓令は、単にドイツが攻撃を受けた場合のみならず、バルカン方面、とくに、戦争遂行上必要不可欠の石油を産するルーマニアに脅威がおよんだ場合にも、対ソ戦を決行するとしていたのである。すなわち、ヒトラーとは別の思考過程をたどって、OKHも対ソ戦やむなしとの結論に達していたのだった。

八月の休暇を経て、ドイツ本国に戻り、装甲部隊の再編作業に従事していたグデーリアンが、対ソ開戦企図について知らされたのは一一月のモロトフ訪問直後だったと、その回想録には記されている。ハルダーのもとに呼び出された参謀長の男爵クルト・フォン・リーベンシュタイン中佐ならびに作戦参謀フリッツ・バイエルライン中佐が、「バルバロッサ」作戦の説明を受け、グデーリアンに指示を伝えてきたというのだ。

「会談後、彼らがやってきて報告し、地図を広げたときには、わが眼を疑ったものだった。私が不可能であると考えたことが、現実になろうとしているではないか？　二正面戦争を回避しなければならぬことがわかっていなかったという理由で、一九一四年のドイツの政治指導者たちを辛辣《しんらつ》に批判していたヒトラーその人が、いまや、対英戦争も終わっていないのに、ロシアと戦う決断を下し、自分から二正面戦争を引き寄せようとしている。そんな戦争は、あらゆる軍人が心底から警告を発していたものであるし、そもそも彼自身が、それは過ちであると何度となく批判してきたことではなかったか？」（『電撃戦』）

激怒したグデーリアンは、おのが懸念をハルダーに伝えさせたが、まるで効果がなかったとしている。

はたして、こうしたグデーリアンの主張は、額面通りに受け取れるものだろうか。

疑う余地はある。一九四〇年六月二九日付で、前出の第18軍に出された訓令には、サン川とヴィスワ川の線で侵入軍を拒止し、増援の到着を待って反撃に転じるとの具体的な指示も含まれていた。この反撃には、「グデーリアン集団」を用いるとされていたのだ。

「グデーリアン集団」と称するのは、もちろん、彼が司令官に予定されていたからで、その麾下には、ベルリンならびにブレスラウで再編成中の軍団司令部二個、装甲師団四個、自動車化歩兵師団二個が入ることになっていた。問題は、この集団の作戦参謀に任命されたバイエルラインが、一九四〇年八月二九日付で出した意見具申書である。そこで彼は、第18軍開進訓令の作戦目標が明確でないと批判した上で、南方ではドニエストル川沿いにルーマニア国境を掩護しつつキエフに突進、北方では東プロイセンから打って出てミンスクをめざすという大規模な作戦案を示したのだ。バイエルラインの直属上官であるグデーリアンが、かかる計画、さらには、その裏に秘められていた対ソ戦の企図について、まったく知らされていなかったということは考えにくい。ドイツの軍事史家エルンスト・クリンクのように、このバイエルラインの上申書は、研究用の図上演習の結果報告にすぎないのではないかと疑義を呈する向きもあるが、一九四〇年七月末、あるいは八月の時点で、グデーリアンがソ連侵攻の胎動を察していた可能性は残るであろう。

いずれにせよ、彼は、対ソ戦について、二正面戦争への懸念から疑義を唱えただけで、「黄号」作戦のさなかにやったように、辞職を申し出たりはしなかった。一九四〇年一一月一六日、グデーリアンは、ソ連侵攻作戦において重大な役割を担う四個の装甲集団の一つ、第2装甲集団の司令官に就任したのである。

第一〇章　「バルバロッサ」作戦

あいまいな目標と不充分な戦力

一九四一年六月二二日、ドイツとその同盟国の軍隊およそ三三〇万がソ連に侵攻した。奇襲を受けたソ連空軍は、あるいは地上で破壊され、あるいは空中で撃墜された。こうして得られた航空優勢の傘のもと、ドイツ軍は猛進し、ソ連西部国境地帯に配置された赤軍諸部隊をたちまち撃破していく。世界の軍事筋の多くは、ドイツ軍の鮮やかな成功に圧倒され、ソ連崩壊近しと判断した。無理もないことである。なぜなら、彼らは、ドイツの戦略方針が確定しておらず、また、その戦力はソ連という巨人を倒すには不充分だったという事実を知らなかったのだから。

ヒトラーと国防軍には、ソ連侵攻作戦「バルバロッサ」を策定するにあたり、重大な見解の相違があったことはよく知られている。ヒトラーは南部ロシアの資源地帯を奪取することを重視したが、国防軍、なかんずくOKH（独ソ開戦後、主として東部戦線の作戦指揮を担当するものとされていた。その他の戦域は、OKWが管轄する）は首都モスクワを攻略することで、政治、経済、軍事、国民心理のすべてにわたって打撃を与えることを優先すべきだと主張した。ただし、このあつれきは、「バルバロッサ」作戦の計画段階では深刻なものとはならず、二つの方針のいずれを選ぶかという問題もあいまいなままにされた。

楽観とソ連軍蔑視《べっし》のなせるわざだった。ヒトラーとOKHは、国境会戦、すなわち、独ソ国境地帯で決戦を行い、敵主力の奥地への撤退を許さず、これを撃滅してしまえば、事実上戦争は終わる、モスクワか、それとも重要資源地帯の占領かという選択は、そのあとに決めればよい、と考えていた。ごくわずかな例外を除き、ドイツ軍の高級将校たちは、これをさほど難しい課題であるとは思っていなかった。当時のソ連軍は、自らの権力が脅かされるのではないかと疑心暗鬼におちいったスターリンが一九三七年に開始した「大粛清」によって、将校の多くを失い、弱体化していたからだ。ドイツの将軍たちは、中・西欧の大半を制圧したヴェーアマハトの実力を以《もっ》てすれば、そんな軍隊など鎧袖一触《がいしゅういっしょく》だとみなしたのである。彼らのほとんどが共有していたスラヴ人蔑視も、こうした過誤にひと役買っていたことはいうまでもない。

だが、かかるドイツ軍のもくろみは、思い込みにすぎなかった。仮に国境会戦で殲滅《せんめつ》的勝利を挙げたとしても、ソ連の国力からすれば、あらたな軍隊が編成され、前線に出現するという事態は、充分考えられることだったし、事実そうなった。

また、モスクワか、重要資源地帯、あるいは、その両方を奪取したとしても、それで本当にソ連は崩壊するのか。ヒトラーとドイツ軍首脳部が、この問題を真剣に検討した形跡はない。これもまた、実際にソ連側が計画したように、ウラル山脈までも退いて、徹底抗戦に出た場合、どのような措置を取るのかは、「バルバロッサ」作戦に想定されていないのである。結果として、ドイツ軍は長期戦に備えてもいなければ、長駆進撃することが必要になった場合の兵站《へいたん》組織も調えていなかった。ゆえに、華々しい緒戦の勝利にもかかわらず、対ソ侵攻は失敗する運命にあったのだ。

内実をともなわない装甲部隊増大

加えて、ドイツ軍の戦力も、ソ連軍という大敵に当たるには不充分であった。とくに、槍《やり》の穂先となる装甲部隊に、それが目立った。ここでは、本書の主題であるグデーリアンの装甲集団を例に挙げよう。第2装甲集団は、装甲師団五個、自動車化歩兵師団二個、武装ＳＳ

バルバロッサ作戦（1941年）

Hart, p.67より作成

自動車化歩兵師団一個、騎兵師団一個、自動車化歩兵連隊一個を有していた。これらが、装甲集団麾下《きか》の第24、第46、第47自動車化軍団に配属されていたのである（戦闘序列は左図を参照されたい）。

一見、堂々たる兵力であるかとみえる。だが、中核となる装甲師団の打撃力は、前年の西方侵攻作戦に比べて、大幅に低下していた。かつては各装甲師団隷下に二個あった戦車連隊が、一個に減らされていたからである。フランス戦終了後にヒトラーが下した、装甲師団・自動車化師団の数を倍にするという決定ゆえのことであった。いくら総統が厳命したところで、当時のドイツには、二個戦車連隊保有を建制とする装甲師団を倍増させるだけの生産力はない。そこで、既存の装甲師団から戦車連隊一個を割譲させ、それを基幹兵力として、新しい装甲師団を編成するとの措置が取られたのである。結果として、装甲師団の数こそ倍になったものの、一個師団あたりの打撃力は、西方侵攻作戦当時よりも減少してしまった。

自動車化歩兵師団の倍増計画も、ドイツの限られた自動車生産能力からすれば、大きな負担となった。手持ちの機材をかき集めただけではとうてい足らず、占領した諸国の自動車を押収し、また現地の工場に動員をかけて、ようやく所要の数を揃えるといったありさまだったのだ。ところが、外国製の自動車を大量に装備した結果、補充やメンテナンスに著しい困難が生じた。部品の補充系統が異なるため、ある自動車化歩兵師団を、別の軍、あるいは軍

第2装甲集団戦闘序列（1941年6月22日）

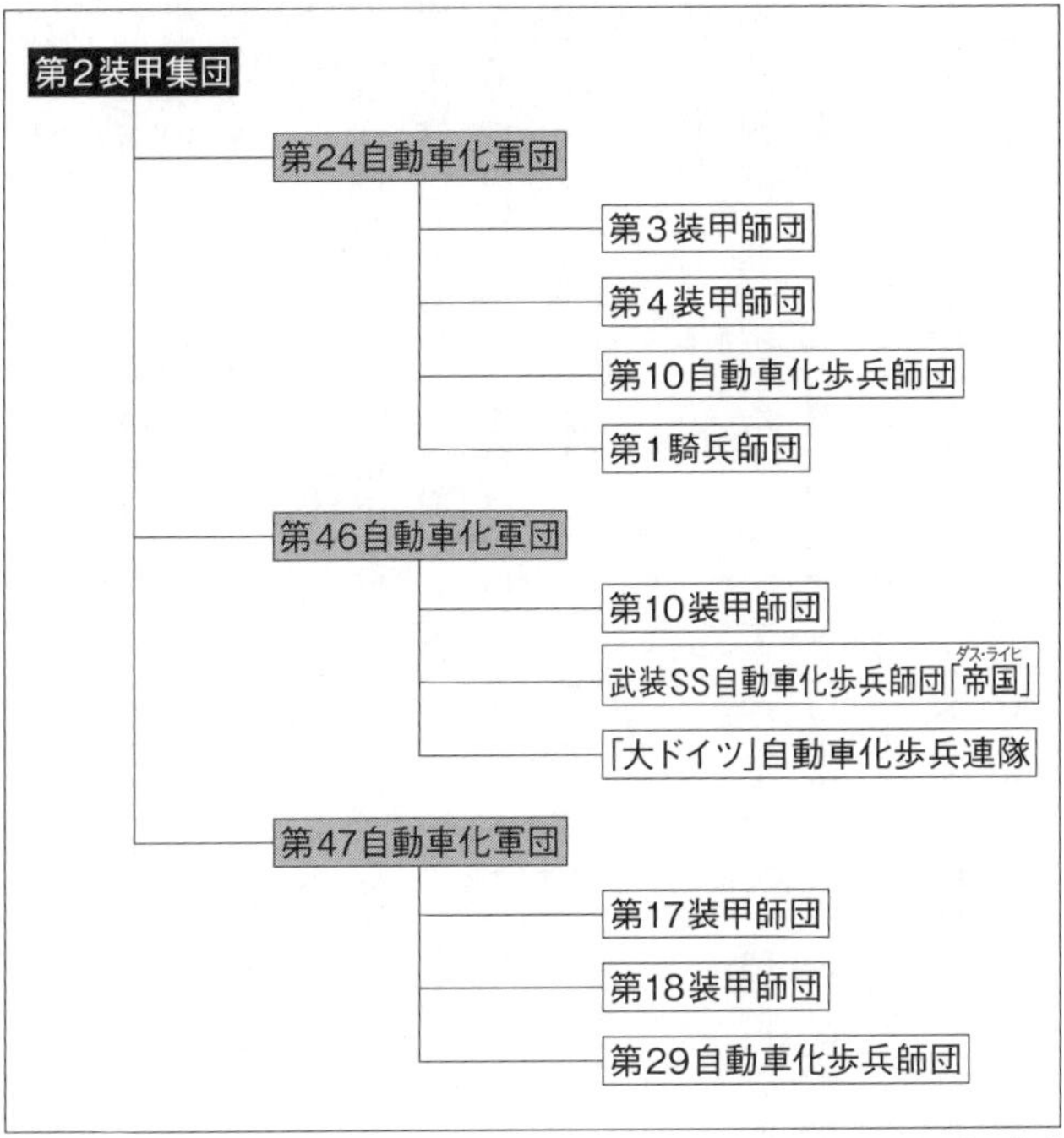

Tessin, Bd.2, S.89より作成

団に移そうとしても不可能だったのである。たとえば、ドイツのオペル社製のそれを装備している師団向けの補充・メンテナンス組織は、フランスのルノー社製自動車に頼る師団の維持には使えなかったのだ。第二次世界大戦におけるドイツのソフトスキン（装甲をほどこしていない自動車《しゃ》輛《りょう》）の装備体系はカオスであったといわれるが、その背景には、こ

うした事情があった。

主たる戦闘装備である戦車についても問題が残っていた。西方侵攻作戦の戦訓より、ドイツ軍戦車の火力不足を認識したヒトラーは、主力となっていたⅢ号戦車に、従来の三・七センチ砲の代わりに、口径五センチ、砲身長六〇口径（砲身長とは、砲身の長さを砲の口径で割ったもの。この砲身長が大きいほど、装甲貫徹力が増す）の砲を装備するよう要求した。けれども、陸軍兵器局は、総統の指示を無視して、短砲身四二口径の五センチ砲を採用したのだ。その理由は不明である。が、対ソ戦では、T－34やKV型といった重装甲の戦車と対決することになったのだから、これは痛恨のミスだったといわざるを得ない。のちに、この事実を知ったヒトラーは激怒したが、あとの祭りだった。

空虚な勝利

東部戦線は、通行困難なプリピャチ湿地によって、南北に分断されている。ソ連に侵攻したドイツ東部軍《オストヘーア》は、この湿地帯の北に二個軍集団、南に一個軍集団を置いた。そのうち、ドイツ軍からみて右翼にある南方軍集団は、ウクライナの大都キエフやドニェツ河床などの工業・資源地帯の占領をめざす。一方、北翼の北方軍集団は、バルト海沿岸地域を征服したのち、戦況に応じて、レニングラードか、モスクワに旋回するものとされた。三個目の軍集団である中央軍集団は、国境会戦でソ連軍主力を殲滅し、スモレンスク＝モスクワ街道を突進する任務を与えられていた。

グデーリアンの第2装甲集団は、この中央軍集団に所属していた。ヘルマン・ホート上級大将（一九四〇年七月一九日進級）の第3装甲集団とともに、包囲のハサミの刃を形成する役目を帯びていたのである。歩兵師団群に遠く先駆けて前進し、ソ連軍主力の側背部を遮断、包囲陣を完成させるのが、両装甲集団の任務だった。ホート装甲集団が北、グデーリアン装甲集団が南の刃だ。

六月二二日午前三時一五分に開始された中央軍集団の攻撃は圧倒的であり、正面にいたソ連西正面軍は、たちまち潰滅《かいめつ》するかにみえた。西正面軍麾下の第三、第一〇、第四軍は、西に突出するかたちで布陣していたため、突出部の根元を第2・第3装甲集団に挟撃されるはめになったのだ。グデーリアンの第2装甲集団は奇襲により、ブク川に架かる複数の橋を無傷で占領し、進撃を開始した。

しかし、ロシアへの侵攻は、整備された道路網を利用し得た西方侵攻作戦とは、まったく様相が異なることがすぐにあきらかになった。ブク川の橋梁《きょうりょう》こそ占領したものの、ロシアの道路は、ドイツ装甲部隊の大縦隊の移動に耐えられなかったのである。第2装甲集団麾下の第47自動車化軍団長ヨアヒム・レメルセン装甲兵大将は、重量のある車輛の通行によって、橋に通じる道路が湿地に沈み込んだと報告している。装甲集団右翼に位置する第24自動車化軍団も、割り当てられた道路が「破壊されたも同然の状態」で、ほとんど使用できなかったために、大渋滞を起こし、八〇キロ前進する予定だったのが、一八キロしか動けないというありさまだったのだ。さらに、グデーリアンにとっては因縁深いブレスト＝リトフスクでは、ソ連軍要塞《ようさい》守備隊が予想外の抵抗を示し、この重要な交通の結節点を通行不能にしていた。

包囲されて孤立したソ連軍、すなわち、上級司令部と補給源から遮断され、戦力としてはマヒしているはずの敵部隊が、積極的に反撃してくることも悩みの種となった。いずれも小規模かつ散発的なものであったし、多くの場合、大損害を出して撃退される程度の攻撃でしかなかったけれども、ドイツ軍としては無視するわけにいかず、そのぶん、進撃は遅れた。

中央軍集団司令官フェドーア・フォン・ボック元帥（一九四〇年七月一九日進級）は、開戦二日後の六月二四日、その日記にこう書いている。「ロシア人は死

スモレンスクへの突進

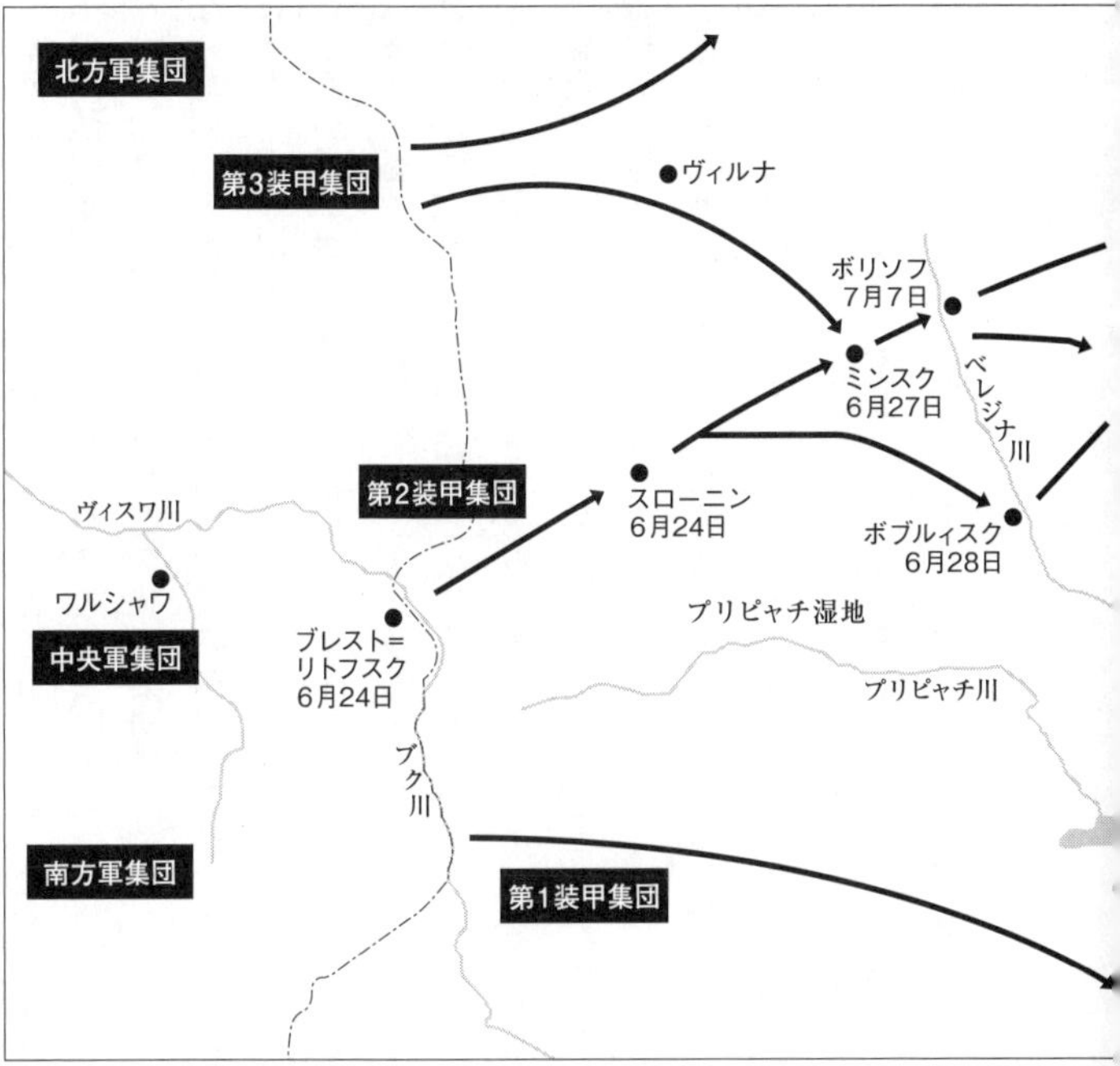

Macksey, *Panzergeneral*, p.135より作成

にものぐるいで防戦に努めている。グロドノ付近で、第8および第20軍団に対する猛反撃あり。グデーリアン装甲集団も、スロニム近くで敵の反撃により足止めされている」。

それでも、第2装甲集団は驚異的な速度で進撃した。ブレスト＝リトフスクからボブルィスクまで、四〇〇キロ余りの距離を七日間で踏破したのである。この間に、中央軍集団は、戦車二五〇〇両、火砲一五〇〇門を含む、膨大な量の敵装備を鹵獲《ろかく》していた。それらは、麾下の両装甲集団に補充として与えられた。

六月二七日、グデーリアンの第2装甲集団は、ミンスクで、ホートの第3装甲集団と手をつないだ。中央軍集団戦区における最初の包囲陣が完成したのだ。このミンスク包囲陣の掃討により、ドイツ側は三三万余の捕虜を得た。

ところが、かかる輝かしい勝利にもかかわらず、ドイツ軍の実情は苦しくなる一方だった。ここまでの個々の戦闘をみると、ドイツ軍の損害は、けっして大きくはない。けれども、ひっきりなしに小競り合いが続くとなれば、その累積は無視できないものとなる。オーストラリアの軍事史家ディヴィッド・ストーエルは、従来、こうしたドイツ軍の苦境は過小評価されてきたとしている。ドイツ軍の進撃は一見めざましいようではあったが、彼らが達成すべき戦略的目標からすれば、なお足りなかったというのだ。こうした視点からすれば、ミンスク包囲戦も、多くの戦闘力を残したソ連軍部隊の東方脱出を許し、かつ許容できる範囲以上の損害を出したという点で、戦略的には「空虚な勝利」であったと、ストーエルは総括している。

興味深いことに、グデーリアンも、実際には、この不都合な状況を認識していた。彼は、戦後の回想録では、「ベロストーク〔現ポーランド領ビヤウィストク〕地域にあったロシア軍は、今や実行されつつあった挟撃から逃れようと懸命になったが、無駄だった。彼らは包囲されたのである。ごく一部の脆弱《ぜいじゃく》な部隊だけが、包囲環が閉ざされる前に、東方に逃れることができた。本戦役最初の大勝利への道が開けたのだ」(『電撃戦』)と述べている。

しかし、かくのごとき誇らしげな回想とは裏腹に、六月二七日付の夫人宛書簡、つまり一次史料のトーンは、ずっと陰鬱《いんうつ》なものだった。グデーリアンは、対ソ戦最初の数日がいかに努力を要するものであり、親しかった将校数名が斃《たお》れたことがどれほど悲しいことだったかを描いた上で、こう書いている。「敵は勇敢かつ激烈に抵抗している。ゆえに、戦闘はきわめて厳しい。誰もがただ、それに耐えるだけだ」。

深まる困難

いずれにしても、国境会戦でソ連軍主力を殲滅し、爾後《じご》の抵抗を不可能にするという「バルバロッサ」作戦成功の条件は満たされなかった。作戦次元でみれば、ミンスク包囲戦は大勝利を得たといえるが、戦略目標であるソ連打倒を達成するには、まったく不充分だったのである。

従って、中央軍集団は、つぎの防衛線となるであろうドヴィナ川とドニエプル川を迅速に渡河し、敵に堅固な陣地を築くことを許さずに、ソ連軍主力を撃滅しなければならない。だが、ここで作戦方針をめぐる対立が生じていた。歩兵部隊が追いつくまで、快速部隊によって包囲環を固め、遮断された敵が脱出するのを防ぎつつ、戦線を安定させるのか。それとも、後方の脅威などは無視して、敵がなお部隊を配置できずにいる、あるいは、ごく手薄な守備隊がいるだけの正面をめざして、快速部隊を突進させるのかという問題であった。

むろん、グデーリアンは、後者を選んで急進すべしと主張している。しかし、第2装甲集団の上部組織である第4軍（装甲集団は自前の後方機関を持たぬため、多くの場合は最寄りの軍の指揮下に入った）の司令官であるクルーゲ元帥（一九四〇年七月一九日進級）は異なる見解を抱いていた。彼は、ポーランドやフランスでもそうだったように、快速部隊の突出を認めるつもりはなく、側面や後方の敵残存部隊を掃討し、歩兵で戦線を固めてから前進すべきだと考えていたのである。ヒトラーもまたクルーゲに与《くみ》して、七月三日、彼に第2および第3装甲師団の統合指揮をゆだねたから（これにともない、第4軍は「第4装甲軍」と改称された）、グデーリアンの行動は、おおいに制約されることになった。

たとえば、グデーリアンは、クルーゲが第4装甲軍司令官となった日、七月三日に、その司令部に呼びつけられ、停止して、包囲環の一部を成すはずだった第17装甲師団が、連絡ミスから前進してしまったことについて、厳しく叱責《しっせき》されている。その際、クルーゲは、ホートも同様のしくじりをみせたのだから、グデーリアンともども軍法会議にかけるつもりだったと発言し、二人は命令に反抗したのだと決めつけた。かかるグデーリアンとクルーゲのあつれきは、のちに感情的なそれにまで発展していく。

この七月三日は、グデーリアンの厄日であったのかもしれない。攻防両面において、ドイツ軍戦車をはるかに凌駕《りょうが》するソ連軍のT－34が、初めて第2装甲集団の戦線に出現し、麾下第18装甲師団に苦戦を強いたのである。武装、装甲、速度のいずれにおいても傑出していたT－34は、自軍の戦車の優越性を信じて疑わなかったドイツ軍将兵に大きな衝撃を与えた。ドイツ軍の標準的な対戦車砲だった三・七センチ砲ではT－34に歯が立たず、この砲は「ドアノッカー」なる自嘲《じちょう》的なあだ名で呼ばれるようになった。

グデーリアンは、戦後の回想において、T－34の存在を予測していたかのごとくほのめかしている。一九四一年春、ドイツを訪問したソ連軍視察団は、戦車学校や工場を見学した際に、当時、いちばん優れた性能を誇っていたⅣ号戦車を見せられた。ところが、彼らは、それが最高の戦車であることを信用せず、どこかに新鋭戦車が隠されていると疑ったのだ。この一件から、ソ連軍はもっと強力な戦車を持っているので、そのような反応を示したのではないかと、ドイツのメーカー関係者や陸軍兵器局の将校たちはいぶかしんだ――というのが、『電撃戦』の記述である。ただし、同時代の一次史料をみるかぎり、グデーリアンは、ソ連軍がドイツのそれに優《まさ》る戦車を保有している可能性について、いっさい警告を発していない。

もし仮に、右のエピソードが事実だったとするなら、彼は、T－34の脅威に直面したのちに、それを知ったということになろう。

スモレンスクの戦い

グデーリアンを苦しめたのは、上官との摩擦だけではない。勝利の陰で、第2装甲集団は相当の消耗を余儀なくされていたのである。とくに、攻撃の主兵である戦車のそれは著しかった。ロシアの悪路に巻き上がる塵芥《じんかい》は、急激にエンジンを摩耗《まもう》させる。ところが、交換部品の供給は遅滞していたし、野戦では徹底的なオーバーホールも不可能だった。結果として、動かせない戦車が続出する。七月七日付の第2装甲集団戦時日誌によれば、麾下装甲師団のうち、第10はもっとも良好な状態にあったものの、戦闘可能な戦車は保有数の八〇パーセントとなっている。ところが、第4・第17装甲師団になると六〇パーセント、第3と第18に至っては三五パーセントしかなかった。しかも、この装甲集団司令部に上げられた数字は楽観的なものであったらしく、同じ日の第2装甲集団兵站監部戦時日誌には、第17装甲師団の戦闘可能戦車数は五〇パーセント、第18装甲師団は二五パーセントと、異なるデータが示されている。

かかる戦力不足に悩まされながらも、中央軍集団は七月三日に攻撃を再開した。七月五日には、ソ連軍第五および第七機械化軍団が反撃を実行し、センノをめぐる大戦車戦が生起する。が、当時のソ連軍機械化軍団は、指揮官の能力不足、兵站・整備・通信面における欠陥といった、さまざまな欠陥を抱えていたから、その攻撃は自壊ともいうべき敗北に終わった。

けれども、ドイツ軍の進撃が、六月下旬のようなテンポを保てなくなっていることは、誰の目にもあきらかだった。それでも、ホートとグデーリアンは突進を続けた。第2装甲集団はドニエプル川を渡河し、麾下の第29自動車化歩兵師団は、七月一六日にスモレンスクを占領している。北からの第3装甲集団の突進と相俟《あいま》って、同市周辺にあったソ連軍三個軍は包囲におちいるかにみえた。

しかし、第2・第3装甲集団の進撃にブレーキがかかる。早くも補給が危機的な状態になったのだ。何よりも、輸送の大動脈である鉄道が充分機能していなかった。というのは、ソ連の鉄道は広軌（この場合の「軌」は線路の幅を示す）であったため、ドイツ側が使用できるようにするためには、標準軌に置き換えていかねばならなかったからである。従って、グデーリアン装甲集団が長駆前進すればするほど、鉄道の補給端末との距離は遠ざかるばかりだった。このギャップは、自動車輸送部隊が埋めるしかなかったけれども、彼らも限界に達しつつあったのだ。

また、ソ連軍の反撃も、ドイツ軍が決定的な勝利を得ることを妨げた。七月二三日、スターリンの厳命のもと、ソ連軍四個軍を投入しての大攻勢が決行されたのである。グデーリアンとホートの両装甲集団が所属する第4装甲軍は、ドニエプル川沿いのスモレンスクからオルシャ南方まで、およそ一〇〇キロほども突出していた。そこに、北東、東、南の三方から攻撃を加えられたのだから、第4装甲軍は著しい負担を強いられることになる。もっとも、このソ連軍の反撃はなお準備不足で、スモレンスクを解放するには至らず、八月上旬には中止される。それでも、こうした攻勢は、放置されていればドイツ軍に包囲殲滅されたであろうソ連軍部隊の多くを、東に脱出させることを可能とした。

八月五日、中央軍集団は、スモレンスクの戦いは終わったと日々命令《ターゲスベフエール》（現状の説明や激励など、訓示に近い指示。毎日出される）で宣言した。なるほど、グデーリアンやホートの急進により、ドイツ軍は再び作戦次元で大勝利を獲得し、約二五万もの捕虜を取った。だが、自らの打撃力を維持しつつ、敵主力に致命的な損害を与えるという戦略的な課題からすれば、それは成功とは程遠かったのである。事実、中央軍集団は、スモレンスク戦後に進撃を継続することができずにいる。補給の困難とソ連軍の反撃に対応する必要から、その場に留まらざるを得なかったのだ。

合衆国における独ソ戦研究の第一人者であるディヴィッド・M・グランツは、このスモレンスク会戦をテーマとした大著に、『脱線したバルバロッサ』というタイトルをつけている。

まさしく、「バルバロッサ」作戦という列車は、大幅な遅延を強いられていた。

グデーリアンと戦争犯罪

ここで、軍事的な展開の叙述を進める前に、グデーリアンと戦争犯罪の関わりについて、述べておかねばなるまい。

一九四一年三月三〇日、ヒトラーは、国防軍の高官たちを招集し、対ソ戦の目的に関する演説を行った。そのなかで、彼は、通常の軍刑法にもとづく裁判手続を停止せよと指示している。これを受けて、OKW長官ヴィルヘルム・カイテル元帥（一九四〇年七月一九日進級）は、戦闘中に捕らえられた民間人にはいっさいの保護を与えない、また戦闘遂行中のドイツ軍部隊は特別の自衛措置を取るべしとした訓令を発布した。この指示は、具体的には、敵性民間人には軍法会議で裁かれる権利を与えない、パルチザンは捕虜としない、後方の兵が殺害されたときには、当該地域の住民を人質に取り、犯人が出頭しない場合には、それらの人々の生命を奪うというかたちで実行されたのである。

さらに六月六日には、悪名高き「コミッサール指令」が出された。コミッサールとは、ソ連において、軍人を統制するために軍隊の各レベルに配置された共産党代表のことで、「政治委員」と訳されることもある。このOKWが起案した指令は、彼らこそ、ドイツ軍捕虜に

「憎むべき、身の毛もよだつような非人間的」取り扱いを強いる原動力になると決めつけていた。その上で、捕らえられたコミッサールを殺害すべしと命じていたのだ。本指令は、配布先は各軍・航空軍司令官までとの留保を付けて（つまり、軍相当の規模である装甲集団の司令官であるグデーリアンは配布対象となる）、陸海空三軍の総司令官に下達された。

グデーリアンは、この二つの指令について、回想録『電撃戦』にこう記している。

「そうした〔軍刑法を無視した敵性分子処刑により、軍紀紊乱《ぶんらん》が生じる〕危険があることについて、私と部下の軍団長たちの見解は最初から一致していた。ゆえに、私は、同訓令の麾下師団への下達を禁止し、それをベルリンに返送するよう処置した。この命令は、戦後、かつての敵たちによって遂行された、われわれの将軍たちに対する裁判において、重大な役割を果たした。けれども、わが装甲集団において、本訓令が適用されることはなかったのである。当時、私は、かような命令に従わないことは義務であると、〔中央〕軍集団司令官に報告した」。

「同様に、善からぬ意味で有名になった、いわゆる『コミッサール指令』は、そもそも、わが装甲集団には知らされなかった。おそらく『中央』軍集団のところで留め置かれたのだろう。『コミッサール指令』も、わが将兵にあっては実行されていない」。

戦争犯罪への関与を全否定する記述ではある。しかし、前出のラッセル・A・ハートは、そのグデーリアン伝で、かかる主張は虚偽にほかならないと、厳しく指摘している。まず、「バルバロッサ」作戦発動後の数日間に、第2装甲集団麾下のレメルセン第47自動車化軍団長は、コミッサールとパルチザンは合法的な殺害の対象になると説明する命令を、繰り返し出していた。また、コミッサール指令が、第2装甲集団に下達・実行されたことも間違いない。なぜなら、いくつかの部隊は、同装甲集団司令部に、即決で殺害されたコミッサール数に関する統計を報告しているからである。

また、国家公安本部長官ラインハルト・ハイドリヒ親衛隊中将直属の特殊機動隊で、ナチ体制にとって不都合な分子の殺害を任務とする「出動部隊《アインザッツグルッペ》」も、中央軍集団の前線に膚接《ふせつ》して行動していた。出動部隊は、補給や住民の強制連行などの面で、現場の国防軍諸部隊の支援を受けることになっていたから、グデーリアンが、その殺戮《さつりく》行為に気づかないということはあり得ないのだ。中央軍集団の戦区で活動した出動部隊Bは、陸軍の司令官たちとの関係には「何の困難もなかった」と報告している。グデーリアンも、かかる司令官らの一人であったことはいうまでもなかろう。

著者（大木）も、このハートの論駁《ろんばく》に同意せざるを得ない。グデーリアンが戦後に主張した「現場不在証明《アリバイ》」は立証し得ぬものであった。おそらく彼は、積極的に戦争犯罪に加担しなかったとしても、自らが管轄する領域において、住民や捕虜の虐殺が実行されていることに見て見ぬふりをしていたのだ。そうしたグデーリアンの姿勢は、のちに別の案件でも露呈することになる。

モスクワかキエフか

一九四一年七月二九日、総統付国防軍首席副官のシュムント大佐が、グデーリアンを訪ねてきた。七月一七日付でグデーリアンに授与された柏葉《はくよう》付騎士鉄十字章を届けに来たのである。この機会に、グデーリアンは、今後のヒトラーの戦略について、シュムントに尋ねてみた。彼の答えは、総統は、レニングラード、モスクワ、ウクライナの資源地帯を攻撃目標として考えているというものだった。グデーリアンは危惧《きぐ》を覚えた。モスクワこそが、ソ連の死命を決する重点だと確信していたからだ。グデーリアンは、モスクワという心臓に直接突進すべきだと意見具申してほしいと、シュムントに頼み込んだ。

この時期、ヒトラーの方針は動揺している。緒戦の勝利に楽観的になったのか、七月一九日に出された総統指令第三三号および、二三日付の補足指令で、ヒトラーは、第1および第2装甲集団を第4装甲軍麾下に組み入れ、コーカサスに突進させる一方、第3装甲集団はモスクワ＝レニングラード間の連絡線を遮断すべしと指示した。装甲部隊を引き抜かれた中央軍集団は、残る歩兵部隊のみでモスクワを占領するものとされたのだ。かくのごとき兵力の分散に驚いたハルダー陸軍参謀総長は、猛然と異議を申し立てる。その結果か、あるいは、この間の戦況停滞のなせるわざか、ともかくもヒトラーは、七月三一日に総統指令第三四号を発し、先の第三三号の実施を当面中止するとした。それに先立つ七月二八日には、第4装甲軍も廃止となり、再び第4軍に改称されている。

目標不分明という「バルバロッサ」作戦の欠陥が暴露されはじめたのである。政治的に重要な首都モスクワの占領を優先するのか、それとも、ウクライナの資源・工業地帯の奪取にかかるのか。この重大な決断は今まで先延ばしにされてきたのだが、もはや猶予《ゆうよ》は許されない。

八月四日早朝、グデーリアンは、対ソ開戦以来初めてヒトラーに直接報告するため、ノヴィ・ボリソフに置かれていた中央軍集団司令部に召致された。そこには、総統付国防軍首席副官シュムント大佐、中央軍集団司令官ボック元帥、第3装甲集団司令官ホート上級大将、OKH作戦部長アドルフ・ホイジンガー大佐らが集められていた。彼らは、一人ずつ、ヒトラーに報告し、おのが意見を開陳した。中央軍集団側は、モスクワ攻撃をめざすべきだという点で一致していた。ホートは自らの装甲集団を八月二〇日に前進再開させたいとし、グデーリアンも第2装甲集団を以て、一五日に攻撃にかかるべきだとする。

ところが、ヒトラーは優柔不断だった。最初の目標として、レニングラード周辺の工業地帯を挙げたものの、モスクワとウクライナのいずれに進撃すべきかについては、最終的な決断はまだ下せないとしたのである。

不満を抱きながら、おのが司令所に戻ったグデーリアンは、上層部の意思にかかわらず、モスクワ攻略の準備を進めることにした。八月一日から八日にかけて、ロスラヴリ地区にあったソ連軍の新手部隊を殲滅し、ついで九日より、第2軍と協同して、正面南東にある敵の陣地を占領する。グデーリアンの心づもりでは、こうした戦闘は、むろんモスクワへの跳躍台を得るためのものだったのだが、皮肉にも、それらはヒトラーが南方旋回を決意するにあたっての誘因となっていく。

八月一八日、ＯＫＨは、ヒトラーに決定を迫った。政治・経済・交通の中心地であるモスクワを占領すべく、中央軍集団を突進させるべきだと意見具申したのだ。ところが、八月二一日に示されたヒトラーの反応は、にべもないものだった。冬の到来前に達成されるべき目標のうち、最重要であるのは、モスクワの占領ではなく、クリミア半島の奪取であり、北方においてはレニングラードを孤立させることだと断じたのである。ここで、とくにクリミア半島のことが述べられているのは、ヒトラーが、そこはドイツの戦争遂行に不可欠なルーマニアの油田を脅かす「航空母艦」の機能を果たしていると信じていたからだった。

重要なのは、かかる判断をもとにしたヒトラーの決断だった。彼は、グデーリアンの第2

装甲集団がゴメリとポーチェプを結ぶ線に到達していることに注目し、そこから南進する腹を固めた。南方軍集団をしてウクライナのソ連軍を攻撃させ、これを拘束する一方、第2装甲集団をはじめとする中央軍集団南翼の部隊が、その敵の背後にまわりこみ、一大包囲陣を完成させるのである。

かくて、一九四一年八月二一日、モスクワではなく、キエフをめざすとの命令が下された。グデーリアンが、この南進の意向を知らされたのは、八月二二日だった。中央軍集団より、使用可能な装甲部隊を南に向けて開進させることはできるかと照会されたのだ。グデーリアンは、わが装甲集団を同方面で使用するのは根本的に誤っているし、あまつさえ、それを分散するのは犯罪と考えると答えた。

キエフ会戦

八月二三日、中央軍集団司令部に呼び出されたグデーリアンは、来訪したハルダー陸軍参謀総長より、ヒトラーは、モスクワに向かう作戦を中止し、ウクライナに向かう決断を下したと聞かされる。グデーリアンは、猛然と反対した。南方への転進は必然的に戦役の長期化を招き、冬季戦への突入につながるとしたのだ。ハルダー陸軍参謀総長も、ボック中央軍集団司令官も、これに同意した。その結果、グデーリアンは、ハルダーに同道して、東プロイセンの総統大本営（秘匿名称「狼の巣《ヴォルフスシャンツェ》」）に赴き、ヒトラーに意見具申することになった。ところが、彼を迎えたブラウヒッチュ陸軍総司令官は、もう総統の決定が下されたのだから、議論は禁物だと決めつけ、総統に拝謁しても、モスクワの問題については一言も触れるなと釘《くぎ》を刺してきた。

だが、実際の会見では、ヒトラーのほうから、この一件を持ち出してきた。二人の会話を、『電撃戦』より引用しよう。

「貴官は、これまで多々働いてきた麾下の将兵が、よりいっそう大きな負担に耐えられると思うかね？」

「一兵卒に至るまで納得できるような偉大な目標を与えられるというのであれば、然り《ヤー》であります」。

「もちろん、モスクワのことを指しているのだろうな！」

「閣下がこのテーマに触れられたのでありますから、どうぞ、その理由を述べることをお許しください」。

グデーリアンは、持論をとうとうと述べた。首都モスクワは、政治、交通、通信の中心であるのみならず、重要な工業地帯であるから、そこを占領すれば、ソ連国民の受ける衝撃は計りしれない。また、中央軍集団はすでにモスクワ作戦を準備しているのに、南進することになれば、時間もかかるし、装備の損耗や物資の費消を招く。何よりも、「バルバロッサ」作戦が、当初の予定通りの短期戦にならず、厳冬期まで長びくことになれば、モスクワ攻略は至難のわざとなろう……。

黙って耳を傾けていたヒトラーは、グデーリアンがしゃべり終わると、反論にかかった。ウクライナの資源と食料は、戦争遂行のカギを握っている。これを押さえるためにはまた、クリミア半島を占領して、ルーマニアの油田に対する脅威を除去しなければならない。グデーリアンは、このとき初めて、ヒトラーが好んで使った有名な言葉を聞いた。

「私の将軍たちは、戦争経済について、まったくご存じない」。

最後にヒトラーは、つぎの戦略的目標であるキエフ攻撃に遅滞なく着手せよと厳命した。

このような南進決定の過程は、敗軍の将となったドイツの軍人たちの回想記や証言によって、戦後非常に有名になり、「神話化」された。専門家の将軍たちが、モスクワ攻略という勝利の処方箋《しょほうせん》を書いたにもかかわらず、「素人」ヒトラーがキエフ転進を決め、それが敗戦につながる致命的なミスとなったというのである。

しかし、今日では、かかる将軍たちの議論は成り立たないものと立証されている。というのは、八月下旬の時点で、ただちにモスクワへの進軍が実行できたとするグデーリアン以下の主張は、すこぶる疑わしいことが判明しているからだ。イスラエルの軍事史家マーチン・

ファン・クレフェルトは、補給面から欧米戦史を分析したユニークな研究書『補給戦』で、こう述べている。「兵站の状況に鑑《かんが》み、中央軍集団が八月末にモスクワへ前進することはできなかった。それは間違いない。せいぜい、一四ないし一七個師団の、装甲師団、自動車化歩兵師団、歩兵師団から成る集団を投入することは可能であったかもしれない。だが、一九四一年九月末の時点でさえ、その程度の兵力で同市の防御陣を突破することができたかどうか、きわめて疑問である。さらに、モスクワへの接近路は、ウクライナよりも機動戦に不向きであったから、第2装甲集団だけでも補給し得たか、これまた疑わしい」。

独ソ戦の専門家であるストーエルも、その著書『キエフ一九四一年』で、中央軍集団は即時モスクワ攻撃にかかれる状態になく、作戦的好機を生かすためには、第2装甲集団等の南進だけが現実的だったと論じている。つまり、ヒトラーの決定は、当時の状況からすれば、最適解だった可能性が高いのだ。さりながら、南方旋回によって、戦争に勝つ目が得られたわけでないことはむろんである。

加えて、モスクワを奪取すればソ連は崩壊するというのは、ドイツの将軍たちの思い込みにすぎないことも指摘しておこう。モスクワ陥落後も、ソ連が抵抗を続けた場合の措置について、彼らがまったく検討していなかったことはすでに述べた。モスクワ占領ですべてが終わるというのは、「バルバロッサ」作戦遂行中にＯＫＨがおちいった願望であり、戦後においては、そうであったにちがいないという仮構《かこう》でしかないのだ。

ともあれ、中央軍集団右翼にあった第2装甲集団と第2軍の南進は、短期的には大勝利をもたらした。八月二五日、前進を開始した第2装甲集団は、早くも九月一四日には、キエフの後ろにあるロムヌィに達していた。九月一〇日には、南方軍集団の尖兵《せんぺい》である第1装甲集団がクレメンチュークから、北方への進撃にかかる。両装甲集団は、ソ連軍の激しい抵抗を排除しつつ、九月一六日に手をつないだ。ソ連軍四個軍が罠《わな》にかかり、巨大な包囲陣が形成されたのである。キエフは九月一九日に陥落したが、包囲陣内の敵部隊掃討は二六日までかかった。スターリンが撤退を禁じ、「拒止し、守り抜き、必要な場合には死ね」と命じたこともあって、ウクライナの防衛にあたっていたソ連南西正面軍は、甚大な損害を出した。捕虜となった将兵の数は、六六万五〇〇〇人におよんだとされる。

戦史上空前の勝利といえた。しかし、キエフ包囲戦は、その巨大な成功にもかかわらず。間尺《ましゃく》に合わないものとなっていた。前出のストーエルは、ヒトラーは、戦闘を制したものの、それによる消耗や時間の費消によって、戦争を失ったのだと評している（傍点強調は大木による）。百歩譲って、ドイツの将軍たちのいう通り、モスクワ攻略が戦争終結につながったと仮定するなら、第2装甲集団の南方旋回はたしかにそのチャンスさえも奪ってしまったのである。

「台風」作戦

キエフ会戦後、ヒトラーもとうとうモスクワ攻略を決意せざるを得なくなった。国境会戦で決定的な勝利を得て、抵抗する敵がいなくなったヨーロッパ・ロシアの大半を占領するなどといった当初の計画は、すでに紙切れと化している。いまや、ヒトラーとＯＫＨのいずれも、首都モスクワの奪取がソ連崩壊につながるという観測にすがるしかなかった。

九月六日、ヒトラーは、総統指令第三五号を発し、モスクワ占領を目的とする「台風《タイフーン》」作戦の実施を命じた（一〇月二日発動）。総指揮にあたるのは、中央軍集団司令官ボック元帥である。元帥の麾下には、歩兵中心の第2、第4、第9軍、そして、第2から第4までの三個装甲集団が置かれた。第4装甲集団は、北方軍集団から抽出され、モスクワめざして南下する。グデーリアンの第2装甲集団も、九月二三日より準備行動として北東に旋回、モスクワ方面の新戦場に転進することとされた。第2装甲集団は、キエフ包囲戦に参加した結果、はるか南方に位置しており、モスクワ正面での攻撃に直接参加することは難しいから、まずはオリョールを目標として突進し、ソ連軍の側背を脅かすことになったのである。

九月三〇日、第2装甲集団は攻勢を開始した。南進作戦で一大機動を実行したため、麾下諸部隊は消耗しきっていた。けれども、攻撃は当初順調に進み、ソ連軍ブリャンスク正面軍

キエフ包囲戦とモスクワへの前進

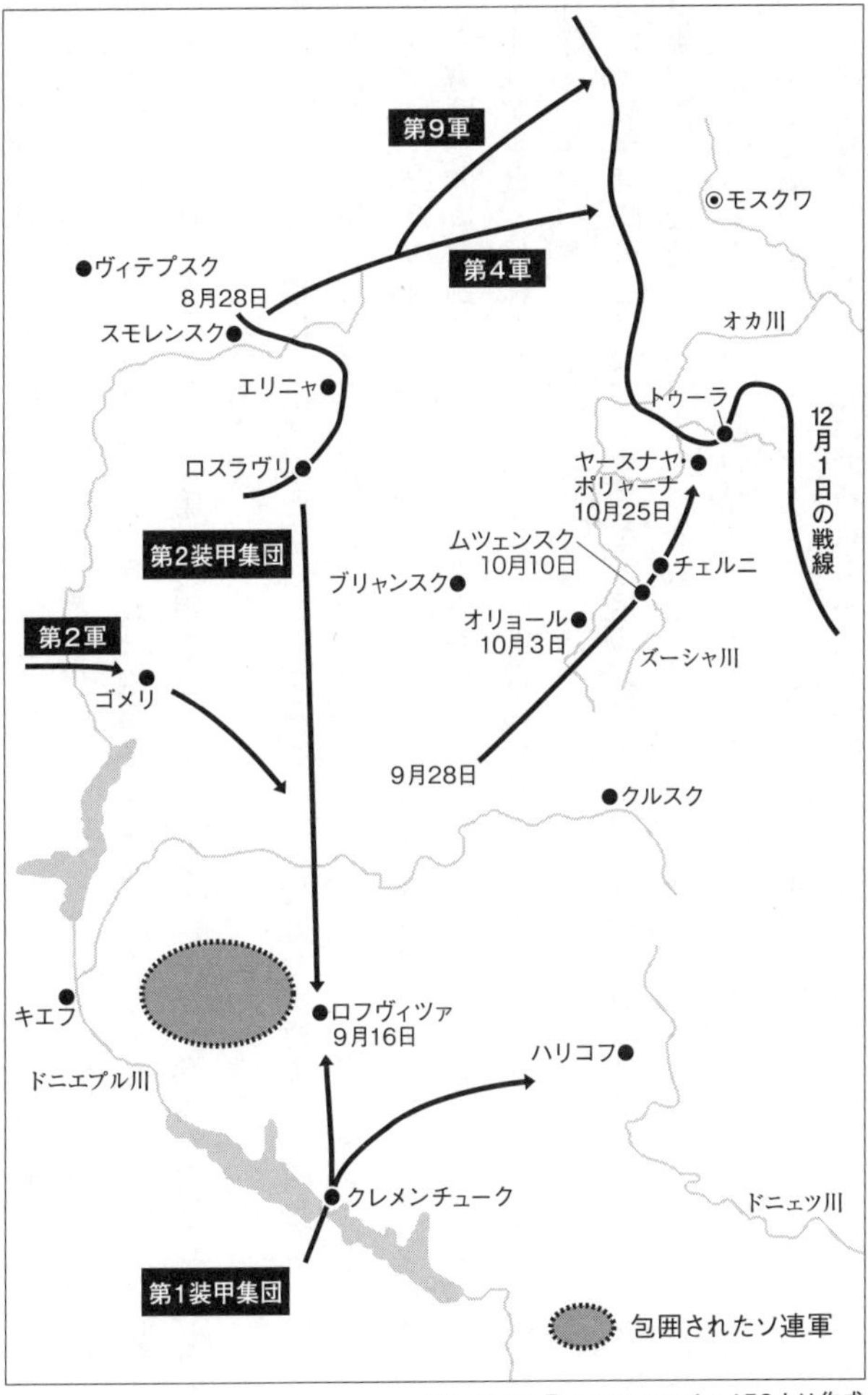

Macksey, *Panzergeneral*, p.150より作成

の戦線突破に成功、十月三日にはオリョールを奪取した。しかし、補給線は延びきり、燃料不足は深刻になっていた。一〇月五日、第2装甲集団は、自前の補給機関を持つ建前の「第2装甲軍」に昇格したのだけれども、それは内実をともなう改編ではなかったのだ。自動車による輸送を維持できなくなった第2装甲軍は、空軍に頼み込んで、燃料を空輸してもらうというありさまだったのである。

それでも第2装甲軍は、第2軍と協同し、ブリャンスク付近でソ連軍を包囲した。同じころ、北方では、第3および第4装甲集団がソ連軍を挟撃、ヴャジマ周辺でやはり包囲陣を形成する。これが、いわゆるヴャジマ＝ブリャンスクの二重包囲戦であった。ドイツ側は、ヴャジマ方面で四五個師団、ブリャンスク方面では一五個師団のソ連軍を撃滅したものとみたグデーリアンは、好機到来とばかりに、包囲環の維持ではなく、モスクワをめざす突進に装甲部隊を使用すべきだと主張する。

だが、装甲部隊の急進など、できない相談だった。一〇月六日から七日の夜にかけて、中央軍集団戦区に最初の雪が降ったのである。雪はすぐに解け――「泥の季節《ラスプーチツァ》」をもたらした。ロシア語をそのまま訳せば「道のない季節」だ。一部を除いて舗装されていないロシアの道路は、膝《ひざ》まで漬かるぬかるみと化し、キャタピラを備えた車輛でさえも、しばしば軟泥にはまりこみ、動けなくなる。燃料消費量も事前計画の三倍にはねあがった。

モスクワへの進撃

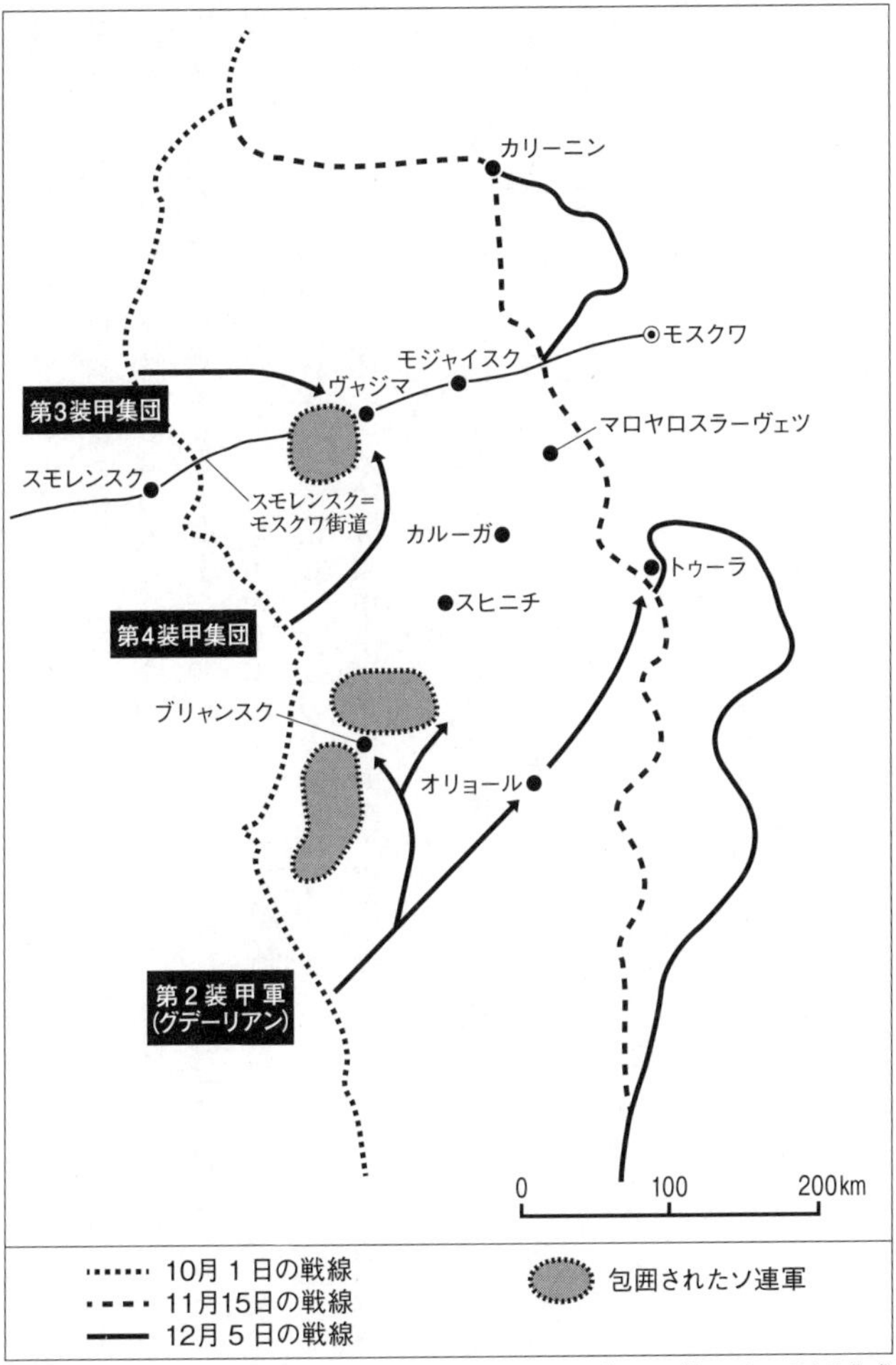

プレースヴェート p.9より作成

モスクワ攻略の破城槌《はじようつい》となるべき戦車の損耗も大きい。第2装甲集団（装甲軍）は、対ソ戦に突入した際に九〇四両の稼働戦車（火焔《かえん》放射戦車を含む）を有していたが、九月二七日には、わずか二五六両を使用し得るのみだったのだ。厳寒と豪雪が目前に迫っているというのに、冬季装備の追送も遅々として進まなかった。ドイツ軍は、短期戦で結着をつけることがおぼつかなくなったころから、冬季装備を準備していたものの、先に触れたような輸送機関の不備から、その多くは後方に滞留していたのである。

とどのつまり、グデーリアンの第2装甲軍を含むドイツ東部軍は、六月二二日の開戦以来の絶え間ない激戦によって、消耗しきっていたのだ。十一月一五日、中央軍集団は、モスクワめざす進撃を再開した。第2装甲軍は、モスクワ南方の交通の結節点であるトゥーラを西、南、東の三方から攻撃する。が、ソ連軍は頑強に抵抗し、とうとう、この要衝を占領することはできなかった。

解任

一九四一年から一九四二年の冬は、記録的な厳寒であった。一一月一二日、グデーリアンの戦区の気温は零下一五度に下がり、翌日にはさらに零下二二度になる。一二月五日、「台風」作戦の尖兵であった第2装甲軍と第3装甲集団は攻撃を中止した。

この日、カリーニン方面で、ソ連軍の反撃が開始された。翌六日、それは全面攻勢に発展する。疲れ切ったドイツ軍には、とうてい赤い津波を支えることはできず、たちまちモスクワ前面から敗走する。ポーランド侵攻以降、無敵を誇ってきたドイツ国防軍が、初めて敗北の苦杯を嘗《な》めたのである。

モスクワの屈辱は、政府と国防軍首脳部に深刻な危機感を抱かせた。国防軍の最高司令官である総統ヒトラーは、この苦境を切り抜けるべく、いわゆる「死守命令」、いかなる犠牲を払おうと寸土も譲らず抵抗せよとの指示を連発した。陸軍総司令官ブラウヒッチュや北方・中央・南方の各軍集団司令官をはじめとする高位の軍人多数が、かかる方針に反対し、ために罷免《ひめん》されるに至ったことはよく知られている。グデーリアンも、ソ連軍の反攻に遭って、退却やむなしと唱えるようになったことをきっかけに解任される。けれども、彼の場合は、より複雑な事情があるようだ。

意外にも、グデーリアンは当初、前線の危機に対応できない上官たちに不満を覚え、ヒトラーの積極的な関与を望んでいた。たとえば、一二月一七日付の第2装甲軍作戦参謀戦時日誌には、グデーリアンが軍中央に辛辣《しんらつ》な批判を加え、ヒトラーの「いつもながらの行動力」を期待していると書かれている。その数時間後、彼は幻滅を味わうことになる。この一七日の夜、ヒトラーは、ソ連軍の重圧のもと、崩れかかっていた第2装甲軍に対し、どんな状況にあっても自らの戦区を維持せよと、電話で厳命してきたのだ。たまりかねたグデーリアンは、自ら総統大本営に飛び、ヒトラーと直談判《じかだんぱん》する覚悟を固めた。しかし、第2装甲軍司令官の職にとどまるという点からすれば、それは自殺行為にひとしいことだった。なぜなら、解任されたボック元帥の後を襲い、一二月一九日付で中央軍集団司令官となったクルーゲ元帥は、グデーリアンを前線から外すべく、策動をはじめていたからだ。

ここまで述べてきたように、グデーリアンとクルーゲは、装甲部隊の運用をめぐって、たびたび衝突していた。その結果、クルーゲは悪感情を抱くようになり、彼を左遷すべく工作にかかっていたのである。その際、後ろ盾となったのは、ハルダー陸軍参謀総長であった。ハルダーは、戦後の主張とは裏腹に、ソ連軍が冬季反攻を開始したときにはなお楽観的で、総統の死守命令を支持してさえいた。たとえば、一二月二一日には、中央軍集団の作戦参謀に電話をかけ、「全戦線で持ちこたえれば、二週間以内にすべては終わる。敵が長期間にわたって、総攻撃を継続することなど不可能だ」と語ったのである。この有力な味方を得たクルーゲは、後退を口にするようになったグデーリアンについて、「逆上している」、「かくも悲観的だ」、「そもそも、これ以上、指揮を執ることはできない」と、ハルダーやシュムント総統付国防軍首席副官に、何度となく電話で訴えていたのだ。こうした意見を聞いて、先入主を植えつけられたヒトラーに、グデーリアンは会いに行ったのである。

一九四一年一二月二〇日、グデーリアンは、カイテル元帥やシュムントら、OKWの将軍たちが列席するなか、ブラウヒッチュ更迭後、自ら陸軍総司令官職を兼任していたヒトラーと対峙《たいじ》した。興味深いことに、グデーリアンは、「ヒトラーが挨拶《あいさつ》のために近寄ってきた際、硬く敵意のあるまなざしにさらされた。初めてのことで、意外に思った。彼の眼に情動が閃《ひらめ》いていることから、私と対立している連中に、前もって、何か吹き込まれているものと確信した」と、回想録で述べている。事実、会見は荒れたものになった。

死守を命じるヒトラーに、グデーリアンは、それは無益な犠牲をもたらすだけだと言い放ち、冬季装備の欠如や補給の困難を申し立てたのである。両者は決裂した。会見が終わり、グデーリアンが退室しようとしたとき、ヒトラーは、カイテルに向かって、「あの男を納得させられなかったな」と呟《つぶや》いたという。

前線に戻ったグデーリアンを待っていたのは、直属上官であるクルーゲ元帥との激突だった。グデーリアンが、ヒトラーの死守命令を遵守《じゅんしゅ》しつつも、ソ連軍の圧迫に抗しかねて、第2装甲軍の一部を後退させたところ、クルーゲは、あらかじめ退却命令を出していたのだろうと難詰《なんきつ》してきたのだ。クリスマスの日に、二人の対立は頂点に達した。クルーゲは、再び麾下部隊を退却させたグデーリアンを、事実に即さぬ状況報告をしてきたと電話で叱責し、「貴官のことは総統に報告する」とまで告げた。激怒したグデーリアンは、こうした扱いをされたのでは、今後軍の指揮を執ることはできないと中央軍集団参謀長に報告した上で、辞職願の電報を打った。だが、クルーゲは、すでに先手を打っていた。グデーリアンを更迭すべしと、ＯＫＨに上申していたのである。

一二月二六日、グデーリアンを「指揮官予備《フューラーレゼルヴ》」に編入する、すなわち第２装甲軍司令官職より解任する旨の辞令が出された。同日、彼は、第２装甲軍の将兵に、最後の日々命令を公布した。

「第２装甲軍将兵に告ぐ！

総統兼国防軍最高司令官は、本日、私を指揮の任より解いた。

この諸子との別離のときに際し、小官は、祖国の偉大さと諸兵種の勝利のために戦ってきた過去六か月に思いを馳《は》せ、ドイツのために血と命とを捧《ささ》げたすべての者たちに畏敬の念を奉ずるものである……」。

これ以降、戦車将軍グデーリアンが前線部隊の指揮を執ることはなかった。

第一一章　深淵への転落

療養の日々か？

一九四一年一二月二七日、無役《むやく》の身となったグデーリアンは、帰国の途に就いた。その直前、シュムントがオリョールにあった第2装甲軍司令部に訪ねてきた。ヒトラーの命を受けて、クルーゲとのあつれきについて、本当のところを調査しにやってきたのだという。シュムントは、第2装甲軍麾下《きか》の将軍たちより事情を聴取し、総統大本営に残っていた自分の代理人に、つぎのように伝えたと、『電撃戦』には記されている。

「当該人物〔グデーリアン〕は不当な処置を受けた。〔第2装甲軍〕全軍が味方となって、彼を支持している。いかにこの案件を正常な状態に復帰させるか、検討しなければならない」。

これが事実であれば、シュムントも実情を知って、クルーゲの讒言《ざんげん》をヒトラーに伝えたことを後悔していたのかもしれない。

しかしながら、その復権の試みは封じられた。一二月三一日にベルリンに帰着したグデーリアンは、明けて一九四二年一月に、クルーゲを軍法会議に提訴しようと試みたが、ヒトラーに棄却されたのである。理由は、あきらかにされなかった。グデーリアン自身は、そのこと自体、クルーゲの言動が不当であったことを意味していると解釈している。

いずれにせよ、前線の激務と解任の屈辱は、グデーリアンの健康を蝕《むしば》んでいた。持病の心臓病が悪化し、療養を必要とする事態に至ったのだ。三月末、グデーリアンはマルガレーテ夫人とともに、南西ドイツの温泉療養地バーデンヴァイラーに赴いた。だが、そこで約一か月過ごしたのちにベルリンに戻ると、今度は、夫人が敗血症で一か月も病床に伏すことになった。ゆえに、グデーリアンは、何かとわずらわしいことの多い首都を離れ、「親譲りのささやかな地所を手放して、ボーデン湖〔ドイツ、オーストリア、スイスの国境にある湖で、景勝地として知られる〕あたりか、ザルツカンマーグート〔オーストリアの保養地〕に小さな家を手に入れる決心をした」（『電撃戦』）。

その家探しの旅行に出る許可を得るために、「指揮官予備」の扱いを担当する補充軍〔補充兵の教育訓練を担当する国内機関〕総司令官フリードリヒ・フロム上級大将を訪ねたグデーリアンは、意外な話を聞かされた。アフリカ装甲軍司令官のロンメル元帥（一九四二年六月二二日進級）が病気で帰国することになり、後任にグデーリアンを推薦したが、ヒトラーは、この提案を拒否したというのである。フロムはまた、軍務に戻る気はあるかと尋ねてきたが、グデーリアンの答えは否であった。

九月末、グデーリアンは、予定通り、ザルツカンマーグートに赴いた。だが、そこから戻った翌日、グデーリアンは再びフロムに呼び出された。彼がいうには、ヒトラーは、グデーリアンが、ドイツ東部出身であることを知っており、国からの褒賞として、そこに土地を与えることを希望しているという。耳寄りな話に、グデーリアンは、先祖同様、大土地所有者として暮らしていく気になった。

ところが、ことが具体化する前に、心臓がまた悪化し、意識がなく、栄養も充分に取れない状態におちいった。けれども、徐々に回復し、翌一九四三年には土地探しに出かけられるまでになっている……。

『電撃戦』には、一九四一年末から一九四三年初頭のことが、右のようにまとめられている。これだけを読むと、グデーリアンが養生専一に過ごしているかのごとき印象を受けるだろう。さりながら、彼は、例によって不都合な事実については口を緘《かん》しているのである。

懐柔されていたグデーリアン

実のところ、グデーリアンには、「親譲りのささやかな地所を手放」す必要はなかった。なぜなら、一九四二年春に、ヒトラーから一二五万ライヒスマルクの特別下賜金を与えられていたからである。これは、グデーリアンの階級や先任順序から考えれば、通常の俸給の五〇年分以上に相当する。社会主義東ドイツ（当時）の歴史家たちがヒトラーの将軍たちの腐敗と批判し、また、ドイツの歴史家ゲルト・R・ユィーバーシェーアが徹底的に究明したところの、ヒトラーによる懐柔策であった。ヒトラーはしばしば、自らの政策や戦争指導に異議を唱える者たちの首をすげ替えたけれども、その一方で、下賜金や加俸、あるいは不動産の給付といったかたちで「買収」していたのだ。

グデーリアンは、そうした飴《あめ》を突っ返したりはしなかった。『電撃戦』には書かれていないことだが、彼は一九四二年の夏に、ドイツに併合されたかつてのポーランド領の一部、当時は「ヴァルテラント国家大管区」と呼ばれていた地域を旅し、自らの地所にふさわしい場所を探していたのだった。しかも、その際、同地のナチ党大管区指導者の助力を乞《こ》うて、ポーランド貴族が所有していた家屋敷を購入しようとしたのである。

しかし、ヒトラーの特別下賜金を管理していた首相官房は、グデーリアンの希望は過大であり、悪しき先例となるとして、この申し出を拒否した。やむなくグデーリアンは、もっと慎ましい地所を得ることとし、ダイペンホーフ（現ポーランド領グヴェムボキエ）の屋敷と農地を購入した。ところが、その以前の所有者であったポーランド人は、強制退去させられたのである。この一件について、マンシュタイン元帥（一九四二年七月一日進級）の副官であったアレクサンダー・シュタールベルク大尉が、その回想録に興味深いエピソードを記している。グデーリアンがダイペンホーフの地所を、正式にわがものとしたのち、一九四四年一〇月のことだ。

「突然、マンシュタインが尋ねた。『教えてくれないか、グデーリアン。貴官はポーゼン州で農場を手に入れたと聞いたが、いったいどうやったのかね』。グデーリアンは屈託なく語った。美しいポーランドの地所のリストをもらったので、何日か掛けて見てまわり、最後に適当な物件に決めたという。マンシュタインは驚き、ポーランド人所有者がまだそこに住んでいたのではないかと問いかけた。グデーリアンが肯定したので、また質問が重ねられる。ならば、その住人たちはどうなったのか。グデーリアンは、知らないと答えた。自分が地所を引き継いだとき、ポーランド人たちはもうどこかにいなくなっていました。今、どこにいるかはわかりませんな、と。マンシュタインは言葉を失い、その頰が何度か痙攣《けいれん》した」。

グデーリアンは、第2装甲集団司令官時代、麾下部隊の蛮行に眼を閉ざし、耳をふさいでいた。それと同様に、ダイペンホーフ農場の元の持ち主がいかなる運命をたどったかについても、まったく意に介さなかったのだ。ポーランド人を退去させるにあたり、どのような方法が取られたかは想像がついたはずなのだが——。彼は、義勇軍の参謀だったころから、スラヴ系であるポーランド人に対する敵意を隠していない。この場合も、自分の希望を満たすために、ポーランド人がどうなろうと、関心の枠外だったのである。

さらに、軍務への復帰について恬淡《てんたん》としていたというのも、回想録ならではの脚色であろう。実のところ、グデーリアンにはまだ、彼の先祖たちと同様に、大土地所有者として暮らしていくつもりはなく、さまざまなルートを通じて、復職運動にいそしんでいたのである。一九四二年九月には、かつてのハノーファー第10猟兵大隊の戦友で、結婚により親戚《しんせき》となった陸軍人事局長ボーデヴィン・カイテル歩兵大将に、どこかのポストが得られるように頼み込んでいる。その後、シュムントがカイテルと交代し、陸軍人事局長を兼任するようになると（一九四二年一〇月二日）、やはり軍務への復帰を彼に申し出た。また、グデーリアンは、ヒトラーに近いナチス高官のコネを使うことも躊躇《ちゅうちょ》しなかった。なかでも、ナチ党が泡沫《ほうまつ》政党であったころからヒトラーの側近であり、「アドルフ・ヒトラー直衛旗団」ＳＳ連隊長として、グデーリアンの麾下に入っていたこともあるヨーゼフ・ディートリヒ武装ＳＳ上級大将は絶好の仲介役だった。折から、戦傷を受けて本国に戻っていたディートリヒは、グデーリアンの頼みを快諾し、ヒトラーとのあいだを取り持った。

グデーリアンが、かくも熱心にポストを求めたのは、再び戦場で功績を挙げ、さらなる出世をはかろうとする野心からだったのか、それとも、苦境におちいったドイツ国防軍を指揮して、勝利にみちびくことができるのは自分だけだと思っての使命感ゆえであったか。その動機は判然としない。あるいは、そうした意思がないまぜになってのことだったのかもしれない。

いずれにせよ、かかる働きかけは実を結んだ。グデーリアンの軍務復帰はかなえられることになったのである。

装甲兵総監

グデーリアンが戦線を離れてからも、ドイツの戦運はしだいに傾いていた。

一九四一年から四二年のソ連軍冬季攻勢は、しばしば危機的な局面を迎えたものの、辛くもしのぎきった。その防御戦の成功は、かつてはヒトラーの死守命令が功を奏したものと説明されていた。けれども、現在では、スターリンがモスクワ前面でドイツ軍を撃退したことで自信過剰になり、当時可能であった以上の目標を達成するように強制したために、もともと戦力不足であったソ連軍は息切れ状態となり、一連の攻勢はいずれも封じられてしまったのだというのが、定説になっている。

かくて冬を乗り切ったドイツ軍は、一九四二年六月に「青号《ファル・ブラウ》」作戦を発動し、ロシア南部で攻勢に出た。政治目標よりも資源地帯の奪取を優先すると決断したヒトラーは、コーカサスの油田地帯を占領するべく、東部軍の主力を南方に進めたのである。当初、ソ連軍は、ドイツ軍は前年同様に首都モスクワをめざすものと判断していたから、「青号」作戦は奇襲となった。しかし、この南方攻勢の初期段階でソ連軍主力を撃滅したとみたヒトラーは、ヴォルガ河畔の要衝スターリングラードとコーカサスの油田を同時に狙う、いわば二兎《にと》を追う作戦を命じたのだ。結果として、ドイツ軍は兵力を分散することになり、右の二目標に向けて放たれた矢は、いずれも勢いを失った。ソ連軍は、そうして延びきった態勢にあったドイツ軍に一大反攻をしかけた。

一九四二年一一月、ソ連軍は、スターリングラード攻略中だったドイツ第6軍を挟撃する作戦を開始し、これを包囲したのである。ドイツ側は、マンシュタイン元帥を司令官とする救援軍を編合し、第6軍を救出しようと試みたが、無駄だった。一九四三年一月三一日には、第6軍のうち、スターリングラード市南部にあった部隊が降伏、二月二日には北部の諸部隊も白旗を掲げた。一九万五〇〇〇名から三八万名と、損害数については諸説あるが、ドイツ軍の戦略的打撃力を失わせるに足るだけの将兵が、戦死、行方不明、あるいは捕虜に取られたのである。以後、軍事的にソ連を屈服させることは不可能となる。それは誰の眼にもあきらかとなった。

かかる東部の難戦の結果、攻防両面のカギを握る装甲部隊も著しく消耗した。グデーリアンに託されることになったのは、その再建であった。

一九四三年二月一七日、グデーリアンは、陸軍人事局よりの電話を受け、当時、ウクライナのヴィニツァに移っていた総統大本営（秘匿名称「人狼《ヴェアヴォルフ》」）に出頭するように命じられた。一九日午後、同地に到着したグデーリアンに、総統付国防軍首席副官シュムント少将（一九四二年一月一日進級。ただし、辞令は一九四一年一〇月一日にさかのぼった日付で出された）は、彼を呼び寄せた理由を打ち明けた。ロシア軍がますます優勢になってきたため、ドイツ装甲部隊は窮境におちいっており、根本的な改革を必要とする。陸軍参謀本部と軍需省は激しく対立している。装甲部隊は上層部への信頼を失い、精力的で実務に通じた人物に同兵科を指導させるべしと要求してきた。ゆえに、ヒトラーは、グデーリアンに装甲部隊を管轄させることに決めたというのだ。

これを聞いたグデーリアンは、総統の要請に応じる義務があることはわかっているけれども、引き受けるには条件があると切り出した。一九三八年に快速部隊長官にまつりあげられたものの、何の実権も与えられず、自らの方針を貫くことができなかった苦い思い出がよみがえったのである。よって、グデーリアンは、装甲部隊の統轄にあたる職は、陸軍参謀総長や補充軍司令官に従属するのではなく、ヒトラーの直属としなければならないし、ＯＫＨ兵器局や軍需大臣に対する指揮権も持つべきであると主張した。加えて、陸軍のみならず、武装ＳＳや空軍の装甲部隊（当時、ドイツ空軍は、多数の地上戦闘部隊を編成しており、そのなかには装甲部隊もあった）についても、教育・編成権を持つことが必要であるとも述べた。

既存の歩兵監や砲兵監といった各兵科の兵監職とは異なる、はるかに大きな権限を付与せよとの要求であった。けれども、グデーリアンは強硬で、自分の提案にヒトラーの同意が得られないのであれば、このままベルリンに帰してくれとまで言い切ったのである。このシュムントとの会談は二時間におよんだが、その直後、午後三時一五分より、グデーリアンはヒトラーに引見された。死守か退却かをめぐって正面から衝突した一九四一年一二月二〇日以来の再会であった。

「われわれは、一九四一年に袂《たもと》を分かった。あのころ、多々誤解があったことを嘆くものだ。私は貴官を必要としているのである」。かくのごときヒトラーの言葉を受けても、グデーリアンは、自分が求めた条件を満たしてほしいという留保を取り下げようとはしなかった。ヒトラーは、シュムントから話は聞いていると応じ、それらの条件を認めた上で、貴官を「装甲兵総監《ゲネラルインスペクトゥーア・デア・パンツァートルッペ》」に任命するつもりであると告げた。

一九四三年二月二八日、グデーリアンは、陸軍のみならず、空軍や武装ＳＳの装甲部隊の編成、教育、訓練を統轄する装甲兵総監に任命された。ここでいう装甲部隊とは、戦車、自動車化歩兵、装甲捜索、対戦車砲、重突撃砲などの部隊を含んでいたから、装甲兵総監の任務は、きわめて多岐におよぶことになる。位階としては、軍司令官に相当する職とされた。

グデーリアンは、ベルリンで自ら将校を選び、装甲兵総監部を編成した。ここに所属した将校の多くは、負傷の結果、前線勤務ができなくなった者、もしくは、いずれは前線に戻るものの、当面は後方で治療を必要とする者であった。そうした人材を採用することによって、前線との連絡を密にしようとしたのである。

ついで、グデーリアンは三月六日に、戦前からの知己で、軍用機の開発・生産に責任を負う航空機総監だったエアハルト・ミルヒ元帥を訪ねた。首都の政情についてレクチャーを受け、知恵を借りるためだった。ミルヒより、今後の業務を円滑に進めるため、よしみを通じておいたほうがよい人物は、ヨーゼフ・ゲッベルス宣伝大臣、ハインリヒ・ヒムラー親衛隊全国指導者、アルベルト・シュペーア軍需大臣であるとのアドバイスを受けたグデーリアンは、彼ら、ヒトラーの信頼厚い人々とのあいだに良好な関係を築こうと努める。装甲兵総監としての権能が認められたにもかかわらず、ヒトラーに対する影響力を保持しておかねば、ナチス・ドイツでは何ごとも実現し得ないことを、よく知っていたからであった。

新装甲部隊構想

一九四三年三月初頭、ベルリン近郊シュパンダウならびにマリーエンフェルデの戦車工場を視察し、生産の実態を把握したグデーリアンは、装甲兵総監に就任して初の大仕事に取りかかった。今後の装甲師団・装甲擲弾兵《パンツァーグレナディーア》（自動車化歩兵のこと。将兵の士気を鼓舞するために、このように改称された）師団の編成計画の起案である。新兵器・新戦法を組み込みながらも、人員・機材を節約し、個々の部隊の戦闘能力向上に努めるというのが、その目的だった。同月九日、グデーリアンは、本計画を説明するため、ヴィニツァの総統大本営「人狼」に飛んだ。だが、あらかじめ上申内容をヒトラーの副官部に伝えておいたことが祟《たた》り、これは、単なる報告にとどまらぬことになった。それぞれの部署や兵科の利害に関わることと聞いたOKWのスタッフ、陸軍参謀総長とその部下たち、歩兵監や砲兵監が参集しての大人数の会議となったのである。

グデーリアンの新装甲部隊構想は多岐にわたるが、その重要なポイントは、おおむね以下のようなものであった。一九四三年には、限定目標に対する攻撃を可能とするよう、一定数の装甲師団を完全充足状態にする。が、一九四四年には、大規模な攻撃ができるだけの装甲部隊を調える。その際、一個装甲師団の保有戦車大隊数は四個とし、約四百両の戦車を保有するものとする（つまり、グデーリアンは、西方侵攻作戦終了後に、打撃力を犠牲にして、装甲師団の数を倍にした以前の状態に戻そうとしたわけである）。装備面では、大幅に改良され、いまやドイツ装甲部隊の主力となっていたⅣ号戦車、さらに強力な新型戦車Ｖ号「豹《パンター》」およびⅥ号「虎《ティーガー》」の生産に力を注ぐ。しかしながら、当面の戦車生産数では、装甲師団の装備を充足するには不充分であるから、突撃砲を代替にするのもやむを得ない。また、突撃砲部隊は装甲兵総監に従属させる。さらに、現在のように装甲部隊を前線の防衛任務に投入していたのでは、その戦力回復はおぼつかないから、可能なかぎり、それらを抽出し、再編成をほどこす。

グデーリアンが提案した計画は、この総統大本営における会議で仔細《しさい》に検討され、ただ一点を除いて、承認された。その一点とは、突撃砲部隊を装甲兵総監に隷属させるとの要求だった。従来、突撃砲は砲兵科に所属していたから、その利害を守るべく、砲兵関係者がこぞって反対したのである。

とはいえ、グデーリアンは、おのが構想のほとんどを通したのであるが、それは、はたして適切なものだったかどうか。一九四三年には戦略的防御に徹して、強力な装甲部隊を再建し、一九四四年に攻勢に出るという。だが、いまや上げ潮に乗った連合軍が、ドイツにそのような猶予を与えるとは思えない。何よりも、激しくなる一方の空襲は、グデーリアンの思惑通りの装甲車輛《しゃりょう》生産など許さなかったのではないか？

今日、多くの軍事史家は、グデーリアンの戦略的センスの欠如を批判している。この場合も、その欠点が露呈したといわざるを得まい。

ともあれ、ヴィニツァの会議を終え、ドイツに戻ったグデーリアンは、ドイツ国内や占領地の工場、戦車学校などの教育訓練施設を視察・指導し、自らの計画を可及的速やかに実現させようとした。しかし、こうしたグデーリアンの活動にもまた、戦争犯罪の影が差している。彼が実見してまわった工場のいずれも、強制連行された占領地の住民や捕虜、強制収容所に囚《とら》われた者たちを使役していたのだ。かかる人々は、劣悪な給養のもと、休みなしに「奴隷労働」に駆り出され、つぎつぎと斃《たお》れていった。精力的に工場視察を繰り返したグデーリアンが、そうした非人道的なやりように気づかなかったはずがない。にもかかわらず、グデーリアンは、何ら「奴隷労働」者の救済措置を取らなかったし、また、彼が倫理的な呵《か》責《しゃく》を覚えていたことを示す文書も証言も残されていない。しかも、この件については、戦後も口をつぐんでいた。

グデーリアンは、装甲兵総監としても、ヒトラー政権の犯罪を黙認したのである。

「城塞」作戦

ここまで述べてきたように、装甲兵総監の職務は、装甲部隊の編成や教育・訓練をつかさどることで、いわゆる軍政、つまり軍事力の育成維持を担当するものであった。しかし、グデーリアンは、こと装甲部隊に関するかぎりは運用に至るまで介入し得るという装甲兵総監の権能を利用し、軍令、すなわち軍事力の使用方法についても発言するようになる。その顕著な例は、「城塞《ツィタデレ》」作戦であった。

同作戦の起源は、一九四三年三月までさかのぼる。ソ連軍は、スターリングラードの勝利の余勢を駆って、東部戦線南方戦域に攻勢をかけてきた。エーリヒ・フォン・マンシュタイン元帥率いるドイツ南方軍集団は、これに反撃し、痛打を与える。だが、マンシュタインは、その成功にも満足せず、クルスク方面に形成されつつあったソ連軍戦線突出部を挟撃、さらに戦果を拡張することをもくろんだ。けれども、折からの泥濘《でいねい》期到来により、部隊が身動き取れなくなったため、ドイツ軍の反攻もそこで止まった。

しかし、マンシュタインはあきらめなかった。一九四二年九月二四日付でハルダーの後任として陸軍参謀総長に就任したクルト・ツァイツラー歩兵大将をはじめとする国防軍首脳部の支持を取り付け、クルスク攻勢論を主張したのである。これに動かされたヒトラーは、OKHに「城塞」を秘匿名称とするクルスク突出部挟撃作戦計画を立案させ、四月一五日に「作戦命令第六号」として下達させた。

ところが、五月に発動されるはずだった「城塞」は、何度となく延期された。V号戦車パンターやVI号戦車ティーガー、新型駆逐戦車（突撃砲と同様の装甲車輌だが、より対戦車戦闘に特化したもの）の配備待ちや、攻勢を担当する中央軍集団および南方軍集団の準備に予想外の時間がかかったこと、パルチザンを制圧して後方を確保する必要などが、攻勢の早期実施を妨げたのだ。しかし、この間に、ソ連軍は、ドイツ軍の攻撃がクルスクに向けられることを察知し、突出部の両側面や後方に堅固な縦深陣地を構築、巨大な戦力を集中させていた。

それでも、クルスク突出部覆滅のため、「城塞」作戦を実行すべきか否か？

五月四日、この問題を議論するため、ヒトラーは、陸軍参謀総長ツァイツラー歩兵大将、中央軍集団司令官クルーゲ元帥、南方軍集団司令官マンシュタイン元帥、空軍参謀総長ハンス・イェショネク上級大将をミュンヘンに招集した。グデーリアンも、装甲兵総監として、同会議に参加している。

この会議の冒頭で、ヒトラーは、「城塞」作戦は延期すべきではないかと疑義を呈した。中央軍集団の麾下にあって「城塞」北翼での攻撃を担う第9軍司令官ヴァルター・モーデル上級大将が書面で、予定通りの攻撃敢行は不利だと進言してきたのである。彼の報告によれば、前面のソ連軍陣地は強化されるばかりで、その縦深は二〇キロにも達しているとのことだった。モーデルは、この事実にもとづき、攻撃は少なくとも一か月延期し、準備を進めるべきだと、ヒトラーに意見具申したのだ。

けれども、ツァイツラーは、作戦延期に反対だった。マンシュタインとクルーゲも猛然と抵抗する。マンシュタインは、待っていれば、ソ連軍が先手を打って攻勢に出る可能性があるとし、「城塞」を先延ばしにして実施部隊増強の時間を得たとしても、敵もまた強化され、その陣地も固められて、結局は不利になると主張した。クルーゲも、モーデルの報告は誇張がすぎるとした上で、そうして待機しているうちに、味方は退勢に追い込まれかねないと反論した。

グデーリアンの『電撃戦』では、ここで彼はヒトラーに与《くみ》した、ということにされている。その記述に従えば、グデーリアンは、もしツァイツラー陸軍参謀総長の提案通りに攻撃を実行すれば、一九四三年中にはとても補充できないような大損害を出すだろうと断言した。また、ツァイツラー、さらにはヒトラーも期待をかけているV号戦車パンターには、まだまだ新型兵器につきものの欠陥があり、それはなお克服されていないと指摘したという。

しかしながら、南方軍集団戦時日誌には、グデーリアンの回想録には書かれなかったことが記されている。彼は、発言の後段で、圧倒的な優勢を得るために、挟撃ではなく、中央か、南方のいずれかの軍集団に装甲部隊を集中すべきだと述べていたのである。戦後、すなわち、クルスク会戦の敗北が決まったのちの回想とは裏腹に、グデーリアンは、作戦自体には反対しておらず、その実施方法に異議を唱えていたのであった。ここには、戦略的に「城塞」の

Ⅵ号戦車ティーガー。

Ⅴ号戦車パンター。

駆逐戦車フェルディナント。

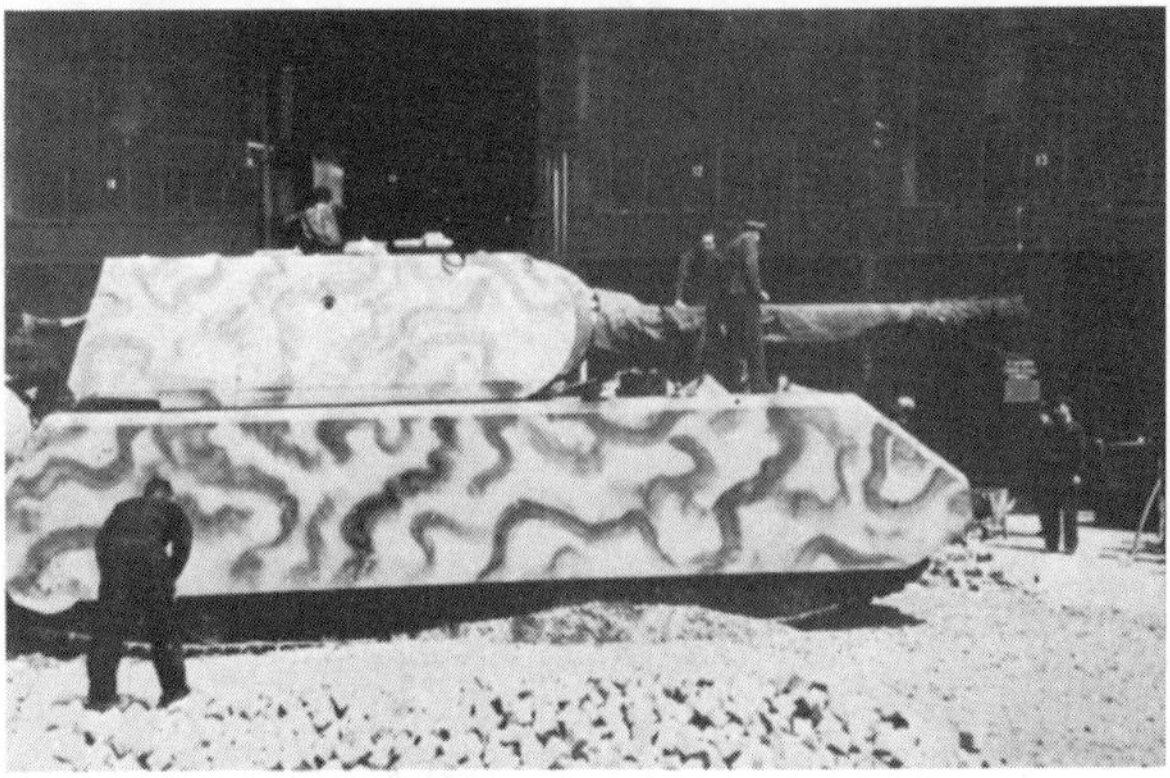

試作超重戦車「鼠（マウス）」。

得失を判断する姿勢はみられない。実のところ、この時期のグデーリアンは何よりも、再建途上の装甲部隊が再び消耗してしまうことを恐れていたのだ。

いずれにしても、ヒトラーは、予定通り「城塞」作戦を実行することをためらい、発動を延期した。結局、クルスクめざす攻勢が開始されたのは、ようやく七月五日になってのことだった。

それ以前、五月一〇日に、グデーリアンは、パンター戦車の軍への引き渡し状況を報告するため、ベルリンでヒトラーと会見した。彼は、そのときの挿話を『電撃戦』に記している。なぜ、今年中の東部戦線での攻撃を望まれるのかとヒトラーに尋ねたところ、カイテルOKW長官が割り込んできて、「われわれは、政治的理由から攻撃しなければならない」と応じた。グデーリアンは、「クルスクがどこにあるかなど、誰が知っているでしょう？　われわれがクルスクを保持しているか否か、そんなことは世間にはどうでもいいことです」と述べた上で、何故に東部で攻勢を行うのかと、同じ質問を繰り返した。ヒトラー答えていわく、「貴官は、まったく正しい。本攻撃のことを考えると、胃がむかむかしてくる」。

かつてはクルスク攻勢はヒトラーの発案によるというのが定説だったから、このエピソードも、彼はなぜ作戦に消極的な言葉を洩《も》らしたのか、不可解であるとされてきた。しかし、「城塞」立案から実施に至る過程が解明された今日では、将軍たちが提案した攻勢に、ヒトラーが不安を覚えていたしるしであると解釈できよう。

だが、ヒトラーの懸念にもかかわらず、「城塞」は実行され――敗北に終わった。なるほど、攻勢正面では、作戦は有利に進捗《しんちょく》した。が、ドイツ装甲部隊のほとんどすべてをクルスク突出部に集中したため、他の戦区の守りは手薄になった。そこに、ソ連軍が強大な戦力を以《もっ》てする反攻を指向したのだ。加えて、七月一〇日には、西側連合軍がイタリアのつま先にあるシチリア島へ上陸作戦を敢行したから、攻勢の継続などとうてい望めなくなり、「城塞」は中止を余儀なくされた。以後、東西両戦線で攻勢に出た連合軍の前に、ドイツ軍の戦線は後退するばかりとなる。

ちなみに、ドイツの歴史家ローマン・テッペルは、一九四三年夏以降の東部戦線におけるドイツ軍装甲部隊の減衰は、従来いわれているように「城塞」攻勢で生じた大戦車戦に敗れた結果ではなく、クルスク戦以降のソ連軍連続攻勢によって、長期にわたって損害を出しつづけた結果だったとしている。さりながら、グデーリアンにしてみれば、あれほど恐れていた装甲部隊の大消耗がはじまったという点では、そのどちらであろうと、災厄ということに変わりはなかったであろう。先に触れた新装甲部隊構想でグデーリアンが夢見た、戦車四〇〇両を有する強力な装甲師団が編成されることは、もはやなくなったのである。

上級大将に決闘を申し込んだ元帥

やや時系列をさかのぼる。すでに述べた一九四三年五月四日のミュンヘンにおける作戦会議は、グデーリアンにとっては、因縁深い人物との対面の場でもあった。一九四一年一二月に第2装甲軍司令官の職を解かれてから初めて、ギュンター・フォン・クルーゲ元帥と再会したのだ。「非戦友的なたぐいの挨拶《あいさつ》に、私の古傷がすべて口を開いた。だが、私は冷静を保った。会議が終わったあと、フォン・クルーゲ氏は、隣室に来るように求め、私の拒否的な態度のことを問い詰めた。もう、心にかかっていることを口にせざるを得ない。とくに、この間に事実関係があきらかになった、一九四一年一二月の彼の振る舞いについて、償いをなすべき責任があるだろうと言わなければならなかったのだ。われわれは、折り合いがつかぬままに別れた」(『電撃戦』)。

その後、思いがけないことが起こった。シュムントが訪ねてきて、クルーゲがヒトラーに宛てた書簡をグデーリアンに示したのである。それによれば、クルーゲはグデーリアンに決闘を申し込み、ヒトラーに立会人になってくれるよう願い出ていた。

決闘とは、なんとも大時代な話ではある。しかし、驚くべきことに、ナチス・ドイツにおいて、決闘は法的には可能であった。

その昔、名誉を傷つけられたならば、決闘を申し込み、それに勝って自らの無実を証明することは、将校たるものの義務だった。だが、一九世紀には、ヴィルヘルム二世がすべての決闘の是非は名誉法廷で判断するよう命じたこともあって、決闘の数は減っていく。けれども、ゼロになったわけではなく、ヴァイマール時代を経て、ナチスが政権を握ったのちになっても、決闘の慣習は生き残っていた。一九三七年二月二日付のＯＫＨ指令によれば、「決闘の申し込みは、名誉を守る最終手段である。それは、上官が裁定を下せず、はなはだしく傷つけられた個人の名誉を回復できない場合にのみ、実行することが許される」。ただし、こうした規定は、あくまで法律上存在するというだけのことだった。ヒトラーは、将校間の闘争などあってはならないという意見の持ち主であったから、一九三八年一一月二五日付で、国防軍の将兵間の決闘を許可するか否かは自分が決定するとの指令を出した。事実上、決闘を禁じたわけである。

従って、クルーゲは、実質上決闘は不可能になっていることも、ヒトラーは将官同士が武器で結着をつけるなど許さないことも承知しているはずだった。その上で、一種の意趣返しとして、グデーリアンに決闘を申し込んだものと推察される。だが、グデーリアンは、野戦軍の司令官であったころの彼ではなかった。また、穏便な方法で済ませてほしいというのが総統の意向であると、シュムントに伝えられては、装甲兵総監として、政治的配慮もしなければならない。

グデーリアンは、彼としては珍しく下手に出た。クルーゲに手紙を送り、ミュンヘンにおける私の言動によって、貴官が屈辱を覚えたことを遺憾に思うとともに、一九四一年に自分に加えられた深刻かつ償われていない侮辱も、ほかにやりようはなかったと思うと伝えたのである。かくて、元帥と上級大将の決闘という前代未聞の事態は回避された。両者の関係がいかに悪化していたかを示す挿話ではあった。

「装甲部隊論争」

一九四三年は、東方のみならず、西方においても、ドイツに対する脅威が突きつけられた年であった。英米軍を主力とする西側連合軍は、七月のシチリア島上陸に続き、九月にはイタリア本土に進攻した。この間、七月二五日に、ヒトラーの盟友であるイタリアの独裁者ベニート・ムッソリーニが失脚している。さらに九月八日には、イタリアが無条件降伏に踏み切り、枢軸陣営から脱落した。

かかる状況にあって、西側連合軍のつぎの目標となるのは、ドイツ占領下のフランスにちがいない。そう認識したヒトラーは、一一月三日、西方戦域、なかんずくフランスの防衛強化を命じる総統指令第五一号を発する。しかしながら、それまで東部戦線にリソースをつぎこんでいたため、西方の防御措置はなお貧弱なものにとどまっていた。プロパガンダ上は

「大西洋防壁《アトランティクヴァル》」と喧伝《けんでん》されていたけれども、とても鉄壁の守りとはいえなかったのである。

一九四二年三月一日付で、西の守りを担う西方総軍司令官《オーバーベフェールスハーバー・ヴェスト》に任命されたゲルト・フォン・ルントシュテット元帥は、かくのごとき「大西洋防壁」の実情に鑑《かんが》み、以下のごとき構想をめぐらせた。連合軍の上陸侵攻に対し、海岸陣地を死守し、随所で突破してくるであろう敵は、局地的・戦術的反撃で封じる。そうして稼いだ時間を使って予備を集結させ、上陸軍の脆弱《ぜいじゃく》な地点に集中攻撃をかけて、これを殲滅《せんめつ》する。その際、ルントシュテットが反攻の主力として想定していたのは装甲部隊であった。それらを、連合軍の艦砲射撃が届かぬ地点に集結させ（地中海の戦訓から、ルントシュテットは、艦砲射撃の威力を十二分に理解していた）、強力な攻撃を繰り出すのだ。西方の装甲部隊を統一指揮するため、一九四四年一月二四日付で新編された西方装甲集団《パンツァーグルッペ・ヴェスト》の司令官である男爵レオ・ガイア・フォン・シュヴェッペンブルク装甲兵大将も、ルントシュテットと同意見であった。ちなみに、ガイア将軍は、「バルバロッサ」作戦当時、第24装甲軍団長として、グデーリアンの部下だった人物である。

ところが、西方総軍麾下で、北フランスおよびオランダ方面の部隊を指揮するB軍集団の司令官、「砂漠の狐」こと、エルヴィン・ロンメル元帥は、敵上陸後の反撃という案に異議を唱えた。北アフリカの戦いで得た経験から、連合軍の圧倒的な航空優勢のもとでは、後方に置かれた予備の召致はきわめて困難であり、結局は、すでに海岸線にある部隊のみで決戦せざるを得なくなると確信していたのだ。ゆえにロンメルは、装甲部隊のみならず、手持ちの兵力すべてを沿岸地帯に配置しなければならないと唱え、ルントシュテットらと対立することになる。OKW統帥部長アルフレート・ヨードル上級大将も、ロンメルに同調していたから、この「装甲部隊論争《パンツァーコントロヴァース》」と称される議論は、おのずから激しくなった。

グデーリアンは、「装甲部隊論争」において、後方集中論の側に立った。一九四四年二月、フランスの防備態勢を視察したグデーリアンは、ルントシュテットならびにガイアと会談し、上陸した敵の主攻方面がはっきりしてから集中攻撃に出られるよう、装甲部隊は機動しやすい地点に控置すべきだと結論づけたのである。彼が理想としたのは、西部戦線の装甲・装甲擲弾兵師団のすべてを二群に分け、それぞれをパリの南と北に配置し、敵の進攻正面に夜間行軍させ、反攻を実施させるという案だった。

しかし、総統大本営に戻ったグデーリアンは、装甲部隊の多くが海岸に近すぎる位置にあることを知らされた。その配置を変更するよう、ヒトラーに進言したものの、装甲部隊の配置はロンメルの意見具申にもとづくものだから、全面的な変更はできない、もう一度フランスに飛んで、彼と話し合ってくれとの回答が返ってくる。

四月に入って、グデーリアンは再びフランスに赴き、ガイアとともに、ロンメルと会見した。けれども、ロンメルを説得することはできなかった。機動反撃論を考え直すよう求めたグデーリアンに対し、ロンメルは、貴官はずっと東部戦線にいて、西側連合軍の航空優勢を知らないから、そんなことをいうのだと反駁《はんばく》し、装甲部隊の後方配置案をにべもなく退けた。グデーリアンとしては、ロンメルとの議論の内容を、ヒトラーに報告する以上のことはできなかった。

さりながら、この問題に関して、ヒトラーがロンメルに与していたとするグデーリアン回想録の主張は必ずしも当たっていない。というのは、一九四四年四月二六日にヒトラーが下した裁定は、折衷《せっちゅう》的なものとなったからである。B軍集団には三個装甲師団、G軍集団（新編）にも三個装甲師団を与える。西方装甲集団の麾下には、装甲師団三個ならびに一個装甲師団を置く。ただし、これらの快速師団群は、「戦術的」に各軍集団や軍の指揮下に入るのみであり（その出動には、ヒトラーの許可を要する）、かつ、西方装甲集団の快速師団は「OKW予備」とみなされる。かかる決定の結果、装甲師団は、グデーリアンがいうごとき機動に最適の地点でもなく、ロンメルが求めたような海岸地域でもない、中途半端な場所に配置された。

むろん、そのような状態で、「Dディ」、すなわち、一九四四年六月六日のノルマンディ上陸作戦に直面したドイツ軍には、機能的な防御や反撃など望むべくもなかった。統一的な指揮を受けられぬドイツ装甲部隊をしりめに、連合軍は海岸堡《かいがんほ》を確立・拡大していった。

この、後方と海岸のいずれに配置するのが正しかったかという問題は、今日なお未解決である。仮に、ルントシュテット以下が主張したように装甲部隊を運用したところで、陸海空のすべてにわたって充実した連合軍相手に、思った通りの戦闘ができるかという疑問が残る。さりとて、ロンメルの望みに従い、海岸に兵力を配置していれば、艦砲射撃によって反撃を阻止される可能性が高い。つまり、いずれの策も、上陸部隊を撃滅するには不充分であったというのが、もっとも説得力のある推論ではなかろうか。

ただし、本書の主題であるグデーリアンの主張には、顕著な特徴がある。「城塞」作戦に関する彼の意見も同様だったが、「装甲部隊論争」でも、装甲兵科の利害が、戦略的・作戦的な判断を曇らせているのである。「城塞」作戦の際も、グデーリアンは装甲部隊の損耗がはなはだしくなることが予想されるという理由で、挟撃案に反対した。「装甲部隊論争」においては、パリの南北に装甲部隊を集中し、東部戦線ばりの機動戦を行うなどと、きわめて有効性が低いと思われる案を述べている。とはいえ、もしもグデーリアンの防衛構想が採用されたなら、装甲部隊が主役となり、装甲兵総監が介入する余地も大きくなったであろう。

装甲部隊を育成するにあたり、グデーリアンは、歩騎砲をはじめとする既存兵科のセクショナリズムに悩まされてきた。しかしながら、装甲兵科が確立されたのちには、意識的であるか無意識であるかは措《お》くとしても、グデーリアン自身、一定程度は、わが仏尊しという心理に囚われていたものと思われる。

抵抗運動との接触

一九四四年七月二〇日、ナチス・ドイツを揺るがす大事件が起こった。補充軍参謀長の伯爵クラウス・フォン・シュタウフェンベルク大佐が、東プロイセンの総統大本営「狼の巣」に時限爆弾を仕掛け、ヒトラー暗殺をはかったのだ。彼ら、反ナチ抵抗運動は、同時にベルリンでクーデターを敢行し、政権を奪取するつもりだった。ところが、その企図は画餅《がべい》に帰した。ヒトラーは大爆発により負傷したものの、奇跡的に一命を取りとめたのである。以後のカウンター・クーデターにより、抵抗運動参加者のほとんどが逮捕され、自決、獄死、あるいは死刑に処せられるといった運命を強いられた。

この事件とグデーリアンの関係は微妙である。一九四一年末に罷免されて、本国に戻って以来、彼は、抵抗運動のメンバーに接触されていた。抵抗運動派は、不名誉な解任によって、グデーリアンが反ヒトラー側に傾いたのではないかと期待したのだ。ひそかに抵抗運動に加わっていた一般陸軍局長フリードリヒ・オルブリヒト歩兵大将、陸軍文書館長フリードリヒ・フォン・ラーベナウ砲兵大将、中央軍集団作戦参謀ヘニング・フォン・トレスコウ大佐らは、一九四二年から四三年にかけて、グデーリアンをクーデター支持の側に獲得することを試みた。

なかでも、一九四三年春（三月末と推定される）のカール・ゲルデラー博士のグデーリアン訪問は、抵抗運動派にしてみれば、思いきった一歩を踏み出すものであった。ゲルデラーは、ライプツィヒ市長を務めたこともある有力政治家であったが、ナチスの人種政策に反対し、早くから抵抗運動に身を投じていたのである。このとき、ゲルデラーは、ヒトラーの排除と新政権確立に協力してくれるよう、グデーリアンに頼み込んだ。

しかし、グデーリアンは、ヒトラーに対する宣誓を破るわけにはいかないと答えた。一九三四年八月二日付で、軍人は国家ではなく、ヒトラー個人に忠誠を捧《ささ》げると、宣誓内容が変更されていたのであるが、グデーリアンもまた、その制約下に置かれていたのだ。もっとも、『電撃戦』に記されている通り、グデーリアンが拒否した理由としては、元陸軍参謀総長ルートヴィヒ・ベック上級大将（一九三八年一一月一日進級）が抵抗運動の中心にいたことのほうが大きかったかもしれない。彼にとって、装甲部隊の創設と拡張をめぐる対立以来、ベックは不信と敵意の対象だったのである。

ただし、グデーリアンの姿勢は、とりつくしまもないというほど否定的ではなかった。その後、彼は、ほかの将軍たちに、ゲルデラーが提示した計画をどう思うか、打診したのだ。が、賛意を示す者はなく、四月にゲルデラーと再会したときにも、この策は見込みがないと告げるほかなかった。興味深いことに、グデーリアンは、かかる企図があることは、いっさい他言しないと、ゲルデラーに約束している。忠誠宣誓の問題はあるにせよ、ヒトラーが犯したさまざまな錯誤に直面したグデーリアンは動揺しており、ゆえに、総統を排除するという選択肢もいちがいに退けはしなかったのである。

この一九四三年に、シュタウフェンベルクの参加を得た抵抗運動派は、ヒトラーの排除からさらに進んで、肉体的な抹殺、すなわち暗殺を策するようになっていた。その計画は、装甲兵総監部参謀長ヴォルフガング・トマーレ大佐（一九四四年二月一日、少将に進級）によって、グデーリアンに伝えられた。大佐は、すでに抵抗運動に参加していたのだ。

一九四三年八月、トマーレは、グデーリアンの自宅でトレスコウとの会見が行われるようにお膳立《ぜんだ》てした。その際、グデーリアンの仇敵《きゅうてき》であるクルーゲがクーデター計画に参加していることを洩らしてはならぬと、トレスコウに注意したのもトマーレであった。ところが、トレスコウは不注意にも、クルーゲがクーデター計画のメンバーであることを口にしてしまったから、グデーリアンは激怒し、話は流れてしまった（グデーリアンの長男ハインツ＝ギュンターの証言による）。

グデーリアンの「日和見」

いずれにしても、かような経緯をみれば、グデーリアンが、自分はヒトラー暗殺計画に関与していないし、存在すらも知らなかったと、回想録『電撃戦』でほのめかしていることは、またしても脚色であったことがわかる。事実、七月二〇日前後の彼の行動は奇妙なものであった。

七月一八日の午後、「顔見知りの空軍将官」が訪ねてきたと、『電撃戦』には記されている。彼は、「新西方総軍司令官フォン・クルーゲ元帥は、ヒトラーには内密に、西側諸国と休戦協定を結ぼうとしており、その目的のために、まずは当該の敵国との交渉に着手せんと企図している」と伝えたというのだ（一九四四年七月二日付で、クルーゲは、ルントシュテットの後任として、西方総軍司令官職に就いていた）。

しかし、「顔見知りの空軍将官」――一九四一年七月より第2装甲集団付空軍連絡統制官を務め、グデーリアンと非常に近しい存在だったカール゠ヘニング・フォン・バルゼヴィッシュ少将が実際に話したのは、その程度のことではなかった。当時、バルゼヴィッシュは航空省偵察機兵監兼ＯＫＨ付空軍将官だったが、彼もまた抵抗運動に加わっており、クーデターを支持するよう、グデーリアンを説得しにやってきたのである。二人は、余人に聞かれないよう、森のなかを歩きまわりながら、四時間にわたって話し合った。その際、バルゼヴィッシュは、日時こそ口にしなかったものの（一八日の時点では、決行日は未定だった）、ヒトラー暗殺が企てられていることを、グデーリアンに告げた。

本来ならば、バルゼヴィッシュを逮捕するなり、ヒトラーにすべてを報告するのが、グデーリアンの義務であるはずだ。にもかかわらず、グデーリアンはいずれの措置も取らず、翌一九日に、まったく予定になかった部隊視察に出たのである。対象となる諸部隊は、ベルリン、グデーリアンの地所があるダイペンホーフ、東プロイセンのラステンブルクにある総統大本営「狼の巣」、やはり東プロイセンのレッツェンに移転したＯＫＨのいずれにも、すぐ移動できるところに所在していた。

そのなかの一つ、アレンシュタインにある対戦車砲部隊を視察している際に、トマーレから電話がかかってきた。ベルリンから東プロイセンに移動する予定だった戦車部隊を、今しばらく首都にとどめてほしいという申し出だった。トマーレが抵抗運動に参加していることを知っているグデーリアンならば、それがクーデター後のヒトラー派鎮圧に戦車を参加させるための処置であると察せられたはずだ。グデーリアン伝を著した軍事史家ケネス・マクセイは、このトマーレの電話によって、暗殺実行が翌二〇日であることを悟ったものと推測している。

だが、七月二〇日の午前中に、他の部隊の視察を終えたグデーリアンは、いよいよ不可解な行動に出た。装甲兵総監部ではなく、ダイペンホーフの屋敷に戻ったのだ。これはおそらく、ヒトラー派と抵抗運動派のいずれか成功したほう、つまり勝ち馬に乗ることを考えて、「日和見《ひよりみ》」に入ったものと思われる。抵抗運動派が政権奪取に成功すれば、グデーリアンは新指導部に迎え入れられるであろう。逆に、ヒトラーが政権を維持したなら、焦点となる首都ベルリンを離れて、現場不在証明《アリバイ》をつくっておくことで、自分の地位は揺るがない。いわば、グデーリアンは二重にチップを置いたのだ。

七月二〇日夜、結果はあきらかになった。午後七時ごろ、「野外に出ていた」(と、『電撃戦』には記されている) グデーリアンのもとに、オートバイ兵が迎えにきて、自宅に連れていった。兵の言によれば、総統大本営から電話がかかってくることになっているという。帰宅したグデーリアンは、ラジオが総統暗殺事件を報じていると、家族から聞かされた。夜半、トマーレと連絡が取れ、暗殺の事実関係と計画参加者の氏名についての報告を受ける。さらに、トマーレから、ヒトラーのもとに出頭すべしとの命令を伝えられた。総統は、グデーリアンを陸軍参謀総長に登用する意向だということであった。

グデーリアンの用心深さは実を結んだのである。

暴露された戦略眼の欠如

もっとも、グデーリアンは、正規の陸軍参謀総長に任命されたわけではなかった。前任者のツァイツラーは、一九四〇年の西方侵攻作戦でクライスト装甲集団の参謀長として、卓越した手腕を示した優秀な人物であったが、戦争指導をめぐるヒトラーとの紛争に疲れ、かねて辞任を申し出ていた。ヒトラーはそれを認めなかったけれども、七月九日、ツァイツラーが作戦会議中に心臓発作で倒れたため、休職と療養を許さざるを得なかった。さらに、彼の後任に擬せられていたOKW陸軍部長ヴァルター・ブーレ歩兵大将も、暗殺未遂事件の巻き添えになって負傷したから、ヒトラーは、つぎなる候補者としてグデーリアンを指名し、陸軍参謀総長代理として、その業務を兼任させることとしたのである。

七月二一日、陸軍参謀総長代理兼装甲兵総監となったグデーリアンは、ヒトラーと会見し、陸軍部内の人事的な立て直しについて話し合った。その際、グデーリアンは、クルーゲ元帥は大規模装甲団隊の指揮には適当でないから、他方面に転出させるべきだと述べ、宿敵を左遷させるように努めることを忘れなかった。だが、策動するまでもなかった。クルーゲは、反攻作戦に失敗した上に、七月二〇日事件に関与し、西側への降伏を画策していたとの嫌疑をかけられ、八月一七日付で解任されたのだ。彼は、本国に召還される途上で、青酸カリをあおいで自決している。

また、陸軍参謀総長代理に就任したころから、グデーリアンのナチズムに対する許容度が広がったことは見逃せない。彼は、七月二〇日事件に関与した将校に対する「名誉法廷《エーレンホーフ》」の判士になることを承諾し、仲間が法の枠を外れた裁きを受けるのを実見しながら、言うに足る救済策を取らなかった。さらに、一九四四年八月一五日には、悪名高き「すべての参謀将校に告ぐ」との命令を発している。そこには、「諸子は、誰よりも熱狂的に勝利を信じ、その信念を披瀝《ひれき》しなければならぬ」、「ナチズムなしには、国家の将来はない。ゆえに、ナチズム国家を無制限に擁護すべし」といった文言が躍っている。つまりは、ドイツ統一以来、不可侵の地位を保ってきた軍の精華、参謀将校にまでナチズムへの帰依を要求する政治的命令だった。この命令が、グデーリアン自身から出たのか、それとも、ヒトラーの指示によるものだったのかは判然としない。けれども、グデーリアンは、コミッサール指令のときと同じく、その公布に抗《あらが》いはしなかったのである。

いずれにしても、こうしてグデーリアンは、全陸軍を指導する地位に就いた。しかしながら、ドイツの敗勢はいまや、彼個人がいかに努力したところで、とうてい覆せないところまで来ていた。東部戦線では、ソ連軍が六月に「バグラチオン」作戦を発動、ドイツ中央軍集団を撃滅して、ドイツ本土へ向かう道を拓《ひら》いた。八月には、連合軍はノルマンディの戦線を突破し、同月二五日にパリを解放している。

従って、陸軍参謀総長代理としてのグデーリアンについて喋々《ちょうちょう》しても詮無《せんな》いようではあるが、今日、多くの戦史家・軍事史家が、この短い期間における彼の戦争指導を批判している。ヒトラーの理不尽な命令に抗しながら、なお救い得るものを救おうとしたとする『電撃戦』の主張とは裏腹に、グデーリアンは戦略眼の欠如を暴露したというのである。それらの批判は二つの点に集約される。第一に、グデーリアンは、国家のリソースを適切に配分し、重要方面での優勢をはかるという戦略的な能力に欠け、陸軍、なかんずく、その装甲部隊の利害に固執した。第二に、戦略的にみれば不均衡なほどに、自らが生まれ育ったプロイセンの防衛を優先し、西部戦線の防衛をなおざりにした。

前者を示す実例として顕著なのは、一九四四年九月に生起したトラックの移管をめぐる空軍とのあつれきであろう。グデーリアンは、東西両戦線で大打撃を受けた装甲部隊の機動力を回復するため、空軍が所有しているトラックを陸軍に譲渡することを求めたのである。それが実現されれば、航空部隊の展開や地上組織の維持が阻害されることは間違いなかったから、空軍は強く反対した。この議論に際しての空軍参謀総長代理ヴェルナー・クライペ航空兵大将の発言を借りれば、「われわれは、すでに多くを陸軍の仕事に使って、なくしてしまった」のであった。結局、トラック移管は沙汰《さた》止《や》みになった。

後者についていえば、グデーリアンが西部戦線の強化に一貫して反対したことが挙げられる。たとえば、彼は、一九四四年一二月のアルデンヌ攻勢のため、装甲部隊を西に集中することに強く異議を唱えている。この反攻作戦には、勝利の見込みはまずなかったのだから、それ自体は誤りではなかろう。しかし、グデーリアンの主張の根拠となっていたのは、装甲部隊はソ連軍からプロイセンを守るのに必要だということにすぎなかった。アメリカの軍事史家ハートが指摘するように、そこには、ドイツ西部のルール工業地帯を失陥すれば、戦争は否応《いやおう》なしに継続できなくなるという認識はない。

とどのつまり、グデーリアンには、全戦線に目配りし、どこが重点であるかを見きわめて、リソースを配分するという戦略次元の能力が欠けていた。現代の戦史家・軍事史家が、すでに戦争の勝敗は決しており、しかもグデーリアンのOKHは東部戦線のみを担当していたという事実を勘案しても、なおかつ彼に批判を浴びせるゆえんである。

いずれにしても、狂瀾《きょうらん》を既倒《きとう》にめぐらせる力は、ドイツにはもはや残されていなかった。明けて一九四五年になると、ソ連軍はドイツ本土に進入し、西側連合軍は、最後の天然の障害となる大河ライン川を渡った。かくて、ドイツが敗北への道を転がり落ちるにつれて、グデーリアンとヒトラーの衝突も激しくなった。実現不可能といってもよい反撃や死守を命じるヒトラーに対し、グデーリアンが反駁するといったことが繰り返されたのだ。

一九四五年三月二八日、二人はついに決裂した。ヒトラーは、グデーリアンの健康悪化を理由に、六週間の休暇を命じたのである。事実上の解任宣告だった。

三月二九日、業務引継を終えたグデーリアンは、ＯＫＨが置かれていたツォッセンを去った。このとき、彼が奔走して手に入れたダイペンホーフの地所は、すでにソ連軍に占領されており、プロイセンの大土地所有者として余生を過ごすことなど、夢のまた夢となっている。グデーリアンは、四月一日よりミュンヘン近郊のエーベンハウゼンにあるサナトリウムに入ったが、連合軍が接近していることを知り、マルガレーテ夫人を南独ディートラムスツェルに逃し、自らはチロル方面に移っていた装甲兵総監部のもとに赴いた。

一九四五年五月一〇日、グデーリアンの戦いの日々は終わった。彼は、オーストリアのツェル・アム・ゼーで、装甲兵総監部とともに米軍に降伏したのである。

第一二章　斜陽を受けながら

米陸軍への協力

捕虜となったグデーリアンは、当初はベルヒテスガーデン、続いてアウクスブルクをはじめとするいくつかの収容施設を転々としたのち、一九四五年九月よりニュルンベルクに移された。国際軍事裁判、いわゆるニュルンベルク裁判に証人として召喚されたのである。彼は、一九四六年七月まで、同市、または、その周辺の町に留めおかれたが、この間に口供書を作成している。その内容は、ヒトラーとの関係、作戦地域における軍法会議の実態、親衛隊公安機関との関係等、多岐にわたるもので、はからずも、のちに回想録を書く際の材料となったのである。

ここで、グデーリアンは、嬉《うれ》しい知らせを受け取った。一九四五年一〇月、夫人からの手紙で、二人の息子が無事であることを伝えられたのだ。次男のクルトが、捕虜の身分から解放されて、結婚したとあってはなおさらだった。

とはいえ、自らも戦争犯罪人として裁かれるのではないかという不安は去らなかったが、グデーリアンをめぐる状況も好転しつつあった。米陸軍当局が、第二次世界大戦の戦訓調査、さらには、忍び寄りつつあった冷戦に備えて、あらたな仮想敵国ソ連を研究するために、捕虜となったドイツの高級軍人を利用することを考えはじめたからである。

ことの発端は、教育家・ジャーナリストで、米国務省文化交流局の一般諮問委員会のメンバーだったジョージ・N・シャスター博士を団長とする委員会が、一九四五年七月にヨーロッパに派遣され、収監されていたナチ政府や国防軍の高官にインタビューを行ったことにある。これが成功を収めたため、米陸軍省も、公刊戦史に敵側の視点を取り入れることは有益であると判断した。それゆえ、米陸軍歴史局欧州部はパリに常設委員会（一九四六年、フランクフルト・アム・マインに移転）を置いた。その下部組織である作戦史（ドイツ）課が、捕虜になっていたドイツ軍高級将校にインタビューしてまわったのだ。

かかるアメリカ側の試みに、グデーリアンは積極的に協力した。彼の動機は、二つあったと思われる。まず、自分を有用な存在であると米軍に認めさせることで、戦犯訴追をまぬがれることだ。もう一つは、グデーリアンにとっての真実、彼に都合のよいドイツ国防軍像、もしくは第二次世界大戦のイメージを広めることであった。後者の企図は、後世に大きな影響を残すことになる。

グデーリアンのもくろみは当たった。前出のシャスターは、一九四五年八月一六日に彼にインタビューしているが、グデーリアンはきわめて有能な軍人であり、歴史の証人として高い価値を有するとみなしている。シャスターの見解に、米陸軍歴史局欧州部も同調し、グデーリアンは重要な情報源とみなされるに至った。一九四六年七月一八日、グデーリアンは、ドイツ軍高級将校を集めるため、ヘッセン地方のアレンドルフに設置された収容所に移る。そこで、米陸軍の求めに応じてインタビューに答えたり、与えられたテーマに関する報告書を作成するといった作業を続けたのである。かかる貢献が認められたのか、グデーリアンは、やはり捕虜となっていた長男のハインツ＝ギュンターと同房に入れられ、ともに暮らすようになっている。

また、米陸軍に協力することによって、グデーリアンは戦犯裁判を逃れることができた。大戦終結後に再建されたポーランドは、一九四七年と一九四九年の二度にわたり、グデーリアンの身柄引き渡しを求めている。むろん、戦犯裁判にかけることが目的であったが、合衆国は、米陸軍歴史部の意見を容《い》れ、「いつまでかかるかはわからぬが」、調査の必要上、グデーリアンの身元を確保しておきたいとして、ポーランドの申し出を拒否したのである。さらに、彼は、占領下のドイツで進められていた、ナチ党員や彼らを支持したものに対する「非ナチ化審査《シュプルーフカンマー》」もまぬがれていた。

また、思わぬ副産物として、米陸軍歴史局への協力の報酬も得られた。グデーリアンは、あるいはソ連軍の進攻によって東部ドイツに所有していた不動産を失い、あるいは連合国によって銀行口座を凍結されて、留守家族ともども困窮していたから、これは捨てがたいものであった。ちなみに、グデーリアンは、月あたり五〇〇ないし六〇〇ライヒスマルクの報酬を希望している（ライヒスマルクは、戦争終了後も、一九四八年まで使用されていた）。

ただし、グデーリアンがアメリカ側に広めた歴史像が、問題の多いものであったことはいうまでもない。自分こそがドイツ装甲部隊の創設者であり、それを率いて、数々の成功を収めたのである。もし、ヒトラーの理不尽な介入がなければ、モスクワを奪取し、対ソ戦にも勝利していたにちがいない。戦争犯罪などは与《あず》り知らぬところだ……。

かくのごとく、グデーリアンによる「伝説」形成は、この時期にもう開始されていたのである。それは、彼の釈放後、回想録の『電撃戦』において、再び展開されていく。

貧窮するグデーリアン

一九四七年七月一日、グデーリアンは、アレンドルフ捕虜収容所と同様に、ドイツ軍高級将校を集めて、情報を収集する目的で設置されたヘッセン州ノイシュタットの捕虜収容所に移された。そこで一年近く過ごしたのち、一九四八年六月一六日に、捕虜の身分から解放されたのである。翌一七日、ちょうど六〇歳の誕生日を迎えたグデーリアンは、マルガレーテ夫人の待つディートラムスツェルに向かった。だが、釈放証明書には、「狭心症、労働不能」の言葉が添えられていた。

解放されたグデーリアンは、貧窮に苦しむことになった。先に触れたように、彼の銀行口座は凍結されており、そこから預金を引き出すことはかなわなかったのである。年金が得られるかどうかもさだかではなかった。一九四七年の一年ならびに一九四八年の最初の三か月については、捕虜生活を送ったことへの補償金が支給されたが、それは五〇〇ライヒスマルクにすぎなかったのだ。有価証券も持ってはいたけれども、そのいくばくかを現金化できるようになったのは、グデーリアンの死後のことであった。

この時代、グデーリアンの家計を支えていたのは、主として、米陸軍への協力に対する報酬、そして、マルガレーテ夫人が相続し、賃貸に出していたゴスラーの住宅から得られる、わずかな家賃であったと思われる。加えて、グデーリアンは、米陸軍当局から食料品などの現物支給も受けていた。これは、当時の食料不足やインフレを考えると、あるいは現金以上の価値があったかもしれない。グデーリアンはまた、いくつかの雑誌に寄稿したものの、それらの出版元の多くは資金難に苦しんでおり、たいていの場合、原稿料は支払われないままとなった。

住環境も劣悪であり、当初グデーリアン夫妻は、アパルトマンの一室しか借りられなかった。数年前には、ダイペンホーフの広大な地所に屋敷を構えていたことを思えば、零落したというほかはない。ようやく一九五〇年になって、グデーリアン夫妻は、ゴスラーの住宅を売却し、その代金で南ドイツのシュヴァンガウに家を買うことができた。そこが、グデーリアンの終《つい》の棲家《すみか》となったのである。

同じ年、グデーリアンは、ついに年金の受給資格を得た。ただし、一九四七年までさかのぼって支給されたものの、その受給額は減額されていた。正規の額の年金が支給されるようになったのは、グデーリアンの死の二年前、一九五二年からだったのである。

何ごとも忘れず

ともあれ、かろうじて生計を維持することができるようになったグデーリアンは、文筆活動にいそしみ、回想録の『電撃戦』をはじめとする著書や論文を発表した。しかし、それらの著作で、彼が披露した政治・歴史観は、少なからぬ問題をはらんだものだった。そのなかでも、今日なお読みつがれ、大きな影響をおよぼしている『電撃戦』については、最後に検討することとして、まずは、彼が著した政治パンフレット、『西欧は防衛し得るか？』（一九五〇年刊行）と『そうはいかない！』（一九五一年刊行）をみよう。この二冊におけるグデーリアンの主張の骨子は、当時いよいよ激化しつつあった東西の対立に鑑《かんが》み、形成されつつあった北大西洋条約機構（ＮＡＴＯ）の弱体ぶりに警鐘を鳴らすことにあった。加えて、一九四九年に成立したドイツ連邦共和国、当時の西ドイツに平等な国防主権を与え、西側同盟の一員として受け入れることを要求したのである。

だが、グデーリアンがそうした議論の背景に置いた歴史像は、第二次世界大戦の敗北、さらにはホロコーストの実態が暴露されたのちのものとは思えぬ、時代錯誤な認識にもとづいていた。以下、やや長くなるが、『西欧は防衛し得るか？』より引用する。

「西欧列強と異なり、一九三三年にドイツを支配することに成功したナチズムは、独自の共産主義経済論と独裁的権力政治を有する東方のとほうもない大国を、将来の敵とみなしていた。ゆえにナチズムは、もっとも尖鋭《せんえい》なかたちで、ボリシェヴィキ・イデオロギーとの闘争を行ったのである。おのが主張を西欧列強に理解させ、それによって東方に向かう上でのフリーハンドを得るというヒトラーの望みは、むろん満たされなかった」（強調は原文。以下同様)。

「ロシアは、けっして「民主主義の別形態」などではなく、もっとも極端な独裁制の形態であり、ヨーロッパにとっては最大の危険だ。さらに、強くなっていくばかりの巨人を押し返し、それによって国民、ひいてはヨーロッパの生命を救う、彼とドイツにとっての最後の好機が訪れている。そう確信したヒトラーは、独裁制と戦うための独裁制を確立した。戦争に訴えずに、ポーランドを自らの機構に組み入れようとして失敗したのち、彼は、西欧列強のソ連と同盟を結ぼうとする努力に先回りし、スターリンとの条約を結び、ポーランド問題を力ずくで解決する決意を固めた。かかる政策は、ヒトラーの期待に反して、イギリスとの戦争、加えて同国の圧力を受けたフランスとの戦争に、彼を引きこむこととなった。一九四一年、ヒトラーはソ連との条約を破った。この戦争が進むにつれ、ヨーロッパ史において、しばしば生じた、東方の危険に対する防衛力の弱体化が立ち現れてきたのである。西側列強は、一九四一年にロシアと結び、のちに合衆国の圧倒的な力によって強化された。一九四四年、彼らはドイツの背後を衝《つ》いて、ノルマンディに上陸し、当時すでに、ソ連相手の生きるか死ぬかの困難な闘争におちいっていたドイツの力を粉砕してしまった」。

こうしたグデーリアンの理解には、一驚を禁じ得ない。彼は、侵略・絶滅戦争であった対ソ戦について、一片の後ろめたさも示さず、それはゲルマン民族とスラヴ民族のあいだで古代から繰り広げられてきた闘争の帰結であり、ヒトラーのロシア侵攻は西欧防衛を目的とするものだったと公言してはばからなかったのである。

なるほど、グデーリアンは、そのプロイセン中産階級の出自から来る封建的な階級認識ゆえに、大衆運動としての側面を持つナチズムに全面的に一致し得ず、かつ、ホロコーストをはじめとするナチ犯罪に主体的に関与することはしなかった。けれども、その一方では、ナチズムの主張のほとんどに共鳴し、敗戦と捕虜生活を経たのちも、ヒトラーへのシンパシーを維持していたのだ。

それを証明する重要な発言がある。一九四五年七月二六日、捕虜収容所内で、グデーリアンが、「バルバロッサ」作戦で北方軍集団司令官を務めた勲爵士ヴィルヘルム・フォン・レープ元帥と交わした会話だ。当時、米軍は情報収集のため、収容所内に無数の盗聴器を仕掛け、捕虜の私的な発言を記録していたのである。むろん、グデーリアンは、そのような措置がなされていることに気づいていなかったから、これは内輪向けに「本音」を洩《も》らしたものと判断し得るだろう。

このとき、二人は、ナチ体制の長所と短所について議論していたのだが、グデーリアンは、すでにアウシュヴィッツをはじめとするナチスの蛮行があきらかにされており、その事実を知っていたにもかかわらず、その「根本原則はよかった」と断じた。レープもまた「それは本当だ」と応じたのである。

結局、グデーリアンの極端な国粋・反共・反スラヴ主義は、青年将校だったころから、少しも揺らいではいなかった。しかも、彼の政治的行動は、言論だけにとどまらなかった。イギリス情報機関の報告によれば、グデーリアンは、一九四九年七月二二日に元ナチ党ハンブルク大管区指導者カール・カウフマンによって設立されたネオナチ組織「兄弟団《ブルーダーシャフト》」に加盟していたのだ。

一八一五年にナポレオン体制が崩壊し、ブルボン家の国王が復辟《ふくへき》したのち、亡命先から戻ってきた貴族たちの姿勢について、フランスの政治家タレーランは、「何ごとも忘れず、何ごとも学ばず」と、辛辣《しんらつ》な評価を下している。革命とナポレオン戦争の動乱を経ていながら、新時代から眼をそむけ、旧時代の価値観にしがみついているという意味だろう。このタレーランの寸評は、およそ一世紀半後のグデーリアンにもあてはまるようである。

『電撃戦』の演出

一九五一年、グデーリアンは、回想録『電撃戦』を上梓《じようし》した。それが、ドイツ装甲部隊の草創期からその育成に携わり、かつ、第二次世界大戦のさまざまな焦点に居合わせた男による、貴重な歴史資料であることはいうまでもない。しかしながら、本書で検討してきたように、『電撃戦』には、記憶ちがい、誇張、不都合な事実の無視、脚色が多々含まれており、慎重な史料批判を要する厄介な文献であることもまた事実だ。回想録とは、その性格上、おのれに都合のいいことのみを描くのが普通ではあるが、それでも『電撃戦』の自己美化と弁明は度を超しているようである。

しかも、今日では、『電撃戦』が世に出るにあたっての舞台裏の事情、また、もう一人の軍事思想家の存在が刊行に大きく与っていることがあきらかになっている。その、陰にいた人物とは、イギリスのリデル＝ハートであった。

リデル＝ハートは、一九四五年から四七年にかけて、イギリスの湖水地方《レイク・ディストリクト》に設置されていたグライズデール・ホール捕虜収容所を何度となく訪ね、そこに囚《とら》われていたドイツ軍高級将校に対し、長時間にわたるインタビューを行った。その成果が、一九四八年一月に出版された『丘の向こう側』（邦訳題名は『ヒットラーと国防軍』。以下、この邦訳タイトルを用いる）である。だが、当初、第二次世界大戦史研究のための情報収集だったはずのヒアリングを続けているうちに、リデル＝ハートは、ドイツの将軍たちに共感し、そのスポークスマンとでもいうべき存在になっていく。ドイツ軍人は「本質的には、専門の仕事に没頭していた技術者であり、それ以外のことはほとんど考えなかった。ヒトラーがどのように彼らをだまし、あしらったか、また、あるところまでは、彼らを都合のいい道具とみなしていたことなどは、容易に見て取れる」(『ヒットラーと国防軍』)というのが、リデル＝ハートの結論だった。

さらに、彼は、自分が戦前に書いた著作や論文が、ドイツ装甲部隊の関係者に当時から高く評価されていたことを知った。自由業の著述家であるリデル＝ハートにとって、かかる名声は職業上、きわめて好都合なものであった。だが、リデル＝ハートは、それに満足せず、一歩進んで、ドイツ軍が第二次世界大戦で実現させた「電撃戦」は、おのが理論に学んだものだという神話を広めんと欲した。そのため、ロンメルやマンシュタインら、ドイツの指導的な軍人の遺稿・文書や回想録の英訳出版を進める際に、そのなかで自分の影響力を強調させるように動いたのである。

グデーリアンも、そうしたリデル＝ハートの働きかけの対象となった。リデル＝ハートは、グデーリアンがノイシュタット捕虜収容所から解放された直後、一九四八年九月より、彼との文通を開始し、さまざまな事項を尋ねていたが、およそ半年後に、回想録を書く意向はないのかと打診した。グデーリアンの答えは、世俗的なものだった。年金も得られず、生活に困っている状態であるから、他に生計の道がないなら、回想録を書くと応じたのだ。

かくて、グデーリアンがドイツ語オリジナルの原稿を書いているあいだに、リデル＝ハートは英訳版の版元を確保すべく奔走した。けれども、それは必ずしも容易なことではなかった。二つの大手出版社、コリンズ社とカッセル社は原稿を査読したものの、英訳版の刊行を拒否してきた。グデーリアン宛の手紙で彼が説明したところによると、その理由は、『電撃戦』の記述が「自己憐憫《れんびん》と改悛《かいしゅん》するところのないナショナリズムにみちみちており、ドイツ国粋派将校の一典型」を示しているからというものだった。リデル＝ハートは、しかたなく英訳の表現をソフトにし、問題のある文章を削除することに努める。

ところが、英訳の監修にあたり、彼が細工したのは、そうした政治的な表現だけではなかった。一九五一年に刊行された『電撃戦』のドイツ語版オリジナルをみたリデル＝ハートは、ドイツ装甲部隊の発展に関して、自分が果たした役割をより強調するよう、グデーリアンに頼み込んだのである。英訳版刊行による収入に期待するグデーリアンとしては、プロデューサーにして監修者であるリデル＝ハートのために、ドイツ語版にはない、つぎの文章を挿入するしかなかった。

「さらにいえば、長距離打撃に機甲部隊を使用することや、対峙《たいじ》する敵の通信連絡を狙う作戦を強調し、また、戦車と機械化歩兵部隊を組み合わせたかたちの機甲師団を提唱したのは、リデル＝ハートその人であった。この発想に深い感銘を受けた私は、われらが軍隊のために、そうした師団を発展させようと試みたのである。従って、リデル＝ハート大尉の示唆は、わが軍の発展に大きく与っているのだ」。

かくて、『電撃戦』の英訳版である『パンツァー・リーダー』には、過大評価が忍び込んだ。グデーリアンが、戦前にリデル＝ハートの論考から影響を受けているというのは嘘いつわりではないのだが、実態以上に誇張されてしまったのである。一九五二年に出版された『パンツァー・リーダー』は世界的なベストセラーになったから、それがリデル＝ハートの虚名を広めるに際して果たした役割は、けっして小さくなかった。

ともあれ、『パンツァー・リーダー』によって得られた収入は、晩年のグデーリアンにとっては大きな救いとなった。彼は、かかる出版プロジェクトを成功させたリデル＝ハートに、印税の二五パーセントを支払おうと申し出ている。しかし、リデル＝ハートが、その報酬を請求しても、返事は得られなかった。グデーリアンの健康が悪化したためであった。この年、彼は輸血によって、かろうじて一命を取りとめることができたのである。

一九五四年五月一四日、ハインツ・グデーリアンは、シュヴァンガウにおいて、喀血《かっけつ》の末に死去した。葬儀には、内務大臣の特別許可を得て、国境警備隊の一隊が参加し、弔銃斉発が捧《ささ》げられた。当時、連邦国防軍はいまだ発足していなかったのだ。

グデーリアンの墓所は、若き日の彼が猟兵たちを指揮した町、ゴスラーにある。

終章　修正された自画像

第二次世界大戦後、グデーリアンは、回想録の執筆等を通じて、自分こそがドイツ装甲部隊の創始者、「電撃戦」を実行した名将であり、ヒトラーの誤った戦争指導に抗した真の愛国者であるとの像を広めてきた。だが、本書で検討してきたように、そのセルフイメージは、後世に対する弁明、さらに、一部には生活を安定させるために読者を獲得する必要からつくられたものにすぎない。それは、いわば凹面鏡に映した姿を描いた自画像であった。

彼と「電撃戦」の関係についても同様のことがいえる。本文中で述べた通り、ドイツ軍のドクトリンに「電撃戦」という概念はないが、プロパガンダやジャーナリズムがそう喧伝《けんでん》したような戦いぶりはあった。これを実行するにあたっての主役は、まさしくグデーリアンであったから、彼こそが「電撃戦」の演出者だったと評価することは可能であろう。だが、グデーリアンは回想録などで、「電撃戦」の威力とそれに対する自らの貢献を誇張し、そのイメージを何倍にも増幅した。敢《あ》えていうなら、グデーリアンは二重の意味で「電撃戦」を演出したのである。

もちろん、グデーリアンの主張のすべてが虚偽ということではない。多くの事実を述べたからこそ、グデーリアンの自画像は大きな説得力を持ち、一般読者ばかりか、戦史家や軍事史家のあいだにも流布されてきた。しかし、戦後七〇余年の歴史研究は、その誇張や不都合な事実の無視の陰に隠されたことの多くを究明し、戦車将軍の素顔をあきらかにしている。かような営為の結果、定まった評価を以下にまとめておこう。

まず、グデーリアンがドイツ装甲部隊の父であったとすること自体は間違いではない。それは、先に引用した通り、必ずしも胸襟《きょうきん》を開いた仲ではなかったと思われるマンシュタインでさえも、「グデーリアンのタフさと戦闘的な気質がなければ、ドイツ陸軍が装甲兵科を保持することはなかった」と評価せざるを得なかった通りである。けれども、父親は、彼ばかりではなかった。グデーリアンの前には、フォルクハイムやルッツのごとき先達がいたし、陸軍参謀総長だったベックも、『電撃戦』で決めつけられているように装甲部隊の創設や拡張の妨害に走ったわけではない。グデーリアンは、正当な配分以上の名声をわがものとしたが、その少なからぬ部分は、彼らにも分け与えられねばならないのである。

では、軍政や用兵思想の面におけるグデーリアンの功績が、たとえ自己申告を下まわるものだったにせよ、相当程度は在ったとして、軍人評価の大前提となる軍令面、戦術・作戦・戦略の三つの次元における指揮能力はいかなるものであったか。

戦術次元での技術、個々の戦闘を有利に進めるわざについては、実のところ、グデーリアンには未知数の部分が多い。たしかに彼は、戦術の腕前が問われる下級将校だった時代に、第一次世界大戦で実戦を経験してはいる。が、ほとんどが通信部隊や幕僚配置であったために、評価の材料となる戦闘指揮のサンプルが少ないのだ。とはいえ、グデーリアンは、将官になってからも前方指揮にあたり、自ら前線部隊の指揮を執ることもしばしばであった。西方侵攻作戦のスダン戦に典型的であったように、そうした場合の手並みは鮮やかであったから、戦術次元の能力に関しては、高得点が与えられるものと思われる。

他方、一定の時間的・空間的領域で、戦略ないし作戦上の目的を果たすこと、すなわち、作戦次元での戦役指揮においては、グデーリアンは卓越していた。その評価は、彼の手腕や才覚に多々疑義が呈されるようになった今日でも、ほぼ揺らいでいないといえる。一九四〇年のスダンから海峡諸港への突進、「バルバロッサ」作戦での第2装甲集団の運用などは、機動戦の模範として、現在でもなお各国陸軍が研究の対象とする戦例なのである。

グデーリアンは、戦車という兵器の特質を生かし、戦術次元のみならず、作戦次元においても、その威力を十二分に引き出して、一連の勝利を上げた。その意味で、ドイツ語の「戦《パン》車将軍《ツァーゲネラル》」というニックネーム、あるいは、英訳版回想録のタイトル「パンツァー・リーダー」は、彼の本質を衝《つ》いているものといえよう。

しかし、国家のリソースの配分に最適解を出し、もっとも有利な戦域を選択し、戦争の勝利を得ることを命題とする戦略次元となると、グデーリアンの評価は、その昔よりもはるかに下落している。

戦略次元の方策を考えることなく、ひたすら作戦次元の勝利を積み重ねていくことが戦争の勝利につながる。かような根拠のない確信を抱いていたことは、ロンメルやマンシュタインを含むドイツ国防軍の将軍たちに共通する欠点であった。それは、今日、少なからぬ軍事史家・軍事思想家が指摘するところである。グデーリアンもまた例外ではない。参謀総長代理を務めた時期に如実に示されたごとく、彼は、作戦的運用の問題に汲々《きゅうきゅう》とするばかりで、戦争に勝つ、もしくは敗戦を回避するための重点はどこにあるかを見きわめようとはしなかった。軍人としては、大きなマイナスポイントだ。

かくのごとく、グデーリアンは、戦術・作戦次元では、きわめて優れていたものの、戦略次元の能力については多数の疑問符がつくというのが、今のところの定説であろう。だが、軍事史的な考察を超えて、グデーリアンという歴史的個性を検討しようとするならば、看過できないのは、そのナチズムに対する姿勢である。

戦後のグデーリアンは、自分は政治に関わらぬ、いわば軍事の職人だったと見せかけようとし、コミッサール指令の実施や強制収容所の存在についても知らぬ存ぜぬを通した。しかし、本書で例示した通り、彼は、ナチ・戦争犯罪の積極的遂行にこそ関わらなかったものの、その非道を黙認していた。というよりも、反共主義、スラヴ系諸民族の犠牲による大国ドイツの再建といったナチズムの諸目標に賛同し、それにともなうホロコーストなどの非人道的行為から顔をそむけていたのだ。

従って、グデーリアンという人間の全般的評価となると、今日のそれは芳しいものとはいえない。本書の結びとして、象徴的な挿話を挙げておこう。

一九六〇年代以来、かつての西ドイツ、また現在のドイツでは、連邦国防軍の衛戍地《えいじゅ》にグデーリアンの名を冠するべきだとする議論がくすぶりつづけている。だが、早くも一九六五年には、週刊新聞『ディ・ツァイト』の編集長代理だった女伯爵マリオン・フォン・デーンホーフが、そうした主張に反駁《はんばく》している。「グデーリアン元上級大将は、現代的な装甲兵科の父であり、偉大なる『練達の士』であったことは疑いないと、あらゆる専門家が評するような人物である。けれども、その一方で、彼の性格ゆえの振る舞いは、けっして模範たり得るものではない」。自身、プロイセン貴族の家に生まれ、ナチ時代には反ヒトラー抵抗運動に参加していたデーンホーフの評価は苛辣《からつ》であった。

現在、グデーリアンの名を付した衛戍地は存在していない。おそらく、将来も「グデーリアン兵営」が実現することはないであろう。

あとがき

「ぜひ、このロンメル伝を成功させて、さらにグデーリアン、マンシュタインと、ドイツ軍人評伝三部作に持っていきましょう！」

角川新書での前著『「砂漠の狐」ロンメル』の企画が決まったときに、担当編集者の岸山《きしやま》征寛《ゆきひろ》氏が口にした言葉は、著者にとっては嬉《うれ》しい驚きであった。実は、まったく同じことを考えていたからである。

歴史の女神《クリオ》の精妙な技巧というべきか、ロンメル、グデーリアン、マンシュタインは、第二次世界大戦におけるドイツ国防軍のさまざまな側面を、それぞれに体現したかのごとき将軍たちであった。新書という性格上、小伝にとどまらざるを得ないとはいえ、もし彼ら三人の人生を描きだすことができれば、それは、おのずからドイツ国防軍の歴史を概観する、意義深い試みとなるであろう。その意味で、本書の上梓《じょうし》にこぎつけ、ロンメル伝に続く二つ目の塁《るい》を築けたことを喜びたい。

しかしながら、グデーリアンは、数々の神話（その多くは、彼が自らつくりだしたものだ）に包まれた人物である。とりわけ、一九七〇年代に『電撃戦』の邦訳版が出版されて以来、それによって植えつけられた強烈なイメージを刷新できずにいる日本にあっては、その虚像は今なお一人歩きしている。

けれども、グデーリアンのみならず、誰の手になるものであっても、回想録を額面通りに受け取ることは、きわめて危険だ。当然のことながら、そこには、自己弁護、不都合な事実の無視、単純な記憶ちがいなどが忍び込んでいるからである。本書執筆にあたり、『電撃戦』などのグデーリアンの著作を、他の史料や研究書と照合しつつ、再読してみたが、その「脚色」のはなはだしさには、あらためて驚かされた。昨今、充分な史料批判を加えることなく、回想録等を鵜《う》呑《の》みにして、奇矯な説を唱える論考が少なくないが、さような主張の危うさといったことにまで思いが及ぶような作業ではあった。

ともあれ、そうしたグデーリアンの「自画像」に慣れた読者には、本書が示す解釈は、あるいは偶像破壊、あるいは「新説」の提示と思われるかもしれない。だが、それは誤解である。

日本のアカデミシャンは、社会史的・日常史的視点よりアプローチする、いわゆる「新しい軍事史」を除けば、戦史・軍事史を等閑視してきた。自衛隊をはじめとする軍事の専門家たちのあいだでも、ドイツ語要員の不足など、さまざまな事情から、いつしかドイツ軍事史研究の咀嚼《そしゃく》がいきとどかなくなっている。本書は、かかる環境ゆえの理解のギャップを埋めるべく、欧米諸国における軍事史研究の成果をもとにした、現在の定説を伝えているだけにすぎないのだ。また、それは右の状況ゆえに、喫緊の要がある課題だと思われる。

そのために、本書が多少なりと役立つとすれば、著者にとっては望外の幸せである。

最後になったが、多数の図版作成を含む面倒な編集作業を引き受けてくださった角川新書の担当者岸山征寛氏には、あらためて感謝の意を表したい。

二〇二〇年一月

大木《おおき》 毅《たけし》

グデーリアン略年譜

年月日	事歴
一八八八年六月一七日	西プロイセンのクルムにおいて、フリードリヒ・ヴィルヘルム・ハインリヒ・マティアス・グデーリアン中尉と母イールタ・オティーリエ・クラーラ（旧姓キルヒホーフ）の長子として生まれる。宗派はプロテスタント。
一八九〇年一〇月二日	弟フリッツ・ルートヴィヒ誕生。
一八九四年	コルマールの小学校に入学。
一八九七年	コルマールの小学校卒業。同市の古典学校に入学。
一九〇一年	コルマールの古典学校で第四学年を修了。カールスルーエ「陸軍幼年舎」に入学。
一九〇三年四月	ベルリン、グロース＝リヒターフェルデの陸軍士官学校に入学。
一九〇七年二月二八日	少尉候補生として、ハノーファー第10猟兵大隊に入隊。
四月一〇日	メッツ軍事学校に配属（一九〇七年一二月一四日まで）。
一九〇八年一月二七日	少尉任官。

一九一〇年六月二八日	第10工兵大隊に配属（一九一〇年七月二八日まで）。
一九一二年一〇月一日	コブレンツ駐屯第3電信大隊に配属。
一九一三年一〇月一日	医学博士エルンスト・フィリップ・ゲルネの娘、「グレーテル」ことマルガレーテ・クリスティーネ・フランツィスカ・ゲルネと結婚。 陸軍大学校に入学。ただし、一九一四年の第一次世界大戦勃発《ぼっぱつ》により、陸軍大学校は閉鎖され、グデーリアンも出征した。
一九一四年八月二日	第5騎兵師団隷下第3無線局長。
八月二三日	長男ハインツ＝ギュンター・フリッツ・エルンスト誕生。
九月一五日	父フリードリヒ死去。
九月一七日	第二級鉄十字章受章。
一〇月四日	第4軍麾《き》下《か》第14無線局長。
一一月八日	中尉に進級。
一九一五年五月一七日	第4軍秘密情報機関副官。
一二月一八日	大尉に進級。
一九一六年一月二七日	のちに配転するとの内示を受けて、第5軍司令部に出向。
二月九日	第5軍秘密情報機関副官。
七月一八日	第4軍司令部付情報将校。
一一月一八日	第一級鉄十字章受章。
一九一七年四月三日	第4歩兵師団兵站《へいたん》参謀。

	四月二七日	第4歩兵師団兵站参謀の身分のまま、第1軍司令部に現地限定任用の参謀として配属される。
	五月	エーヌ会戦中、現地限定任用参謀として、第52予備師団に派遣される。
	六月	現地限定任用参謀として、近衛軍団司令部に派遣され、兵站監を務める。
	七月	現地限定任用参謀として、第10予備軍団司令部に派遣され、情報参謀を務める。
	八月一一日	第4歩兵師団参謀部に復帰。
	九月	第14歩兵連隊第2大隊長。
	一〇月二四日	C軍支隊司令部作戦参謀。
一九一八年	一月一〇日	第六期スダン講習生に採用（辞令上の日付。実際には一月一日より講習開始）。
	二月八日	スダン講習を修了、参謀資格を得る。
	二月二七日	C軍支隊司令部作戦参謀の配置のまま、陸軍参謀本部付になる。
	四月八日	在ベルリン・陸軍ガス学校第七一期課程学生（四月一三日まで）。修了後、C軍支隊司令部に復帰。
	五月二三日	第38予備軍団兵站監。
	九月一七日	次男クルト・ベルンハルト・ゲオルク誕生。
	九月二〇日	イタリア占領地ドイツ軍代表部作戦参謀。

一一月八日　陸軍将校の身分を保持し（この間に敗戦と革命が生起していた）、第10軍団代理司令部付。

一一月二二日　陸軍将校の身分のまま、特務任用のため、野戦軍参謀本部（OHL）／第1軍団留守司令部付（兼任）。

一一月二六日　東部護郷軍司令部に配属。

一二月一七日　陸軍省に配属、「東部国境守備隊」中央指揮所幕僚部付。

一九一九年一月一〇日　在ブレスラウ南部国境防衛司令部付。

四月一六日　第10猟兵大隊に転属。ただし、陸軍省の指令により、第10猟兵大隊所属のまま、特務任用のため、在バルテンシュタインの北部国境防衛司令部に配属。

五月三〇日　「鉄師団」兵站参謀。一時、作戦参謀を務める（八月二四日まで）。

八月二四日　北部国境防衛司令部付。

一〇月三〇日　ハノーファーのライヒスヴェーア第10旅団に配属、第10猟兵大隊改編縮小事務所付。

一九二〇年一月一六日　在ゴスラー第10猟兵大隊第3中隊長。

五月一六日　ライヒスヴェーア第20歩兵連隊第3（猟兵）中隊長。

九月八日　第17歩兵連隊（第20歩兵連隊より改編）第3（猟兵）大隊第11中隊長。

一九二二年一月一六日　在ミュンヘン第7自動車隊付。

四月一日　国防省交通部隊監督局監督第6部自動車部隊監督課課員。

一九二四年九月　論文「自動車乗車部隊と防空」が、『軍事週報』に初めて掲載される。

一〇月一日 在シュテッティン第2歩兵師団参謀部（一九二六年より「幕僚部」と改称）「指揮官補佐教習課程」教官。
一九二七年二月一日 少佐に進級。
一〇月一日 国防省部隊局T1部（作戦部）T1T課（運輸課）課員。
一九二八年一〇月一日 在ベルリン自動車部隊教導幕僚部戦術教官兼任（一九三〇年一月三一日まで）。
一九三〇年二月一日 第3自動車隊隊長。
一九三一年二月一日 中佐に進級。
三月一三日 母イールタ死去。
一〇月一日 国防省交通部隊監督局監督第6部幕僚長。
一九三三年一〇月一日 大佐に進級。
一九三四年七月一日 自動車戦闘部隊司令部参謀長。
一九三五年九月二七日 装甲部隊司令部参謀長（一九三五年一〇月一五日発効の指令により、自動車部隊監督局幕僚長が、このように改称された）。
一〇月一五日 在ヴュルツブルク第2装甲師団長。
一九三六年八月一日 少将に進級。
一九三七年 著書『戦車に注目せよ！』を刊行。
一九三八年二月四日 装甲部隊総司令官。
二月一〇日 中将に進級。
四月一日 第16（自動車化）軍団長。

一一月二三日	装甲兵大将に進級。
一一月二四日	快速部隊長官。
一九三九年八月二六日	第19（自動車化）軍団長。
一〇月二七日	騎士鉄十字章受章。
一九四〇年六月一日	「グデーリアン装甲集団」司令官（一九四〇年六月三〇日解隊）。
七月一九日	上級大将に進級。
一一月一六日	第2装甲集団（一九四一年七月二八日より八月三日まで「グデーリアン装甲集団」と呼称される）司令官。
一九四一年七月一七日	柏葉付騎士鉄十字章受章。
一〇月五日	第2装甲軍司令官。
一二月二六日	解任。「指揮官予備」に編入。
一九四二年一月一一日	一九四二年一月一日にさかのぼって、俸給給付の規定上、在ベルリン第3軍団留守司令部付とされる。
一九四三年二月二八日	装甲兵総監。
一九四四年七月二一日	陸軍参謀総長業務兼任（陸軍参謀総長代理）。
一九四五年三月二八日	賜暇を命じられる。
五月一日	チロルの装甲兵総監幕僚部のもとに逃れる。
五月一〇日	装甲兵総監幕僚部とともに、オーストリアのツェル・アム・ゼーで、アメリカ軍の捕虜となる。

九月	国際軍事裁判での証言に備えて、ニュルンベルクに移される。以後、同市とその周辺の収容施設を転々とする。
一九四六年七月一八日	アレンドルフ捕虜収容所に移管される。
一九四七年七月一日	ノイシュタット捕虜収容所に移管される。
一九四八年六月一六日	釈放。
一九五一年	回想録『電撃戦』刊行。
一九五四年五月一四日	アルゴイ地方シュヴァンガウにて死去。

※ *Die Generale des Heeres*, Bd.4, S.472-474; Hürter, *Hitlers Heerführer*, S.628-629; Walde, S.275 より作成。

主要参考文献

以下、直接引用・参照した文献のみを挙げ、必要な場合には註釈を加えることとする。

邦訳がある文献からの引用でも、用語や文体の統一、ルビの付与等のため、原書よりあらためて訳している。また、邦訳書の著者名・書名等で、本書と異なる表記を採用しているものもあるが、こちらはママとした。

【史料集】

・Arbeitskreis für Wehrforschung, *Generaloberst Halder Kriegstagebuch. Tägliche Aufzeichnungen des Chefs des Generalstabes des Heeres 1939-1942*, 3 Bde., Stuttgart, 1962-1964.
・ドイツ国防軍陸軍統帥部／陸軍総司令部『軍隊指揮――ドイツ国防軍戦闘教範』、旧日本陸軍・陸軍大学校訳、大木毅監修、作品社、二〇一八年。
・Bock, Fedor von（herausgegeben von Klaus Gerbet）, *Zwischen Pflicht und Verweigerung, Das Kriegstagebuch*, München et al., 1995.
・Condell, Bruce/ Zabecki, David T.（ed.）, *On the German Art of War. Truppenführung. German Army Manual for Unit Command in World War II*, Mechanicsburg, paperback-edition, PA., 2009.
・Hubatsch, Walther（Hrsg.）, *Hitlers Weisungen für die Kriegführung 1939-1945. Dokumente des Oberkommandos der Wehrmacht*, Taschenbuchausgabe, München, 1965. 英訳版 Hugh Trevor-Roper（ed.）,

Hitler's War Directives 1939-1945, London, 1966からの邦訳がある。ヒュー・R・トレヴァー゠ローパー編『ヒトラーの作戦指令書――電撃戦の恐怖――』、滝川義人訳、東洋書林、二〇〇〇年。

・Hürter, Johannes（ed.）, *A German General on the Eastern Front. The Letters and Diaries of Gotthard Heinrici, 1941-1942*, Barnsley, 2014.

・Ludendorff, Erich, *Urkunden der Obersten Heeresleitung über ihre Tätigkeit*, Berlin, 1922.

・Neitzel, Söhnke, *Abgehört. Deutsche Generäle in britischer Kriegsgefangenschaft 1942-1945*, Berlin, 2005.

・Schramm, Percy Ernst/ Greiner, Helmuth, *Kriegstagebuch des Oberkommandos der Wehrmacht*（*Wehrmachtführungsstab*）*1940-1945*, 4 Bde., 1965-1972.

【事典・職官表などレファレンス類】

・Absolon, Rudolf, *Die Wehrmacht im Dritten Reich*, 6 Bde., Boppard a. Rh., 1960-1995.

・Bradley, Dermot/ Hildebrand, Karl-Friedrich/ Rövekamp, Markus（Hrsg.）, *Die Generale des Heeres 1921-1945. Die militärischen Werdegänge der Generale, sowie der Ärzte, Veterinäre, Intendanten, Richter und Ministerialbeamten im Generalsrang*, Osnabrück, 1993-.

・Hirschfeld, Gerhard/ Krumeich, Gerd/ Renz, Irina（Hrsg.）, *Enzyklopädie Erster Weltkrieg*, 2.Aufl., Paderborn, 2014.

・Keilig, Wolf, *Die Generale des Heeres und die Sanitätsoffiziere im Generalsrang*, Friedberg, 1983.

・Klee, Ernst, *Das Personenlexikon zum Dritten Reich. Wer war was vor und nach 1945*, 2.Aufl., Hamburg, 2016.

・Krivosheev, G.F.（ed.）, *Soviet Casualties and Combat Losses in the Twentieth Century*, London et al., 1997.
・Schmitz, Peter/ Thies, Klaus-Jürgen/ Wegmann, Günter/ Zweng, Christian, *Die deutschen Divisionen 1939-1945 Heer/ Landgescützte Kriegsmarine/ Luftwaffe/ Waffen-SS*, Bd.1-4, Osnabrück, 1993-2000.
・Tessin, Georg, *Verbände und Truppen der deutschen Wehrmacht und Waffen-SS im Zweiten Weltkrieg 1939-1945*, 15 Bde., Osnabrück, 1971.

【伝記・回想録・自伝】
・Barnett, Correlli（ed.）, *Hitler's Generals*, New York, 1989.
・Blumentritt, Guenther, *Von Rundstedt. The Soldier and the Man*, London, 1952.
・Brett-Smith, Richard, *Hitler's Generals*, London, 1976.
・Charles River Editors, *Nazi Germany's Best Generals. The Lives and Careers of Erwin Rommel, Heinz Guderian, and Albert Kesselring*, Kindle-edition, n.d.
・Ditto, *Heinz Guderian. The Life and Legacy of Nazi Germany's Famous Panzer Commander*, Kindle-edition, n.d.
・Diedrich, Torsten, *Paulus-Das Trauma von Stalingrad*, Paderborn, 2008.
・Frank, Fred, *Heinz Guderian*, o.O., o.J.
・Guderian, Hans, *Die Guderians. Geschichte einer Familie aus dem Osten*, Limburg an der Lahn, 1996.
・Guderian, Heinz, *Erinnerungen eines Soldaten*, Motorbuch-Auflage, 1998. ハインツ・グデーリアン『電撃戦　グデーリアン回想録』、本郷健訳、上下巻、中央公論新社、一九九九年。英訳版は、Heinz

Guderian, *Panzer Leader*, with Forword by B. H. Liddell Hart, London, 1952.
・Hart, Russell A., *Guderian. Panzer Pioneer or Myth Maker?* , Washington, D.C., 2006.
・Hoth, Hermann, *Panzer Operationen, Die Panzergruppe 3 und der operative Gedanke der deutschen Führung Sommer 1941*, Heidelberg, 1956. ヘルマン・ホート『パンツァー・オペラツィオーネン――第三装甲集団司令官「バルバロッサ作戦」回顧録』、大木毅編訳、作品社、二〇一七年。
・Keegan, John, *Guderian*, New York, 1973. ジョン・キーガン『ドイツ装甲軍団　グデーリアン将軍の戦車電撃戦』、加登川幸太郎訳、サンケイ出版、一九八〇年。
・Knopp, Guido, *Hitlers Krieger*, Taschenbuchausgabe., München, 2000. グイド・クノップ『ヒトラーの戦士たち』、高木玲訳、原書房、二〇〇二年。
・Liddell Hart, Basil H., *The Memoirs of Captain Liddell Hart*, 2 vols., London, 1965.
・Ludendorff, Erich, *Meine Kriegserinnerungen 1914-1918*, Volksausgabe, Berlin, 1941. エーリヒ・ルーデンドルフ『世界大戦を語る　ルーデンドルフ回想録』、法貴三郎訳、朝日新聞社、一九四一年（抜粋に解説を加えたもの）。
・Macksey, Kenneth, *Guderian. Creator of the Blitzkrieg*, New York, 1976. ケネス・マクセイ『ドイツ装甲師団とグデーリアン』、加登川幸太郎訳、圭文社、一九七七年。
・Ditto, *Guderian. Panzer General*, London et al., 1992.
・Manstein, Erich von, *Verlorene Siege*, Bonn, 1955. エーリヒ・フォン・マンシュタイン『失われた勝利』、本郷健訳、上下巻、中央公論新社、一九九九～二〇〇〇年。
・Ditto, *Aus einem Soldatenleben*, Bonn, 1958. エーリヒ・フォン・マンシュタイン『マンシュタイン元帥自伝――一軍人の生涯より』、大木毅訳、作品社、二〇一八年。

・Mellenthin, Friedrich-Wilhelm von, *Panzer Battles. A Study of the Employment of Armor in the Second World War*, paperback-edition, New York, 1971. F・W・フォン・メレンティン『ドイツ戦車軍団全史——フォン・メレンティン回想録——』、矢嶋由哉／光藤亘訳、朝日ソノラマ、一九八〇年。

・Melvin, Mungo, *Manstein. Hitler's Greatest General*, paperback-edition, London, 2011. マンゴウ・メルヴィン『ヒトラーの元帥　マンシュタイン』、大木毅訳、上下巻、白水社、二〇一六年。

・Messnger, Charles, *The Last Prussian. A Biography of Field Marshal Gerd von Rundstedt, 1875-1953*, London, 2011.

・Müller, Klaus-Jürgen, *Generaloberst Ludwig Beck. Eine Biographie*, Paderborn et al., 2008.

・Nehring, Hubertus W., *90 Jahre-Fast ein Hundert. Walther K. Nehring 15.8.1892-15.8.1982*, Privatdruck, o.O., o.J.

・Plettenberg, Malte, *Guderian. Hintergründe des deutschen Schicksals 1918-1945*, Düsseldorf, 1950.

・Preuß, Armin, *Guderian. Revolutionär der Strategie*, Tönning, 1995.

・Reynolds, Nicholas, *Treason Was No Crime, Ludwig Beck. Chief of the German General Staff*, London, 1976.

・Scheibert, Horst, *Das war Guderian. Ein Lebensbericht in Bildern*, Friedberg, o.J.

・Schlabrendorff, Fabian von（hrsg. von Gero von Schulze Gaevernitz）, *Offiziere gegen Hitler*, Zürich, 1946.

・Smelser, Ronald/ Syring, Enrico（Hrsg.）, *Die Militärelite des Dritten Reiches. 27 biographische Skizzen*, Taschenbuchausgabe, Berlin et al., 1997.

・Smithson, James, *Panzer Lightning: Heinz Guderian, Hitler's Sword*, New York, 2017.

・Stahlberg, Alexander, *Die verdammte Pflicht. Erinnerungen 1932 bis 1945*, 2.Aufl., 1994. アレクサンダー・シュタールベルク『回想の第三帝国　反ヒトラー派将校の証言 1932-1945』、鈴木直訳、上下巻、平凡社、一九九五年。
・Ueberschär, Gerd R., (Hrsg.), *Hitlers militärische Elite. 68 Lebensläufe*, 2.Aufl., Darmstadt, 1998.
・Walde, Karl J., *Guderian. Eine Biographie*, Frankfurt a.M., 1976.
・Westphal, Siegfried, *Erinnerungen*, Mainz, 1975.

【研究書・ノンフィクション】

・Addington, Larry H., *The Blitzkrieg Era and the German General Staff 1865-1941*, New Brunswick, NJ., 1971.
・Bischoff, Josef, *Die letzte Front. Geschichte der Eisernen Division im Baltikum 1919*, Berlin, 1935.
・Borodziej, Włodzimierz/ Górny, *Der vergessene Weltkrieg. Europas Osten 1912-1923*, 2 Bde., Darmstadt, 2018.
・ロドリク・ブレースウェート『モスクワ攻防　１９４１』、川上洸訳、白水社、二〇〇八年。
・Bradley, Dermot, *Generaloberst Heinz Guderian und die Entstehungsgeschichte des modernen Blitzkrieges*, Osnabrück, 1978.
・Bruchmüller, Georg, *Die deutsche Artillerie in den druchburchschlachten des Weltkrieges*, Berlin, 1922.
・Ditto, *Die Artillerie beim Angriff im Stellungskrieg*, Berlin, 1926. 獨「ブルッフミュラー」大佐著「陣地戦ニ於ケル攻撃砲兵」『砲兵』第二六号（臨時号）、一九三〇年。
・Carsten, F.L., *The Reichswehr and Politics, 1918 to 1933*, paperback-edition, Los Angeles et al., 1973.

・Citino, Robert, *The Evolution of Blitzkrieg Tactics. Germany Defends Itself Against Poland, 1918-1933*, New York et al., 1987.
・Ditto, *The Path to Blitzkrieg, Doctrine and Training in the German Army, 1920-1939*, Boulder, 1999.
・Ditto, *The German Way of War. From the Thirty Years' War to the Third Reich*, Lawrence, Kan., 2005.
・Clarke, Dale, *World War I Battlefield Artillery Tactics*, Oxford et al., 2014.
・Corum, James S., *The Roots of Blitzkrieg. Hans von Seeckt and German Military Reform*, Lawrence, Kan., 1992.
・Creveld, Martin van, *The Supplying War*, Cambridge et al., 1977. マーチン・ファン・クレフェルト『補給戦』、佐藤佐三郎訳、中公文庫、二〇〇六年。
・Ditto, *Command in War*, Cambridge, MA. et al., 1985.
・Deighton, Len., *Blitzkrieg. From the Rise of Hitler to the Fall of Dunkirk*, paperback-edition, London et al., 1980. レン・デイトン『電撃戦』、喜多迅鷹訳、ハヤカワ文庫、一九九四年。
・Dinaldo, R.L., *Mechanized Juggernaut or Military Anachronism? Horses and the German Army of WWII*, paperback-edition, Mechanicsburg, PA., 2008.
・Doughty, Robert A., *The Seeds of Disaster. The Development of French Army Doctrine, 1919-1939*, Mechanicsburg, PA., 1985.
・Duppler, Jörg/ Groß, Gerhard P.（Hrsg.）, *Kriegsende 1918. Ereignis, Wirkung, Nachwirkung*, München, 1999.
・Ellis, Lionel, *The War in France and Flanders, 1939–40*（*History of the Second World War*, edited by James Butler）, London, 1954.

・Ditto et al., *Victory in the West* (*History of the Second World War*, edited by James Butler), Vol.1, London, 1962.

・Forczyk, Robert, *Case White. The Invasion of Poland 1939*, Oxford et al., 2019.

・Frieser, Karl-Heinz, *Blitzkrieg-Legende. Der Westfeldzug 1940*, 2.Aufl., München, 1996. カール＝ハインツ・フリーザー『電撃戦という幻』、大木毅／安藤公一訳、上下巻、中央公論新社、二〇〇三年。

・Ditto, *Ardennen-Sedan. Militärhistorischer Führer durch eine europäische Schicksalslandschaft*, Frankfurt a.M., 2000.

・Gat, Azar, *British Armour Theory and the Rise of the Panzer Arm. Revising the Revisionists*, London et al., 2000.

・Glantz, David M., *Barbarossa Derailed*, 4 vols, Solihull, 2012-2015.

・Glantz, David M./ House, Jonathan M., *When Titans Clashed. How the Red Army Stopped Hitler*, revised and expanded edition, Lawrence, Kan., 2015.

・Groß, Gerhard P., *Mythos und Wirklichkeit. Geschichte des operativen Denkens im deutschen Heer von Moltke d. Ä. bis Heusinger*, Paderborn et al., 2012.

・Guderian, Heinz, *Mit den Panzern in Ost und West. Erlebnisberichte von Mitkämpfern aus den Feldzügen in Polen und Frankreich 1939/40*, Berlin et al., 1942.

・Ditto, *Achtung-Panzer! Die Entwicklung der Panzerwaffe, ihre Kampftaktik und ihre operativen Möglichkeiten*, Stuttgart, 1937.「戦車に注目せよ！」、ハインツ・グデーリアン『戦車に注目せよ――グデーリアン著作集』、大木毅編訳、作品社、二〇一六年に収録。

・Ditto, *Die Panzertruppen und ihr Zusammenwirken mit den anderen Waffen*, Berlin, 1937. 「戦車部隊

と他兵科の協同」、前掲『戦車に注目せよ』に収録。
・ハインツ・グデーリアン「機動兵団に関する戦史的研究」『欧州戦争研究資料　第五輯』、一九二九年。
・同　「『機械化』　機械化概観」『騎兵月報』第九六号、一九三七年。前掲『戦車に注目せよ』に収録。
・同　「快速部隊の今昔」、「近代戦に於けるモーターと馬」、陸軍大学校研究部編『最近に於けるドイツ兵学の瞥見』、陸軍大学校将校集会所、一九四一年。前掲『戦車に注目せよ』に収録。
・Guderian, Heinz, *Kann Westeuropa verteidigt werden?*, Göttingen, 1950.「西欧は防衛し得るか？」、前掲『戦車に注目せよ』に収録。
・Ditto, *So geht es nicht!*, Heidelberg, 1951.「そうはいかない！　西ドイツの姿勢に関する論考」、前掲『戦車に注目せよ』に収録。
・Guderian, Heinz (bearbeitet von Oskar Munzel), *Panzer-Marsch! Aus dem Nachlass des Schöpfers der deutschen Panzerwaffe*, München, 1955.
・Gudmundsson, Bruce I., *Stormtroop Tactics. Innovation in the German Army, 1914-1918*, paperback-edition, Westport, CT., 1994.
・Habeck, Mary R., *Storm of Steel. The Development of Armor Doctrine in Germany and the Soviet Union 1919-1939*, London et al., 2003.
・Harris, J.P./ Toase, F.H. (ed.), *Armoured Warfare*, London, 1990.
・Heigl, Fritz, *Taschenbuch der Tanks*, 2 Teile, erweiterte Reprint-Auflage, München, 1971.
・Hoffmann, Peter, *Widerstand, Staatsstreich, Attentat. Der Kampf der Opposition gegen Hitler*, 3.Aufl., München, 1979.
・Horne, Alistair, *To Lose a Battle. France 1940*, London, 1969.

・Howell, Esther-Julia, *Von den Besiegten lernen? Die kriegsgeschichtliche Kooperation der U.S.Armee und der ehemaligen Wehrmachtselite 1945-1961*, Berlin et al., 2016.
・Hürter, Johannes, *Hitlers Heerführer. Die deutschen Oberbefehlshaber im Krieg gegen die Sowjetunion 1941/42*, München, 2007.
・Keller, Peter, *»Die Wehrmacht der Deutschen Republik ist die Reichswehr«. Die deutsche Armee 1918-1921*, Paderborn, 2014.
・Kennedy, Robert M., *The German Campaign in Poland* (*1939*), Department of the Army Pamphlet No. 20-255, Washington, D.C., 1956.
・Koskodan, Kenneth K., *No Greater Ally. The Untold Story of Poland's Forces in World War II*, Oxford et al., 2009.
・栗栖弘臣『マジノ線物語——フランス興亡１００年』、K&Kプレス、二〇〇一年。
・葛原和三『機甲戦の理論と歴史』、芙蓉書房出版、二〇〇九年。
・バリー・リーチ『独軍ソ連侵攻』、岡本鐳輔訳、原書房、一九八一年。
・Liddell Hart, Basil.H., *The German Generals Talk*, *paperback-edition*, New York, 1971. リデル・ハート『ヒットラーと国防軍』、岡本鐳輔訳、原書房、一九七六年。
・Lieb, Peter, *Unternehmen Overlord. Die Invasion in der Normandie und die Befreiung Westeuropas*, 2.Aufl., München, 2014.
・Lupfer, Timothy T., *The Dynamics of Doctrine: The Changes in German Tactical Doctrine During the First World War*, Leavenworth Papers No.4, Ft. Leavenworth, Kan., 1981.
・Macksey, Kenneth, *From Triumph to Disaster. The Fatal Flaws of German Generalship from Moltke to*

Guderian, London et al., 1996.
・May, Ernest, R., *Strange Victory. Hitler's Conquest of France*, London et al., 2000.
・Mearsheimer, John J., *Liddell Hart and the Weight of History*, Ithaca, NY., 1988.
・Megargee, Geoffrey P., *Inside Hitler's High Command*, Lawrence, Kan., 2000.
・Militärgeschichtliches Forschungsamt, *Das deutsche Reich und der Zweite Weltkrieg*, 10 Bde., Stuttgart, 1979-2008.
・Mitcham, Jr., Samuel W., *The Panzer Legions. A Guide to the German Army Tank Divisions of World War II and Their Commanders*, London et al., 2001.
・望田幸男『軍服を着る市民たち　ドイツ軍国主義の社会史』、有斐閣選書、一九八三年。
・Mombauer, Annika, *Helmuth von Moltke and the Origins of the First World War*, Cambridge, 2001.
・Müller, Christian Th., *Jenseits der Materialschlacht. Der Erste Weltkrieg als Bewegungskrieg*, Paderborn, 2018.
・Müller, Klaus-Jürgen, *Das Heer und Hitler. Armee und nationalsozialistisches Regime 1933-1940*, Stuttgart, 1969.
・Müller, Rolf-Dieter/ Volkmann, Hans-Erich, *Die Wehrmacht. Mythos und Realität*, München, 1999.
・Muth, Jörg, *Command Culture. Officer Education in the U.S.Army and the German Armed Forces, 1901-1940, and the Consequences for World War II, paperback-edition*, Denton, TX., 2011.　イェルク・ムート『コマンド・カルチャー　米独将校教育の比較文化史』、大木毅訳、中央公論新社、二〇一五年。
・Naveh, Shimon, *In Pursuit of Military Excellence. The Evolution of Operational Theory*, reprint- edition, Abingdon, 2004.

・Nehring, Walther K., *Die Geschichte der deutschen Panzerwaffe 1916-1945*, Berlin, 1969. ヴァルター・ネーリング『ドイツ装甲部隊史　一九一六－一九四五』、大木毅訳、作品社、二〇一八年。
・大木毅『ドイツ軍事史――その虚像と実像』、作品社、二〇一六年。
・同　『第二次大戦の〈分岐点〉』、作品社、二〇一六年。
・同　『灰緑色の戦史――ドイツ国防軍の興亡』、作品社、二〇一七年。
・同　『独ソ戦　絶滅戦争の惨禍』、岩波新書、二〇一九年。
・Oetting, Dirk W., *Auftragstaktik. Geschichte und Gegenwart einer Führungskonzeption*, Frankfurt a.M., et al., 1993.
・Ose, Dieter, *Entscheidung im Westen 1944. Der Oberbefehlshaber West und die Abwehr der alliierten Invasion*, Stuttgart, 1982.
・Paul, Wolfgang, *Der Endkampf um Deutschland 1945*, Esslingen am Neckar, 1976. ヴォルフガング・パウル『最終戦――一九四五年ドイツ――』、松谷健二訳、フジ出版社、一九七九年。
・Pöhlmann, Markus, *Der Panzer und die Mechanisierung des Krieges. Eine deutsche Geschichte 1890 bis 1945*, Paderborn, 2016.
・Reinhardt, Klaus, *Die Wende vor Moskau. Das Scheitern der Strategie Hitlers im Winter 1941/42*, Stuttgart, 1972.
・Römer, Felix, *Der Kommissarbefehl. Wehrmacht und NS-Verbrechen an der Ostfront 1941/42*, Paderborn et al., 2008.
・Rothbrust, Florian K., *Guderian's XIXth Panzer Corps and The Battle of France. Breakthrough in the Ardennes, May 1940*, London et al., 1990.

・Samuels, Martin, *Piercing the Fog of War. The Theory and Practice of Command in the British and German Armies, 1918-1940*, Warwick, 2019.

・Senff, Hubertus, *Die Entwicklung der Panzerwaffe im deutschen Heer zwischen den beiden Weltkriegen*, Frankfurt a.M., 1969.

・Showalter, Dennis, *Hitler's Panzers. The Lightning Attacks That Revolutionized Warfare*, New York, 2009.

・デニス・ショウォルター『クルスクの戦い１９４３　独ソ「史上最大の戦車戦」の実相』、松本幸重訳、白水社、二〇一五年。

・Sigg, Marco, *Der Unterführer als Feldherr im Taschenformat. Theorie und Praxis der Auftragstaktik im deutschen Heer 1869 bis 1945*, Paderborn, 2014.

・Stachelbeck, Christian, *Deutschlands Heer und Marine im Ersten Weltkrieg*, München, 2013.

・Stahel, David, *Operation Barbarossa and Germany's Defeat in the East*, Cambridge et al., 2009.

・Ditto, *Kiev 1941. Hitler's Battle for Supremacy in the East*, Cambridge et al., 2012.

・Ditto, *Operation Typhoon. Hitler's March on Moscow, October 1941*, Cambridge et al., 2013.

・Ditto, *The Battle for Moscow*, Cambridge et al., 2015.

・Ditto, *Retreat from Moscow. A New History of Germany's Winter Campaign, 1941-1942*, New York, 2019.

・Strohn, Matthias, *The German Army and the Defence of the Reich. Military Doctrine and the Conduct of the Defensive Battle 1918-1939*, paperback-edition, Cambridge et al., 2011.

・Töppel, Roman, *Kursk 1943. Die größte Schlacht des Zweiten Weltkriegs*, Paderborn, 2017. 拙訳により、

二〇二〇年に中央公論新社より刊行の予定。
・Ueberschär, Gerd R./ Vogel, Winfried, *Dienen und Verdienen. Hitlers Geschenke an seine Eliten*, Frankfurt a.M., 1999. ゲルト・ユーバーシェア／ヴァンフリート・フォーゲル『総統からの贈り物　ヒトラーに買収されたナチス・エリート達』、守屋純訳、錦正社、二〇一〇年。
・Waite, Robert G. L., *Vanguard of Nazism. The Free Corps Movement in Postwar Germany 1918-1923*, paperback-edition, New York, 1969. ロバート・G・L・ウェイト『ナチズムの前衛』、山下貞雄訳、私家版（新生出版）、二〇〇七年。
・Williamson, David G., *Poland Betrayed. The Nazi-Soviet Invasions of 1939*, Barnsley, 2009.
・Zabecki, David T., *Steel Wind. Colonel George Bruchmüller and the Birth of Modern Artillery*, Westport, CT., 1994.
・Ditto, *The German 1918 Offensives*, London/New York, 2006.
・Zetteling, Niklas, *Blitzkrieg from The Ground Up*, Oxford et al., 2017.
・Zetteling, Niklas/ Frankson, Anders, *The Drive on Moscow 1941. Operation Taifun and Germany's First Great Crisis of World War II*, Oxford et al., 2012.

写真・図表について

本書記載の地図・図表は本島一宏氏に新規に作成してもらいました。写真は左記の書籍に依拠しています。

・Horst Scheibert, *Das war Guderian. Ein Lebensbericht in Bildern*, Friedberg, o.J.
（口絵一、二、四頁。本文一六、一八、一四八、一四九、二七四、二七五頁）

・Heinz Guderian（Hrsg.）, *Mit den Panzern in Ost und West. Erlebnisberichte von Mitkämpfern aus den Feldzügen in Polenund Frankreich 1939/40*, Berlin et al., 1942.
（口絵三頁。本文一七、一七七、一九七、一九九頁）

本書は書き下ろしです。

大木　毅（おおき・たけし）
現代史家。1961年東京生まれ。立教大学大学院博士後期課程単位取得退学。DAAD（ドイツ学術交流会）奨学生としてボン大学に留学。千葉大学その他の非常勤講師、防衛省防衛研究所講師、国立昭和館運営専門委員、陸上自衛隊幹部学校（現陸上自衛隊教育訓練研究本部）講師等を経て、現在著述業。『独ソ戦』（岩波新書）で新書大賞2020大賞を受賞。主な著書に『「砂漠の狐」ロンメル』（角川新書）、『ドイツ軍事史』（作品社）、訳書に『「砂漠の狐」回想録』『マンシュタイン元帥自伝』『ドイツ国防軍冬季戦必携教本』『ドイツ装甲部隊史』（以上、作品社）など多数。

戦車将軍《せんしやしようぐん》グデーリアン

「電撃戦《でんげきせん》」を演出《えんしゆつ》した男《おとこ》

大木《おおき》　毅《たけし》

2020年 3月 10日　初版発行

◇◇◇

発行者　郡司 聡
発　行　株式会社KADOKAWA
〒102-8177　東京都千代田区富士見 2-13-3
電話　0570-002-301(ナビダイヤル)

装 丁 者　緒方修一（ラーフイン・ワークショップ）
ロゴデザイン　good design company
オビデザイン
口絵デザイン　Zapp!　白金正之
印 刷 所　株式会社暁印刷
製 本 所　株式会社ビルディング・ブックセンター

角川新書

ISBN978-4-04-082321-8 C0222